水利思想文化建设理论与实践

（第五辑）

中国水利职工思想政治工作研究会　编

中国水利水电出版社
www.waterpub.com.cn
·北京·

内 容 提 要

　　本书收录了水利系统 2017 年以来一批有深度、有分量的优秀水利思想政治工作及水文化研究成果获奖论文、课题研究成果与实践报告等。全书集成了我国水利思想文化理论探索和建设实践两大方面的突出成果，宣传推广了水利系统思想文化建设最新理论研究与实践探索的优秀成果，以期为新时期水利改革发展提供强有力的思想保证、精神动力和文化支撑。

　　本书将为水文化相关部门和单位研究工作、制定政策、做出决策提供借鉴和参考，为加快推动水利改革发展提供支持和保证。

图书在版编目（ＣＩＰ）数据

　　水利思想文化建设理论与实践. 第五辑 / 中国水利职工思想政治工作研究会编. -- 北京 ：中国水利水电出版社， 2018.8
　　ISBN 978-7-5170-6781-8

　　Ⅰ．①水… Ⅱ．①中… Ⅲ．①水利系统－思想政治工作－研究－中国②水利系统－文化工作－研究－中国
Ⅳ．①F426.9

　　中国版本图书馆CIP数据核字(2018)第201619号

书　　名	水利思想文化建设理论与实践 （第五辑） SHUILI SIXIANG WENHUA JIANSHE LILUN YU SHIJIAN（DI‐WU JI）
作　　者	中国水利职工思想政治工作研究会　编
出版发行	中国水利水电出版社 （北京市海淀区玉渊潭南路 1 号 D 座　100038） 网址：www. waterpub. com. cn E‐mail：sales@waterpub. com. cn 电话：（010）68367658（营销中心）
经　　售	北京科水图书销售中心（零售） 电话：（010）88383994、63202643、68545874 全国各地新华书店和相关出版物销售网点
排　　版	北京时代澄宇科技有限公司
印　　刷	北京虎彩文化传播有限公司
规　　格	160mm×235mm　16 开本　17.5 印张　220 千字
版　　次	2018 年 8 月第 1 版　2018 年 8 月第 1 次印刷
印　　数	001—500 册
定　　价	**80.00 元**

编　委　会

主　　　任　刘学钊
副　主　任　陈梦晖　陈　飞　李春安
委　　　员　周振红　傅新平　王卫国　司毅兵

主　　　编　傅新平
副　主　编　司毅兵
参　　　编　过荣法　卢　娜　程　年　雷伟伟

中国水利职工思想政治工作研究会
文　件

水思政〔2018〕7号

关于表扬全国水利系统 2017 年度优秀
水利思想政治工作及水文化研究成果的决定

各会员单位：

2017 年以来，各会员单位全面贯彻落实党的十八大和十九大精神，特别是深刻理解习近平新时代中国特色社会主义思想的丰富内涵和理论价值，准确把握新时代思想政治工作研究的新特点、新要求，坚定信仰信念、积极主动作为，紧紧围绕水利中心工作，认真组织开展思想政治和水文化课题研究，取得了一批有深度、有分量的研究成果，为推动本单位各项目标任务的圆满完成发挥了重要作用，使水利系统思想政治和水文化研究工作取得了新的进展。

为激发和鼓励广大水利职工积极参与思想文化研究工作的积极性，促进研究工作的深入开展，我会决定对 2017 年度水利思想政治工作及水文化研究优秀成果进行表扬。

为体现评选的公平公正，我会成立了评审专家组，对各学组报送的研究成果进行认真评审。在收到的 136 篇研究报告中，经综合评审、征求意见，确定优秀研究成果 80 篇。其中一等奖 10 篇、二等奖 20 篇，三等奖 50 篇。现对获奖的研究成果及作者予以表扬。

希望获奖的单位和作者把荣誉作为新的起点，用习近平新时代中国特色社会主义思想武装头脑、指导实践，主动适应新时代和新要求，面对水利改革发展新形势，不断研究新问题，发扬成绩，再接再厉，多出高质量、有价值的研究成果，为提高思想政治及水文化研究工作水平做出积极贡献。

附件：全国水利系统 2017 年度优秀水利思想政治工作及水文化研究成果获奖名单

中国水利职工思想政治工作研究会

2018 年 3 月 22 日

附件：

全国水利系统 2017 年度优秀水利思想政治工作及水文化研究成果获奖名单

（排名不分先后）

一等奖（10 篇）

1. 水利行业思想政治工作队伍建设调研报告

中国水利职工思想政治工作研究会课题组

2. 关于国有企业坚持党的领导、加强和改进党的建设的研究与思考

汉江水利水电（集团）有限责任公司

吴道喜　胡军　王传虎　杨清功　刘春华　郑舒娅

3. "互联网＋""五"维覆盖　党建工作"五"力提升

——以南京水利水电科学研究院党建工作实践为例

南京水利水电科学研究院

李媛　张晓红　李健

4. 关于淮河水利委员会精神文明建设工作的调研报告

水利部淮河水利委员会

董开友　余益群　焦娇　章金龙　孙慧

5. 树立一切工作到支部的鲜明导向　推进全面从严治党向基层延伸

小浪底水利枢纽管理中心　刘红宝　杨静

6. 遵循知信行统一　提升思想政治理论课的实效性

河海大学　刘兴平　季托

7. 水文化建设要"上连天线、下接地气"

河北省水利厅　杨宝藏

8. 新时期道德信仰淡化问题及对策研究

海河水利委员会引滦工程管理局　马龙

9. 传承·创新·建德·筑能：浅谈高校隐性思想政治教育资源开发的实效

——以广东水利电力职业技术学院建筑与环境工程系为例

广东水利电力职业技术学院

江秋菊　吴伟涛　黄林成　林嘉雯

10. 以先进典型为镜　以核心价值为本

——先进典型引领社会主义核心价值观建设研究

安徽省水利水电勘测设计院　孟祥宇

二等奖（20篇）

1. 在建设中国特色社会主义的新时代进一步完善国企监督机制的思考

   长江水利委员会宣传出版中心

   易文利　金波善　王婷　王雯萱

2. 关于实施党员积分制管理工作的初步探索和思考

   四川省水利厅　赵斌　李昆明

3. 有效把握运用监督执纪"四种形态"的调查与思考

   长江水利委员会监察局

   贺良铸　肖翔　汤进为　姚莉　段一琛　张虎

4. 推进"两学一做"学习教育活动常态化、制度化研究
   ——铝业公司实施"微党课"推进"两学一做"学习教育实践与初探

   汉江水利水电（集团）有限责任公司

   苏平　崔琴霞　谭凤华　朱征奎

   张丽麟　彭亮　李阿虹

5. 水利科研院所培育和践行社会主义核心价值观的路径探析

   南京水利水电科学研究院

   李健　张晓红　李媛

6. 国有企业党的建设应着眼"四个效应"

   湖南省澧水流域水利水电开发有限责任公司

   陈印辉

7. 传导压力 落实责任 引领基层水利科研单位党的建设向更高水平发展

   长江水利委员会长江科学院

   吴志广　谢兵　龚红春　龚磊　夏建华

8. 加强基层水文职工人文关怀和心理疏导的探讨

   江苏省水文局　张翠红

9. 山东黄河河务局基层党建工作调研报告

   山东黄河河务局

   毕东升　武慕龙　薛剑　代晓辉　李倩　曹丽伟

10. 党支部标准化评价指标体系研究与实践

    浙江省水利厅

    董福平　朱绍英　郭明图

11. 党的十九大对新时代基层党组织建设的部署与思考

    河海大学　王同昌

12. 浅论新媒体给思想政治工作带来的影响、挑战及对策

    安徽省水利厅　孙继伟

13. 思想政治教育在青年水利人才培养中的研究与实践
水利部淮河水利委员会　邓映之

14. 注重人文关怀和心理疏导　创新与加强思想政治工作
安徽省机电排灌总站组织人事科　樊永勇

15. 水行政主管部门廉政文化建设思路与实践
　　——以太湖流域管理局廉政文化建设为例
水利部太湖流域管理局　代子阳

16. 抓好基层组织建设　推进两学一做常态化制度化
　　——珠江委基层党建工作情况调研报告
水利部珠江水利委员会　楼沧潭

17. 引水润德　以水育德
　　——水文化思想渗入高职德育工作实践探究
广东水利电力职业技术学院　刘欣

18. 职工思想政治工作的骨肉血气
　　——以广东省北江流域管理局为例
广东省北江流域管理局　谢彪

19. 水利勘测设计单位运用新媒体开展思想政治工作研究刍议
中水北方勘测设计研究有限责任公司　许克轩

20. 新时期大中型水利勘察设计企业激励机制探析
中水珠江规划勘测设计有限公司　麻王斌

三等奖（50篇）

1. 长江水利委员会党外知识分子思想状况调研报告
长江水利委员会直属机关党委
李长德　宋宏斌　柴晶　顾晓兰　刘曼

2. 水利文明单位创建工作的实践与思考
　　——以水利部长江水利委员会水文局为例
长江水利委员会水文局
徐剑秋　周明　蒋纯　杨杰
郑力　余燕　许先进　徐斌　刘文艳

3. 职工工作满意度及其影响因素对比调查研究
长江水利委员会水保局
王方清　张九红　李欣欣　虞岚　汪洁

4. 崇明水文化宣传方法的现状分析和实践探索
上海市崇明区水务局　林斌　王国琪

前　言

　　新思想凝聚奋进力量，新时代谱写水利新篇。2017 年以来，中国水利政研会深入学习贯彻党的十九大对治水兴水的新部署、新要求，特别是深刻学习领会习近平总书记新时代中国特色社会主义思想的丰富内涵和理论价值，准确把握新时代思想政治工作研究的新特点、新要求，发挥思想文化工作在坚持新时代中国特色社会主义道路、弘扬中华文化传统、凝聚水利职工力量中的重要作用，不断巩固马克思主义在意识形态领域的指导地位，筑牢水利职工团结奋斗的共同思想基础，为加快推进新时代水利现代化提供了有力的思想保障和文化支撑。

　　2017 年，水利系统思想政治工作及水文化研究，紧紧围绕水利中心工作，重在提高思想认识、交流先进经验、探讨发展思路、解决突出问题，在破解水利系统思想政治和水文化研究工作短板上取得了实质性进展，收获了一批有深度、有分量的研究成果。

　　本书收录了 2017 年优秀政研论文共计 30 篇。其中一等奖10 篇、二等奖 20 篇。论文研究范围包括思想政治工作、水文化研究、基层党组织建设、培育和践行社会主义核心价值观等。这些研究成果客观展现了一年来水利基层单位思想文化工作春风化雨、砥砺前行的征程。

　　积沙成塔，集腋成裘，集小流终成江海。本书汇聚了水利系统广大思想文化工作者的探索与实践，这些文字是来自基层的真实体验和感悟，他们在深刻反思与实践的碰撞中绽放出远见卓识，展现出深学笃行的新思想。本书中收录的论文直面问题、鞭辟入里，观点鲜明、凝聚共识，将思想文化工作与水利发展融为一体。这些丰硕的结晶凝聚着广大思想文化工作者们认真执着、潜心研究的宝贵心血，映现出他们求真务实、不懈求索、奋进创新的精神风采。

不忘初心共筑梦，砥砺前行续新篇。站在新起点上，我们要以习近平总书记新时代中国特色社会主义思想为根本遵循，主动适应新形势和新要求，积极践行"节水优先、空间均衡、系统治理、两手发力"的新时期水利工作方针，讲好水利故事、传播水利声音，展现水文化魅力，充分发挥水利思想文化工作在统一认识、提振信心、凝聚力量、促进发展方面的作用，广泛凝聚全国水利职工的共识与合力，努力以思想认识新飞跃谱写新时代水利现代化新篇章！

编者

2018 年 7 月

目　录

水利行业思想政治工作队伍建设调研报告

中国水利职工思想政治工作研究会课题组

为了解和掌握水利系统基层思想政治工作（以下简称"思政工作"）队伍现状、作用发挥及存在问题，为进一步优化思想政治工作队伍结构、提升能力素质、改善工作条件、更好发挥作用提出可行性建议，供有关部门决策参考，中国水利政研会正副会长亲自担纲成立课题组，在水利系统开展了"水利行业思想政治工作队伍建设"调研活动。

一、调研的基本情况

本次调研从 2017 年 5 月开始。课题组采取实地调研、座谈研讨、委托调研和调查问卷等方式进行。调研组分赴云南、湖北、黑龙江、广西、河北等五省区的 23 个地方水利部门和基层单位及部分部直属单位，召开了 23 场座谈会，参加座谈者达 380 多人次，发放并收回调查问卷 2200 份，获得了大量第一手资料。

调研结果显示，随着党的十八大以来全面加强从严治党各项决策部署的不断深化，各级水利部门和基层单位持续加强思政工作队伍建设，在党建、思想政治工作、精神文明建设和水利改革、发展、稳定中发挥着重要的作用，形成了很多好的做法与经验。同时，全面加强水利行业思政工作队伍建设，也面临着一些亟待解决的突出问题和困难，需要深入研究，认真加以解决。

二、好的做法与经验

（一）认识深化，思想政治工作的领导得到加强

党的十八大以来，各水利单位对思政工作重要性的认识得到提高，将思政工作纳入党的建设和水利中心工作统筹安排。所调研的部门和单位注重把思政工作与党的建设有机结合起来，把加强思政工作队伍建设作为搞好思政工作的基础工作，不断探索、改进对政工干部的培养使用和锻炼，党组织对思政工作的领导得到加强，干部职工对思政工作的认识进一步提高。问卷统计显示，认为思政工作"重要"的人数占比达76%。

（二）资源整合，思想政治工作网络得到完善

各水利单位结合自身实际，整合思政工作队伍资源，明确分工，落实责任，形成党政领导重视、各级党组织各负其责、以专兼职政工干部为主体、全员覆盖的思政工作网络并逐步完善。长江水利委员会水文局通过完善机构、增强力量、落实责任，形成了局党组抓总、各级党委全面落实、各职能部门分工联动、各支部具体实施的思政工作联动机制。云南省水利水电勘测设计研究院通过配备专兼职党务工作者，明确党务工作职责，实行动态管理，落实"一岗双责"，形成了上下联动的思政工作格局。在对"你所在单位是否有思政工作部门和机构"的问卷中，97.5%的职工给出了肯定的回答。

（三）队伍加强，思想政治工作能力持续提升

一支高素质的思政工作队伍是做好思政工作的前提和保障。各单位采取招聘选拔、交叉任职、双向交流等多种形式，努力提升思政工作队伍，着力推进水利思政工作能力建设，不断提升思政工作水平。湖北省水利厅从厅直属机关到厅直各单位都按照2%的要求配备了专职党建、思政工作人员。汉江集团公司党委招聘选拔年轻党务干部，不断充实政工人员队伍，通过内部培

训、聘请专家讲授、组织选调等各种形式，对各级党组织书记进行培训教育。嫩江尼尔基公司单设党群工作处，配备4名专职干部，具体负责党建及思政工作，兼职的政工干部都为所在处室主要负责人。黑龙江省引嫩工程管理处配备专职党总支书记，职能处室处长兼任党支部书记。河北省黄壁庄水库管理局调整内设机构，专设党办室，公开选拔工作人员充实党委办事机构。湖北省水利水电规划勘测设计院坚持"把党员培养成骨干，把骨干培养成党员""双培养"育人模式，不断提升思政工作队伍综合素质。陕西省泾惠渠灌溉管理局加强政工干部的培训、培养，帮助政工干部解决工作、生活中的难题，确保了政工队伍的稳定。问卷统计显示，55.5％的职工认为本单位政工队伍的思想状态稳定。

（四）考核加强，思想政治工作保障机制开始建立

一些单位将思政工作纳入年度工作绩效考核范围，加强监督管理，严格考核，努力建立思政工作长效机制。长江水利委员会实行党的"三级"联评联述联考制度，落实各级党组织抓党建、思政工作主体责任。黑龙江省水利厅通过开展星级党组织评定，对各级党组织抓党建、思政工作实施目标管理，建立了省直机关工委到厅直单位党组织三级创建评定管理体系。松辽委把思政工作纳入党的建设、精神文明建设和年度工作目标考核之中，做到同部署、同落实、同检查、同考核、同奖惩。天津市水务局坚持把提高思想政治素质与增强业务能力结合起来，一手抓思政工作，一手抓业务工作。新疆维吾尔自治区水利厅、昆明市水务局定期签订党建、思政工作责任书，分解细化责任目标、任务与分工，形成定责、查责、考责相结合的工作体系。河北省水文水资源勘测局制定并修改完善目标量化考核办法，每年年终对各直属局党建和思政工作等进行量化打分排队，奖惩兑现。

（五）载体多样，思想政治工作实效彰显

水利单位通过多种方式、利用多种载体，发挥政工队伍作用，使思政工作成效得到明显发挥。广西壮族自治区水利厅通过选树基层先进典型，开展"树立标杆、向我看齐"活动，凝聚推进改革发展的正能量。江西省水利厅在理论学习中开展一系列解放思想大讨论活动，推动干部职工进一步解放思想、转变观念，促进改革发展。黑龙江省水利水电勘测设计研究院以多元宣传媒介为依托，牢牢把握思政工作主动权，利用十项学习载体，创新方法手段，切实提高思想政治工作的传播力、影响力、引导力、凝聚力。河北省水利水电第二勘测设计研究院通过强化党员队伍素质与表率作用，不断提升思政工作的说服力。黑龙江省水利科学研究院每季度检查职工学习笔记一次，把政治理论学习落实情况纳入部门和职工个人年度绩效考核的重要内容，不断提高干部职工思想水平和政治素质。长江水利委员会以政研会为平台，坚持以课题研究制度为核心，每年做好一批课题、召开一次会议、编好一本书、办好一本刊物、锻炼一支队伍，充分调动各级各类人员做思政工作的积极性和创造性，取得大批政研成果。齐齐哈尔水务集团主要领导高度重视思政工作，坚持和发扬国有企业思政工作优势，在企业由民营改制为国有控股过程中平稳过渡，凝聚人心，企业成功扭亏为盈。问卷结果显示，认为思想政治工作发挥作用"比较明显"以上的占 85.5%。

三、存在的问题与困难

（一）思想政治工作队伍建设重要性的认识有待提高

调研了解到，有些单位的领导对思政工作认识不到位，在工作安排上，当思政工作任务与业务工作发生冲突时，往往是前者让路。在选用、提拔干部时自觉不自觉存在着重业务部门、轻党群部门的现象。在党群部门招录人员时，往往录用水利专业的学生，而极少录用政工相关专业的人员。

（二）思想政治工作队伍编制较为缺乏

对政工机构编制及政工人员职数目前没有明确的文件规定，

各单位也因缺乏政策依据而增加了执行中的难度，导致机构编制和人员职数无法落实。不少水利单位一般都是设综合办公室或者党群办公室等机构，负责思政工作和其他行政业务工作。专职政工人员缺乏，从事思政工作的大多数是兼职人员，理论水平和业务能力相对较弱。问卷统计显示，"当前在政工队伍建设上面临的突出问题"，专职人员偏少因素占62.5%，机构编制不足因素占51%。

（三）思想政治工作队伍结构尚需优化

政工队伍"易入难出"，造成了政工人员岗位交流比较困难，更使这支队伍日趋老化。政工干部半路出家居多，大多来自于行政干部、复转军人和其他岗位调配下来的人员，缺少良好的专业背景和系统知识，理论水平相对较低，直接影响了政工干部的整体素质。一些业务干部和年轻干部存在"搞业务，有前途；干政工，没出路"的认识，也一定程度上造成政工队伍后劲不足，缺乏活力和对高学历人才的吸引力。问卷统计显示，"当前在政工队伍建设上面临的突出问题"，队伍老化、青黄不接因素占38.5%。

（四）思想政治工作队伍待遇仍待提高

思政工作人员职务晋升渠道很少，职称评聘受限，在奖金分配上未与业务技术人员一视同仁。特别是近年来，一些省份及水利单位取消政工系列职称评聘，很大程度上影响了思政工作人员的积极性，增加了队伍的不稳定因素。问卷统计显示，"当前在政工队伍建设上面临的突出问题"，职务晋升不畅因素占38%。"作为一名政工人员您最关心的问题"中，"待遇提高""职务晋升"分别高达48%和42.5%。

（五）思想政治工作队伍建设机制还不完善

政工干部数量不足，部分单位的政工干部身兼数职，工作任务繁重，"5+2""白+黑"成为他们工作的常态。在待遇上，一些单位存在着轻视政工干部的现象，同工不同酬。考核评估机制有待进一步落实，一些单位没有把思政工作的考核管理放在与其他工作同等地位对待，在业绩考核体系中，思政工作要么没有纳入考核体系，要么在考核的总比例中所占权重不高，考核指标偏虚偏软，考核结果也没有和个人的任用、奖惩、收入挂钩。思政工作人员培训机会少，渠道单一，学习形式简单，导致思政工作能力滞后。思政工作的专项经费投入不足，缺少必要的资金支持，工作难以保证。问卷调查时，在"当前加强政工队伍建设急需解决的问题"中，选择"开展各类培训"的占65.5%。"作为一名政工人员您最关心的问题"，选择"培训学习"的达60.5%。

四、对策建议

（一）进一步提高认识

党的十九大报告强调，要"加强和改进思想政治工作"。贯彻落实十九大精神，加强思政工作队伍建设，是推进新时代中国特色社会主义事业的迫切需要，也是实现水利行业改革发展新使命的需要。目前，水利行业改革发展的任务十分繁重，需要有一大批思想坚定、作风正派、能力较强的思政工作者解疑释惑，引导激励，弘扬水利行业精神，凝聚水利干部职工团结奋进的力量，更好地完成水利各项任务，履行好党和人民赋予的历史使命。各级党组织和领导干部要切实从巩固党的执政地位、实现党的历史任务的战略高度，进一步提高对思政工作重要地位的认识，增强做好思政工作的责任感和使命感，认真贯彻落实中共中央《关于加强和改进思想政治工作的若干意见》，进一步加强思政工作队伍建设，为加强和改进思政工作提供坚强的组织、人才保障。

（二）进一步增加编制

思政工作历来是我党的政治优势，政工干部队伍是思政工作的支撑力量。加强和改进思政工作，必须有一支思想素质高、业务能力强、作风优良、甘于奉献的政工干部队伍。因此，针对政工干部不足的问题，要明确专职政工干部比例，核定政工人员编制，建立健全政工工作机构，配齐配强政工干部，保证有较充足的力量承担繁重的思政工作任务。

（三）进一步优化结构

优化政工干部队伍结构是各级党组织加强政工干部队伍建设的重要任务。在政工干部的任用和选配上，既要解放思想、大胆启用，又要严格标准、认真把关。要把那些政治强、作风正、素质好、业务精、年富力强，适合并热爱思政工作，又有开拓创新、扎实肯干精神和组织领导能力的干部，吸收到政工干部队伍中来。安排使用政工干部时绝不能降低标准，更不能把政工干部岗位当作"安置型"岗位。在招收高校毕业生时，应适当招收政工专业毕业生充实到政工工作岗位，逐步改善政工干部队伍的文化、年龄和专业结构。要将后备政工干部队伍建设纳入到所在部门和单位的人力资源总体战略中，针对每名后备政工干部的特点，为其量身规划和设计职业生涯，有计划、有针对性地培养，打通年轻政工干部成长成才的"绿色通道"。还要疏通"出口"，把不适合继续在政工岗位工作的干部调整到合适的岗位上去。

（四）进一步健全体制机制

加强思政工作队伍建设，体制机制的保障尤为重要。在体制上，要按照与业务工作和业务部门"同建立、同配备、同部署、同考核、同激励"的"五同步"要求，建立政工队伍管理体制。在机制上，要建立健全奖惩、监督、约束机制，加大考核奖惩力度，在提拔任用、评先树优、职称评定、送外培训等方面，做到政工干部与行政技术干部同等对待，增强思政工作队伍的吸引力、凝聚力。

（五）进一步加强培训

加强教育培训，必须坚持组织培养和自身努力相结合。一方面，各级党政组织要采取各种办法、多种形式，通过多渠道、多层次，有计划、有步骤地开展正规的系统培训和短期培训，组织政工干部到思政工作开展好的地方和单位参观学习、交流研讨，开阔眼界、扩大视野，提升能力；另一方面，政工干部也要自我加压，自觉学习，不断改善自身的知识、技能结构。要创造条件，加大政工干部与行政业务干部的交流力度，促进政工干部的合理流动，为其成长成才提供更加宽广的平台和空间。

（六）进一步改善待遇

改善政工干部待遇，是保证思政工作队伍稳定、增强思政工作活力的重要保障措施。思政工作是一门科学，政工干部从事的也是很强的专业技术工作。在中国特色的专业技术职称体系中，理应有政工系列职称的一席之地。在政工人员职称上，建议进行顶层设计，由中宣部与人社部沟通协调，将政工系列职称纳入国家认定的专业技术职称体系，让政工人员名正言顺地参加本专业技术职称的评聘。这将大大激发政工干部工作的积极性。在政工干部的职务晋升上，有关机构编制管理部门和各单位党政组织也应安排适当的职务、职数，让工作优秀的政工干部也能有晋升机会，体现其工作价值，真正实现人尽其才、各得其所。

（七）进一步加强指导

为加强水利行业思政工作队伍建设，建议水利部党组研究出台新时代全国水利系统加强和改进思政工作的指导性意见，对政工机构设置、专职政工干部编制、配备比例、政工干部培训、职称评聘、职务晋升、考核奖惩，工作经费保障，以及与之相对应的工作原则、工作要求等给予明确的政策性规定，让各地、各部门、各级水利单位在实际工作中有可遵循的基本依据，把加强和改进思政工作的要求切实落到实处，为新时代水利事业深化改革、加快发展提供强大的思想政治保证。

关于国有企业坚持党的领导、加强和改进党的建设的研究与思考

吴道喜　　胡　军　　王传虎　　杨清功　　刘春华　　郑舒娅

汉江水利水电（集团）有限责任公司

坚持党的领导、加强党的建设，是我国国有企业的光荣传统与独特优势。2015 年 9 月，中央出台《关于在深化国有企业改革中坚持党的领导加强党的建设的若干意见》，对在深化国有企业改革中坚持党的领导、加强党的建设提出要求、作出部署；2016 年 10 月，习近平同志在全国国有企业党的建设工作会议上发表重要讲话指出，要通过加强和完善党对国有企业的领导、加强和改进国有企业党的建设，使国有企业成为党和国家最可信赖的依靠力量和五种"重要力量"，为做好新时期国企党建工作提供了根本遵循。当前，国有企业改革步入深水区，全面从严治党向纵深推进，如何在新的形势下充分发挥党建工作独特优势，确保党的领导、党的建设在国有企业改革发展中得到体现和加强，是一个需要不断探索的重大课题。

根据汉江集团公司党委工作部署，结合集团公司实际，我们开展了"关于国有企业坚持党的领导、加强和改进党的建设的研究与思考"专题调研。调研采取问卷调查、书面调查和走访座谈相结合的方式，共向集团公司所属各单位发放调查问卷 210 份，收回 206 份，回收率 98％；收到二级单位书面调查报告 16 份；组织走访座谈 73 人次。通过调研，我们对国有企业党的领导、党的建设现状有了进一步把握，对存在的问题及对策措施进行了

分析和思考。

一、汉江集团党的领导及党的建设现状

（一）党组织基本情况

汉江集团隶属于长江水利委员会管理，由 14 家全资子公司、8 家控股公司、8 家参股公司组成。截至 2016 年年底，集团公司资产总额 136.7 亿元，在册职工 6755 名，离退休职工 4590 名。根据属地管理原则，集团公司党委现由湖北省国资委党委管理，同时接受长江水利委员会党组指导。集团公司党委下设基层党委 12 个、党总支 8 个、直属党支部 1 个、基层党支部 155 个，覆盖集团公司各部门及所属各单位；现有党员 4296 名，其中在职党员 1780 名，离退休党员 2516 名。

为强化党建和党风廉政建设主体责任落实，2016 年 12 月，集团公司对党建工作机构作出调整，将党委办公室从公司办分离出来，与原党务工作部合并，同时将纪委（监察处）党风廉政建设相关职责划入，并增加党委办公室编制及职数；调整纪委内设机构，单设监察处，推进纪委书记专职化工作，突出监督执纪问责。目前，集团公司各单位均设有党建工作机构和专兼职党务（纪检监察）干部，各类专兼职党群工作人员 120 人，平均年龄 41.7 岁，平均工作年限 20.9 年，大专以上学历占 98.3%（其中研究生占 20%），党员占 81.7%。

（二）坚持党的领导、加强和改进党的建设的主要做法及成效

1. 党委政治核心作用有效发挥

近年来，集团公司党委始终高度重视党的建设，全面贯彻落实党的十八大、十八届历次全会及习近平总书记系列重要讲话精神，牢牢把握"融入中心，服务大局"的党建工作定位，坚持全面从严治党不动摇、围绕生产经营不偏离、服务改革发展不犹豫，有效发挥了党委政治核心作用。

一是强化理论武装，保证监督党和国家方针政策在集团公司得到全面贯彻执行。认真落实党委中心组学习制度，引导党员干部牢固树立"四个意识"，坚决与习近平同志为核心的党中央保持高度一致。按照"五位一体"总体布局、"四个全面"战略布局和"五大发展理念"要求，积极推动集团公司发展战略落实落地，忠实履行防洪供水政治责任、国有资产保值增值经济责任和扶贫纾困社会责任。

二是完善公司治理，开展了把党建工作要求写入公司章程的工作，目前，集团公司及17家全资、控股企业已完成公司章程修改工作。按照党政"双向进入，交叉任职"要求，初步形成了党组织与公司治理结构有机融合、职责明确、运转协调的领导体制和运行机制。

三是严格执行"三重一大"决策制度，不断拓展党组织参与企业经营重大问题决策和党管干部的有效途径。近年来，集团发展战略的制定，年度工作目标的确立，重要制度的立、改、废，机构设置及干部调整，涉及职工切身利益的重要事项，集团公司党委都坚持全程参与、集体研究、慎重决策，为企业持续健康发展提供了坚强保障。问卷调查显示，71.8％的人认为本单位的党组织能够参与企业重大问题决策，并发挥应有的作用；93.2％的人认为本单位党组织发挥政治核心作用总体情况很好或较好。

2. 党建工作基础持续巩固

一是深化认识。引导各级党员干部牢固树立"抓好党建是最大的政绩"理念，督促党组织书记切实履行"第一责任人"职责和落实班子成员"一岗双责"。坚持把党建工作的各项要求落细落实、"接地气"，不喊空口号；树立党建工作是促进生产经营工作而不是负担的意识，坚决防止"两张皮"现象发生；引导全员融入党建，不唱"独角戏"；坚持抓创新、抓典型、抓基础、抓成效，在集团公司营造了浓厚的党建工作氛围。

二是健全机制。建立了党委抓、书记抓、各有关部门抓、一级抓一级、层层抓落实的党建工作格局；坚持党建工作和中心工作同谋划、同部署、同考核，每年年初召开党建工作会议，每季度召开党委书记工作汇报座谈会，年底开展三级联述联评联考及党组织书记述职评议工作；把党建工作纳入集团公司绩效考核指标，实现了党建工作任务由虚变实、由软变硬、闭环运行；严格落实党建工作责任制，每年下发党建工作任务指导书和党建工作责任清单，层层签订党建工作责任书，实现责任压力层层传导。

三是夯实基础。严格执行党组织任期规定，扎实推进换届改选工作，及时优化基层党组织设置。严格落实"三会一课"、组织生活会、民主评议党员等党内生活制度。大力开展示范基层党组织和"红旗党支部"创建活动。扎实推进"两学一做"学习教育常态化制度化。定期举办党委书记、党办主任、党支部书记、入党积极分子（发展对象）培训班。扎实开展三年一度党内评选表彰工作，不断规范党费收缴、使用和管理工作。

四是推动创新。积极致力于党建理念、思路、方式、方法创新，精心打造"互联网＋党建"，创建"汉江党务"微信公众平台，深化特色党建品牌创建，基层创新活力不断激发。

五是完善制度。建立健全党建工作责任制、党委中心组学习制度、民主生活会制度、党员教育培训制度、基层党建工作任务指导书制度、基层联系点制度、党委书记例会制度等多项工作制度，编印《党建工作制度选编（1998－2016）》，做到了党建工作有章可循、有据可依。

3. 党风廉政建设"两个责任"压紧压实

一是严格落实党风廉政建设主体责任。不断强化党政主要负责人"第一责任人"和领导班子成员"一岗双责"的角色意识，加强对企业领导人员的监督。及时调整党风廉政建设领导小组。

每年召开党风廉政建设工作会、推进会，层层签订责任书、承诺书。认真贯彻领导班子民主生活会制度、领导干部廉洁从业各项规定。坚持廉政主题教育、正反典型教育、警示教育、廉政党课教育、廉政文化示范点创建等活动常态化开展。

二是严格落实纪委监督责任。集团公司党风廉政建设重要的文件材料，党委书记都亲自审阅把关；对纪检部门工作中发现的问题和困难，党委书记都亲自过问协调；集团公司"三重一大"决策主动让纪委参与其中，从源头上做好监督与风险防控。深入推进水利部党组巡视反馈问题整改落实工作。严格贯彻落实中央"八项规定"精神，深入开展纠正"四风"问题专项检查。2013－2016年，集团公司纪委、监察处共受理职工群众来信来访160件（次），初核案件线索109件，立案11件，给予党纪、政纪处分17人，为企业发展营造了良好环境。

4. 思想文化引领优势有效彰显

充分发挥思想政治工作优势和群团组织优势，致力塑造团结稳定和谐的内部氛围与文明友好开放的外部形象。

一是加强宣传思想工作。紧密围绕生产经营和职工关心的热点、难点问题，充分发挥报刊、网络、新媒体优势，加强宣传舆论引导；紧密围绕职工所思所想所盼所求，有针对性地做好思想政治工作；积极发挥群团组织作用，不断完善以职代会为基本形式的职工民主管理，汇聚了改革发展正能量，提振了克难攻坚精气神。

二是扎实推进文明单位创建和企业文化建设。积极践行社会主义核心价值观，广泛开展志愿服务和公益宣传活动，积极塑造崇德向善的道德文化，倡导健康文明的生活方式。总结提炼编撰了《永远的丹江口人精神》企业文化故事集，开展了武汉总部企业文化形象展厅和丹江口工程展览馆二楼水利科普知识展厅布展工作，指导各单位大力开展安全、廉政、诚信等子文化建设，丰富活跃职工文体活动。

三是勇于担当社会责任。积极参与湖北省"三万"活动，扎实开展重庆武隆定点扶贫工作、丹江口市土关垭镇四方山村精准扶贫工作和援藏援疆工作，每年组织职工参加全国"扶贫日"捐款活动，积极开展防范和处理邪教工作，展示了良好的企业形象。

5. 聚焦中心服务发展功能不断增强

集团公司党委始终坚持发展是第一要务、稳定是第一责任理念，积极推动党建工作融入中心、进入管理，以企业改革发展成果检验党组织的工作和战斗力。近年来，在宏观经济下行压力加大、流域来水连续多年偏枯、北方供水需求不断增长、传统产业转型艰难前行多重压力之下，充分发挥党建工作保驾护航、凝神聚气作用，团结带领全体干部职工真抓实干、奋力拼搏，圆满完成向北方供水任务，确保集团经济稳定运行，全面从严治党深入推进，各项事业稳步健康发展。集团荣获"全国实施卓越绩效模式先进企业""全国文明单位"、湖北省国资委首批"国有企业示范基层党组织"等称号，连续六年入列"湖北省百强企业"。集团公司各单位党组织也紧密结合企业实际，围绕中心抓党建，瞄准发展做文章，展现了基层党建工作的独特魅力，发挥了支部战斗堡垒作用和党员先锋模范作用。丹江电厂、铝业公司、水电公司、博远置业公司、弘源碳化硅公司等单位通过开展"一支部一品牌"活动，将党建活动渗透到企业生产经营中心工作全过程；王甫洲公司精心培育"三五工作法"和"情系汉江、践行五零"活动品牌，招标监理联合党总支创新使用"五四三"工作方法，实现了党建工作与生产经营的有效融合；丹源碳素公司完善"一岗双责"党建工作机制，实施"两手抓""两面考"，使党建工作与业务工作同频共振；电化公司将月度安全工作例会、运营分析例会制度与党的"三会一课"制度相结合，使党建工作有效楔入生产经营。

二、党的领导及建设方面存在的主要问题

(一) 贯彻落实全面从严治党责任意识还有待进一步增强

一是站位不高，抓党建工作力度不够。个别党员干部思想认识还不到位，认为企业完成年度经济责任书是第一任务，党建工作不能直接产生经济效益，慢点不要紧。调查显示，虽然70.9％的人认为"党的建设能极大地推动经济建设"，但是也有20.4％的人认为"抓党的建设会在一定程度上影响抓经济建设"。

二是党建工作责任制和"一岗双责"落实不到位。签订党建责任书后，对责任内容没有很好地消化吸收，没有很好地落实党建"主体责任"和"一岗双责"。

(二) 党组织基础工作还存在薄弱环节

一是党建工作与生产经营有机结合上还没有很好的办法。如党建工作与生产经营界限分明，各自在自己的轨道运行，相互促进作用体现不够；当生产经营任务繁忙时，党建工作与业务工作不能兼顾。

二是党建工作推进力度不够。效益好的单位党建基础较为扎实，而经济条件差一些的单位，党建工作在抓实、抓细、抓优上还存在差距；同一个单位内部，党建工作也还存在上紧下松的现象。

三是党建工作规范化不够。个别党支部"三会一课"、主题党日活动、组织生活会不规范不严谨，学习不系统不深入，活动无主题无新意，开展批评不痛不痒；党建台账不规范，痕迹资料不齐全，工作资料归档不及时。

(三) 新形势下党建工作创新有待进一步加强

一是党务干部创新意识、业务能力不够。不少基层党组织在开展党建工作时，固守传统的活动方式和工作模式，缺乏创新意识，在创建示范基层党组织上不够主动、扎实，党建品牌亮点不

多；企业党务工作者大多是半路起家，党务知识、业务技能不足是目前存在的难点，年轻技术干部不愿从事党务工作，一些党务工作者缺乏抓党建工作的具体思路、方法、手段与载体，找不到基层党建紧扣中心、服务大局的切入点和着力点。

二是在强化党建考核机制方面有待改进和完善。有些党建工作指标设置定性有余、量化不足；党建指标只作为扣分项，不利于激发党建工作创新热情。

三、坚持党的领导加强和改进党的建设的对策建议

（一）提高思想认识，增强党建工作责任感使命感

习近平强调，坚持党对国有企业的领导是重大政治原则，必须一以贯之。纵观汉江集团公司 60 年来的建设管理与发展实践，没有党的领导，没有党建保障，集团公司不可能由一个水利建设管理单位成长为如今资产 140 亿元、成员企业 30 家的大型企业集团。只有一如既往、毫不动摇地坚持党的领导、加强党的建设，集团公司才能在深化改革、转型发展进入攻坚期的新形势下得以继续发展壮大，才能成为党和国家可资信赖的依靠力量。各级党组织必须深入学习和贯彻落实习近平总书记在全国国有企业党的建设工作会议上的重要讲话精神和中央《关于深化国有企业改革的指导意见》《关于在深化国有企业改革中坚持党的领导加强党的建设的若干意见》等相关要求，准确理解在深化国有企业改革中坚持党的领导加强党的建设的重要意义和内涵，充分认识做好国有企业党建工作的重要性和紧迫性，切实增强责任感使命感，充分发挥党委领导核心和政治核心作用，真正履行好把方向、管大局、保落实职责，努力把党建工作优势转化为企业发展优势，为做强做优做大国有企业提供坚强组织保证。

（二）完善公司治理，保障企业党组织的政治核心地位

国有企业改革的方向，是建立中国特色现代国有企业制度，

而其本质特征，就是充分发挥企业党组织的政治核心作用，发挥党组织政治核心作用，关键的一条就是明确和落实党组织在公司法人治理结构中的法定地位，建立各司其职、各负其责、协调运转、有效制衡的公司治理机制。目前，集团公司已完成把党建工作要求写入公司章程工作，接下来的工作是推动开展把党委的工作机构、职责分工、工作任务纳入公司管理体制、管理制度、工作规范工作，进一步明确党组织在决策、执行、监督各环节的权责和工作方式，使党组织发挥作用组织化、制度化、具体化。其次，充分发挥政治引领作用，确保企业改革发展的正确方向。坚持融入中心抓党建，服务经营不偏离，咬定发展不放松，坚定不移推进"管好枢纽兴汉江，为国保障水安全"的宏大愿景与"做大水电、做精工业、做优服务业、做强汉江集团"的战略目标，坚定不移履行国有企业经济、政治、社会责任，坚定不移加强和改进党的建设，听党话、跟党走，行正道、走大道，为国有企业改革发展保驾护航。

（三）健全决策机制，落实党委会监督职责

参与重大问题决策是国有企业党组织的重要职责，是党委发挥政治核心作用的基本途径。要进一步健全"大事集体决策，党政共同负责"的决策机制，让国有企业党组织切实投入到企业的发展工作中去，杜绝国有企业党组织脱离生产经营决策。严格执行"三重一大"决策制度，不断修改完善公司党委会、董事会及总经理会议事规则，确保党组织参与决策、带头执行、有效监督。认真贯彻执行党委讨论研究是董事会、经理层决策重大问题的前置程序，将党委常委会作为公司议事决策的重要形式，对于涉及公司改革发展以及安全、生产、经营、管理的重大事项，先在党委常委会上做原则性、方向性的讨论研究，形成明确意见建议后再提交董事会、总经理办公会做具体决策。落实党委会监督职责。党委会应当对"三重一大"事项范围是否全面科学、决策程序是否严密、责任追究措施是否有效进行严格审查，予以批准的，应当在批准后监督其实施。

（四）坚持党管干部，发挥党组织领导和把关作用

将党管干部落实到国有企业当中，是党的组织路线服务于政治路线的有力保障，是我党始终坚持并反复强调的根本原则。调查显示，49.0%的人首选坚持"党要管党"最关键的是该管"干部"。

一是要保证党对干部人事工作的领导权和对重要干部的管理权。明确党组织的主体责任和书记的第一责任人职责，落实组织人事部门的直接责任和纪检监察机构的监督责任。

二是要确定正确的用人标准和评价导向。坚持五湖四海、任人唯贤，坚持德才兼备、以德为先，坚持注重实绩、群众公认，并以此为标准来监督管理、考核评价企业的干部和人才。

三是要坚持组织选拔和市场选聘相结合的选人用人机制。一方面，要加大市场化竞争性选聘干部的力度，另一方面，也要摒弃"唯市场竞聘和票选论"，做到市场竞聘和组织选拔相结合。

四是要规范选拔任用程序。从企业内部选拔干部，必须经过民主推荐和组织考察，必须经过企业党委集体研究。坚持把好提名关、决策关、考察公示关，固化党组织在干部管理工作上的责任和权利。

五是要将创造良好的干部和人才工作环境作为工作的重点。要严格执行《干部任用条例》，落实干部选拔任用工作纪实制度，强化干部选拔任用责任追究和组织处理力度。注重紧缺人才引进，加强后备人才培养，拓展人才晋升通道，促进年轻干部交流。努力打造一支对党忠诚、勇于创新、治企有方、兴企有为、清正廉洁的干部队伍，为集团公司改革发展提供有力的干部和人才支撑。

（五）严格党内监督，筑牢企业改革发展的廉政防线

健全党内监督机制是企业党组织维护干群关系、巩固党的执政地位的重要任务，也是党组织履行本职、发挥政治核心作用的重要途径。严格党内监督应从以下几个方面入手。

一是要深入贯彻落实党风廉政建设责任制。要进一步优化和落实"两个责任"清单管理制度，细化责任分工，强化责任考核，严肃责任追究，形成一级抓一级、层层抓落实的工作格局。建立健全并严格执行党风廉政建设承诺、报告、约谈、检查考核、责任追究、述廉等专项制度。各级纪委要认真贯彻落实问责条例，运用好"四种形态"，聚焦中心任务，突出主业主责，强化执纪问责。

二是要严守政治纪律和政治规矩，树牢"四个意识"。坚持有令必行，有禁必止。持之以恒落实中央八项规定精神，驰而不息纠正"四风"。进一步强化服务意识，深入基层调研，帮助职工解决实际困难和问题。进一步深化思想政治工作，促进沟通交流，融洽干群关系。

三是坚持从严教育、从严监督、从严管理企业党员领导干部，加强对《准则》和《条例》的学习教育，突出对关键岗位、重点人员特别是"一把手"的管理，强化对权力集中、资金密集、资源富集、资产聚集等重点部门和岗位及选人用人的监督。积极建立联合监督检查、纪律审查和巡察机制，实现对基层单位巡察工作全覆盖。发挥巡察作用，用好问责利器，抓住领导干部这个"关键少数"，坚持失责必问、问责必严，推动落实"两个责任"由"软约束"真正变成"硬任务"。

（六）加强组织建设，推动基层党建全面进步、全面过硬

一是严格落实党建工作责任制。各级党组织书记要树立抓好党建是本职、不抓党建是失职、抓不好党建是不称职的责任意识，切实履行党建工作第一责任，落实"一岗双责"。要强化考核，党组织书记述职要述党建，群众评议要评党建，选拔任用干部要看抓党建的情况。

二是严肃党内政治生活。要进一步规范民主生活会程序，提高民主生活会质量。坚持和落实"三会一课"、民主生活会和组织生活会、谈心谈话、民主评议党员等制度。

三是强化基层组织建设。筹备召开集团公司第三次党代会，指导督促任期届满、具备换届条件的单位党组织按期进行换届。深化示范基层党组织和"红旗党支部"创建工作。固化"支部主题党日＋"党员经常性教育管理模式。严把党员队伍的入口关。加强党费收缴、管理、使用情况的检查监督。开展党建基础档案建设达标活动。着力解决基层党务干部力量不足的问题。探索党务工作者专职化的做法，增强党务工作者专业化能力。

（七）创新工作方法，增强党建工作活力

创新是引领发展的第一动力。要通过创新，努力使国有企业党建工作体现时代性、把握规律性、富于创造性、增强实效性。

一是要持续加大党建品牌建设力度。及时挖掘、提炼、宣传特色党建经验和支部工作方法，形成遍地开花、各具特色的党建工作生动局面。创新工作载体，打造"微品牌"。探索设立"微讲堂"、提供"微服务"、搭建"微平台"，适时编制《基层党建工作手册》《基层党建创新案例汇编》及时为基层支部工作提供指导。

二是创新工作机制。建立帮扶机制，启动实施基层党支部联络点工作，通过党建职能部门与基层支部结对共建，加强对基层党建工作的联系、指导和服务；健全考核机制，研究科学合理又简便易行的考评标准。坚持正向激励、负向激励相结合。进一步量化考核指标，细化考核内容，创新考核形式，切实推进考核结果应用；完善激励保障机制，保证党务工作人员待遇不低于同一层级经营管理人员；完善党务干部选拔任用机制，畅通晋升渠道，注意从优秀党务干部中选拔企业领导人员，使从事党建工作的人员有干头、有想头、有奔头；建立督办工作制度，实行闭环管理，确保党委各项决策高效执行、快速落地；积极探索党建工作绩效管理、项目化管理等机制。

三是加速党建与生产经营融合，切实解决"两张皮"问题。坚持"四个融合"：组织架构融合，坚持"双向进入、交叉任职"领导体制，落实"党政同责""一岗双责"；工作模式融合，通过党委会、党政联席会、总经理办公会、季度经济运行分析会＋党委书记季度工作汇报座谈会、月度安全生产例会＋支部书记会等形式，实现党建工作与生产经营工作同谋划，同部署、同推进、同落实；目标任务融合，要根据中心工作确定党建目标，坚持发展战略不动摇，咬定年度目标不放松，把党建工作融进中心工作的全过程，渗透到各环节；信息资源融合，充分利用信息化和互联网优势，建设汉江党建信息管理系统，推进行政、党建"双网融合"，实现资源共享。

（八）引领意识形态，凝聚发展合力

坚持和落实意识形态工作责任制，保证和落实企业党组织对思想政治工作和企业文化的领导权。

一是抓组织领导，夯实工作基础。坚持定期听取意识形态工作汇报，突出问题导向，加大分析力度，注重解决思想领域出现的各种矛盾和问题。

二是抓理论学习，增强四个自信。抓好思想理论建设这个根本，以深入推进"两学一做"学习教育常态化制度化为契机，以中心组学习为示范引领，引导广大党员干部深入学习党章党规和习近平同志系列重要讲话精神，认真学习贯彻党的十九大精神，坚定理想信念，增强贯彻执行党的路线方针政策和上级决策部署的主动性、自觉性、坚定性，与习近平同志为核心的党中央保持高度一致。

三是抓舆论引导，凝聚发展共识。深入挖掘企业改革创新实践中的鲜活事例，大力宣传爱岗敬业、精细管理、技术创新、节能降耗等各方面的先进人物、典型事例。充分利用报刊、网站和QQ（群）、微信公众号等新媒体，常态化、便捷化地进行思想教育、信息发布和工作交流，畅通诉求渠道，引导舆论，回应关切，统一思想，形成合力。

四是抓企业文化，提升综合实力。深入推进"廉洁文化""安全文化"建设，稳步实施武汉总部展厅和丹江口工程展览馆水利科普展厅布展工作，积极构建汉江集团特色的企业价值观体系。继续深化文明单位创建，做好集团公司全国文明单位、全国水利文明单位、湖北省文明单位复审验收工作，深化道德讲堂活动，开展家风家训教育，规范员工思想行为，营造见贤思齐、人心向上的浓厚氛围。

五是抓群团工作，促进和谐发展。加强工会组织建设，支持和保证职工代表大会依法行使职权，推进职工民主管理，丰富职工精神文化生活，充分调动职工群众积极性和主动性。支持共青团组织创造性开展工作，充分发挥突击队作用和联系广大青年职工的桥梁作用。

"互联网十""五"维覆盖
党建工作"五"力提升

——以南京水利水电科学研究院党建工作实践为例

李　媛　张晓红　李　健

南京水利水电科学研究院

习近平总书记所作的十九大报告，明确提出我们党既要政治过硬，也要本领过硬，要善于运用互联网技术和信息化手段开展工作。当前，以互联网为代表的信息技术迅猛发展，在影响社会生产生活方式的同时，也对党的执政环境产生了全方位、深层次的影响。如何将"互联网十"与党建工作有机融合，有效提升党建工作效能，把党的政治建设放在首位，落实好管党治党责任，是一项重要的时代课题。

一、广度：从"被动式"到"主动式"，以在线化保障辐射力

中国互联网络信息中心（CNNIC）2017 年 8 月发布的第 40 次《中国互联网络发展状况统计报告》显示，截至 2017 年 6 月，中国网民规模达到 7.51 亿，占全球网民总数的 1/5；互联网普及率为 54.3％，超过全球平均水平 4.6 个百分点；我国网民规模达到 7.51 亿，手机网民规模达 7.24 亿，较 2016 年底增加 2830 万人。互联网已成为社会个体和各种组织链接的基本形式，信息技术加快了社会分化解构，也重构了人际传播管道，时刻影响着党员价值观念和意识思想。因此，在工作中，需要党务工作

者摆脱传统行为与思维方式，在互联网党建中积极主动，把互联网对工作带来的压力和冲击，转化到其对工作的促进上来。一方面，任何思想理论只有广泛传播才能发挥更大的作用；另一方面，互联网情绪化、主体平行、自由、虚拟等特性，决定了必须把党的领导权延伸到网络上来，才能掌握话语权的主动。要本着"哪里有群众哪里就有党的工作，哪里有党员哪里就有党的组织"的原则，增强组织管理的及时性，不断强化党员意识，实现党员教育管理全覆盖。南京水利水电科学研究院（以下简称南京水科院）充分利用网站、社交互动软件、手机移动平台、移动互联技术等，构建了以党建学习考试平台、学习教育专题网页、网上办公系统等为主要载体的院意识形态主阵地。同时，在微信公众号等掌上学习"微"平台，微信群、QQ 群等交流互动"群"平台上发布信息，鼓励党员参与党建工作。以互联网为载体多管齐下，实现宣传引导、学习教育、交流展示等 24 小时在线，不仅放大了传统党建的政治宣传功能，使党员和基层群众及时掌握党的路线方针政策，也极大降低了信息流动的成本，使党建工作获得更多主动权和发言权，让互联网这个"最大变量"变成"最大正能量"。

二、准度：从"标准式"到"定制式"，以针对性增强影响力

由于党员的年龄、身份、文化程度、工作状态等各不相同，难以用一种模式开展系统性的学习教育。因此在注重不断创新以互联网为媒介的主要传播手段、开辟传播平台的同时，也要防止"一锅煮""一刀切"，因地制宜、因人施策，适应党员群众的差异化需求。南京水科院充分利用全国党员管理信息系统，通过党员信息、党员动态、党组织关系转接、党员考察等模块的资源库，认真排查"隐形党员""口袋党员"，对党员

进行个性化、精准化、即时化服务和教育引导，从部门实际和党员特点出发，分门别类抓好学习，通过对学习教育的内容安排、目标任务、组织方式、工作举措等分类提出具体要求，力求因材施教、有的放矢，在确保党员参学率的同时，使党员个体在群体中不断提升归属感、增强存在感，增强学习效果。

一是通过网络以菜单式、自助式、点播式的学习方式来获取信息，解决党员由于党员流动、休假等原因造成的定点、定向学习困难的问题，实现随时随地加强对党的思想、理论和文化的宣传教育。

二是针对不同群体对新媒体的接受程度、学习效果等各异的情况，尤其是占比达到 26％的离退休党员，在鼓励他们使用新媒体手段进行学习交流的同时，注重以开展各类报告会、文化活动等传统方式提升离退休党员队伍的凝聚力。

三是加强对虚拟党支部的研究，将不同单位、部门的同一特性与目标整合在一起，院 35 岁及以下的年轻党员占比 37％，100％的党员都开通了 QQ、微信，学历高，思维活跃，对互联网媒体技术的适应性更强，通过开设年轻党员网络交流群、进行交流探讨的学习方式更有利于激发他们通过个人思辨将党员学习教育自觉内化于心、外化于行。

三、亮度：从"僵尸化"到"多样化"，以丰富性提升吸引力

媒体宣传平台的建设不能只是"管他浏览量多少，领导看到就行"的网络形式主义。目前，还存在一些党建网站为应付"任务"而设立，网站长期不及时更新、维护和管理，以至于成为无人问津的"僵尸网站"，不利于官方消息的及时发布；有些网站内容不新、形式单一、手段滞后，在群众中造成不良影响。只有在日常运维中持续发力，才能在受众掌握主动权的信息主战场保

有持续的吸引力。南京水科院始终坚定不移强化"党媒姓党"，把党管媒体、党管意识形态的要求落到实处，把新闻媒体的党建工作摆在突出位置，提高党组织的影响力，把党的政治优势、组织优势和群众工作优势转化为新闻媒体的竞争优势、创新优势和科学发展优势，加快深度融合和整体转型。一是加强专业的运维队伍建设。设专人对媒体发布平台进行统一管理，避免信息资源重复建设与"空缺"并存的现象，组织选派信息采编人员进行宣传培训，教育引导党员干部坚持理想信念，增强"四个意识"，坚持高站位、高起点、高标准，以党的建设为核心，提高对相关信息的敏感性和搜集整合能力。二是在传播内容和传播形式上下功夫。在内容规划上，通过积极推送党组织的日常信息，公开党务信息、宣传时事政治，每年利用院考试平台组织党的知识问答活动，着力讲好院优秀党员和群众的先进故事等，不断增强宣传内容的热度和温度。在宣传形式上，组织围绕社会热点进行交流探讨，将文字形式转化为生动活泼的图片，让网络空间"活起来""动起来"，有效增强宣传的感染力和参与度。

四、力度：从"孤立式"到"协同式"，以服务性凝聚向心力

"互联网＋党建"不是用组织党员在线学习代替组织党员实践活动，也不仅仅是用党务信息间无法共享的"信息孤岛"，为党建工作加上"互联网"的技术装饰，而要始终立足群众，实现线上线下深度融合、有机统一，以增强发展实效性为根本方针，服务于如何解决问题、化解矛盾、推动工作，真正实现"互联网＋党建"切实联系党组织和党员，充分体现服务型党组织的真正内涵。

一是党建活动不能只是"少数党员"的活动，要善于通过互联网，精确掌握广大群众的诉求，了解网络舆情，积极与群众互

动交流，倾听群众呼声、回应群众诉求，更深入地开展党员思想工作，更贴心地解决党员生活工作中的困难，更高效地走出会议室开展调查研究，更密切地联系群众，推动"线上党建"活动与蓬勃发展、生动活泼的"线下问题"实践互动互促，实现党组织和广大群众互动的良性循环。

二是利用互联网中交流主体结构的扁平化，进一步减少党内沟通层级，缩短基层党建工作中传统传播链条，实现党内外舆情和思想焦点热点及其变动情况的实时准确追踪与快速应对，不断提高党的调研、统计、预判、决策科学化水平，有效提高党内民主决策、民主治理水平，扫除党建工作盲区和空白点。

三是利用网络空间的超时空全连接特征，保持党建数据的互联共通，实现党建资源整合，打破部门壁垒，实现服务内容、服务形式和服务载体的不断创新，聚力推动党建工作。

五、强度：从"封闭式"到"开放式"，以监督力倒逼执行力

党建工作不能仅仅是党组织书记和几个网络管理员的事情，也不能仅仅是少数党员的事情，党建工作需要广大党员干部群众的广泛参与。互联网的普及和应用打开了相对封闭的党务工作系统，为广大党员群众提供了便捷参与党建工作的渠道，联通了公共平台，使他们成为党建工作的参与者和监督者。目前，网络监督已经成为南京水科院党建工作中的一种重要而有效的监督形式。一方面，通过互联网，党的各项工作得以标准化、规范化、流程化、透明化，并实时在线呈现，广大党员群众可以实时在线监控，"倒逼"党组织建强堡垒，全方位跟踪、评价党的制度的制定与执行；另一方面，在增强党组织与党员自我约束的同时，结合网络监管，做好反腐工作，通过网上信箱等，扩充监督与公开范围，增强反腐机制的效果。"互联网十"使党建工作由事后

处理变成事中管理，甚至事前预警、引导，由内在正向驱动转变为外在逆向驱动与内在正向驱动并重，共同营造了风清气正的政治环境。

"互联网＋党建"不仅仅是技术手段，更是一种思维方式，一种传统向现代的递进，一种单一向多元的演变，一种静态向动态的提升，一种单边向互动的转化，一种行政命令向合作共治的重构，是信息时代党建部门的发展战略。要以增强党建工作"发展实效性"为根本方针，落实党员权利和激活党内民主，严明党规党纪和国家法律，从广度、准度、亮度、力度和强度，切实推动党建工作中的问题解决和治理实践中的矛盾化解，形成有辐射力、影响力、吸引力、向心力和监督力的党建工作体系。

关于淮河水利委员会精神文明
建设工作的调研报告

董开友　余益群　焦　娇　章金龙　孙　慧

水利部淮河水利委员会

近年来，淮河水利委员会（以下简称"淮委"）精神文明建设高举旗帜，围绕中心，服务大局，进取创新，以 2011 年荣获第三批全国文明单位、2015 年蝉联全国文明单位为标志，精神文明建设在更高起点上深入推进，取得了丰硕成果，培育了干部职工向善向上的良好风尚，有力促进了中心工作的开展。但是，我们也清醒地认识到，在协调推进"四个全面"战略布局的新形势下，干部职工的思想观念发生深刻变化，精神文明建设永远在路上，精神文明建设引领风尚、教育职工、推动发展的作用必须进一步加强。

为总结十八大以来的淮委精神文明建设经验，找准存在问题，理清新时期文明创建思路，创新工作方法，进一步提升淮委精神文明建设工作水平，促进治淮事业发展，淮委文明办通过座谈交流、实地察看、查阅资料等形式，对淮委系统精神文明建设工作进行深入细致的调研，现整理报告如下。

一、精神文明建设的主要做法

（一）坚持正确政治方向

深入学习贯彻党的十八大以来的会议精神，始终以习近平总书记系列重要讲话精神统一思想和行动。淮委党组以上率下，坚持党组中心组学习制度，充分发挥示范引领，全委理论学习蔚然成风，在政治上思想上行动上同以习近平同志为核心的党中央保持高度一致，确保中央兴水惠民政策和水利部党组决策部署的贯彻落实，以昂扬向上的状态统筹推动各项工作；深化社会主义核心价值观和中国梦的学习宣传教育，坚定干部群众道路自信、理论自信、制度自信、文化自信，广泛开展学习蒋志刚等水利先进典型和"寻找最美治淮人"活动，大力弘扬水利行业精神，激发干部职工崇尚典型、学习先进的精神力量，主流价值导向更加鲜明，干部职工文明素质和行业文明程度不断提高。

（二）组织领导有力

淮委深刻把握时代发展变化对精神文明建设提出的新要求，不断增强"两手抓、两手都硬"的思想自觉，把精神文明建设贯穿治淮发展的全过程。每年初，淮委党组都要例行研究精神文明建设工作，将创建工作纳入年度考核目标，层层落实责任制，明确各单位一把手为精神文明建设工作的第一责任人，形成淮委党组统一领导、文明委组织协调、有关部门各负其责、全员积极参与的工作机制，凝聚了工作合力。精神文明建设五年有规划，年度有计划，项目有方案，活动有宣传。淮委机关发挥全国文明单位的示范和辐射作用，深化文明单位结对共建活动。淮委文明办加强对直属单位创建工作管理考核，指导创建材料的整编和申报工作。各级党组织在创建活动中发挥战斗堡垒作用，党员干部争做创建活动的积极实践者。工青妇等群团组织发挥桥梁和纽带作用，为创建工作添砖加瓦。

（三）紧密结合中心工作

紧密结合治淮中心工作开展文明创建活动，大力发挥各相关部门（单位）积极性和特色优势，使创建活动与中心工作有机结合、相得益彰。举办流域综合规划和"十三五"规划学习宣讲，贯彻落实五大发展理念；围绕依法行政和落实最严格的水资源管理制度，举办知识竞赛、辩论赛、演讲等活动；每年"世界水日""中国水周"期间，精心组织策划系列活动，进机关、进社区、进乡村、进校园开展水法规和水情宣传教育；到治淮工地一线开展安全生产主题实践活动，组织青年职工考察 20 世纪 50 年代治淮工程，弘扬新中国治淮优良传统；发挥技术人才优势，持续开展保护淮河母亲河志愿服务公益活动，现场为群众监测饮用水质、宣讲安全饮水知识、开展"饮水安全进农村"活动等，形成创建特色。在创建活动中锻炼了业务骨干，扩大了治淮影响力，有效保障创建活动可持续地开展。

（四）坚持不懈抓落实

精神文明建设，建设的是理想信念，建设的是思想道德，建设的是文明风尚，最忌流于形式，必须虚功实做。淮委持续开展治淮文明建设工地、水利风景区、工人先锋号、青年文明号、卫生先进单位、双拥模范单位、文明家庭等细胞创建活动，创建工作贴近实际、更接地气；着力丰富职工精神文化生活，坚持开展关爱山川河流、扶贫济困、希望工程、无偿献血、交通文明劝导、网络文明传播等社会公益活动。淮委文明办坚持从实际出发，确定目标要求，加强组织发动和工作协调，对重要事项制订工作方案，分解任务，责任到人。各部门、各单位履行职责、发挥优势，投身创建活动，以踏石留印、抓铁有痕的劲头，把精神文明建设各项任务落到实处。

（五）注重正面引导

在创建活动中致力于以思想道德引导人，生动载体感召人，良好环境熏陶人，化解问题凝聚人，坚持精神与物质并重，两手共同发力，为全委精神文明建设营造良好氛围。结合"五四""七一"等重大节日节点，开展评比表彰，对表现突出的及时予以鼓励支持，激发创建骨干的荣誉感，从精神上为文明创建鼓劲助威；结合日常公益活动的开展，建立志愿服务激励机制，通过

"星级志愿者评定"等多种方式为参与者创造条件，鼓励带动更多职工参与其中、乐在其中，保持广大职工的参与热情；及时宣传报道创建活动，增进全委职工的沟通与交流，营造向善向上的氛围，促进创建活动深入开展。

（六）夯实创建基础

系统健全、重点突出的创建活动档案，对于回顾历史、总结经验、深化创建、迎接测评有着十分重要的意义。淮委文明办始终坚持系统齐全、规范有序、亮点突出、展示便利的原则，认真做好创建活动资料收集分类、科学归档工作，做到每项活动事先要了解、事中要跟踪、事后要及时整理。安排专人，严格按照《全国文明单位测评体系》，及时收集创建活动的原始材料，分类整理文档和图片，建立创建台账，定期整编装订，既保持档案材料的"原始"和"原貌"，又尽量使材料规范、整齐；依托蚌埠市文明创建动态管理系统、安徽省文明单位大展台、水利系统文明单位在线等网络平台，建立精神文明建设电子档案、网络档案，在与纸质档案统一与互补的基础上，加强创建档案动态化管理。

二、精神文明建设主要成效

（一）精神文明建设巩固了干部职工共同理想信念

当前深化改革进入攻坚期和深水区，事关利益调整的各种社会矛盾交织，党风廉政建设和反腐败斗争形势依然严峻复杂，西方敌对势力还不遗余力地侵蚀我国文化意识形态领域。面对世情、国情、党情的深刻变化，加强精神文明建设，坚持用中国特色社会主义理论武装干部职工，深入学习贯彻习近平总书记系列重要讲话精神等党的理论最新成果，坚持不懈地开展理想信念教育，大力培育和践行社会主义核心价值观，弘扬水利行业精神，用先进理论引领干部职工，用先进典型感召干部职工，筑牢干部职工团结奋斗的思想基础，进而强化干部职工理想信念这个"主心骨"，帮助其在复杂变化的环境中树立正确世界观、人生观、价值观，坚定"四个自信"，共同为实现中华民族伟大复兴的中国梦而奋斗。

（二）精神文明建设增强了治淮事业发展的精神动力

加快节水供水重大水利工程建设，是党中央、国务院应对经济发展进入新常态做出的重大决策，是直接拉动经济增长的重要支柱，也是支撑"四化同步"发展的基础。进一步治理淮河作为大江大河治理的首要任务，正处在抢抓机遇、大干快上关键时期，同时做好流域防汛抗旱减灾、推进最严格水资源管理制度、强化流域综合管理任务十分艰巨。从淮委内部发展看，面临着深化改革、转变职能、增强企事业单位发展活力等任务。面对新形势新任务新要求，加强精神文明建设，对于坚定广大职工献身治淮的理想信念、营造风清气正干事创业的工作氛围、造就高素质治淮队伍，对于强化干部职工责任担当、进一步提高凝聚力和战斗力，具有不可替代的重要作用。

（三）精神文明建设提升了淮委自身形象

治淮工作与流域经济社会发展和人民群众切身利益息息相关，淮委承担着流域治理和管理的重任，需要社会各界的支持和信任。淮委通过以精神文明创建为抓手，贯彻落实全面从严治党要求，严格执行中央八项规定精神，反"四风"、正作风，固本培元，提振精气神，培育干部职工文明素养，以优良的作风促政风带行风，形成了风清气正的良好氛围。通过开展创建活动，宣传流域水情，展示了淮委在支撑和保障流域经济社会发展中的重要作用，让社会各界更多关注支持治淮；同时积极参与社会公益事业，承担相应的社会责任，提升服务水平，树立了良好的社会形象。

（四）精神文明建设丰富活跃了职工文化生活

多年来我委坚持开展职工喜闻乐见的创建活动，如组织开展工程测量、PPT制作、公文写作、计算机文字输入等职工技能比赛；举办淮河大讲堂、道德讲堂；开展知识竞赛、演讲、读书交流、歌咏、迎新春、手工才艺展示等活动；举办职工运动会和球类系列比赛，评选"健康（运动）之星"，倡导全民健身运动；开展"淮河探源""红色之旅""三关爱""我们的节日"等主题实践活动。创建活动的蓬勃开展，活跃了职工业余生活，满足了不同层次职工的文化需求，不断有青年职工崭露头角，每年都有不少集体和个人获得奖项，增强了集体凝聚力和团队合作精神，创建活动成为文明单位的靓丽风景。

三、精神文明建设存在的主要问题

（一）精神文明建设发展不平衡

直属单位特别是基层单位创建工作不平衡，个别单位认识不够到位，有的企事业单位在价值取向上注重经济效益，对如何结合中心工作和队伍建设开展创建缺乏研究安排，导致创建积极性不高，创建工作机制和人员缺乏，任务不落实，被动应付。有的单位重评比、轻创建，上级检查时突击一阵子，缺乏持久创建的韧劲，如有的活动室、阅览室不开放不更新。有的单位认为多一事不如少一事，对创建工作敷衍推诿，与当前精神文明建设的高标准、严要求不相适应。

（二）创建活动的载体和方式还有待创新

精神文明创建需要一定的载体、活动来承载和展示，有活动，才能有活力；但创建工作不简单等同于搞活动，如果不结合实际精心设计，就会沦为形式主义。如驻地在进行创建全国文明城市中，长年安排各单位派员上路口进行文明交通劝导，每次需要4人，淮委每月一次，过于频繁。上级有时不考虑各单位的性质状况，一味要求营造创建氛围，片面追求形式。再如，网络文明传播活动日趋重视，要求文明单位建立多种传播小组和加入网上动态管理,都强调上传信息的数量,增加了重复工作量。有的单位材料积累的多,反映创建的少;上级下发的多,自我拟定的少;常规工作多,特色活动少,加上整理归纳不够,难以取得创建成果。

(三)创建考核评价体系需要整合完善

精神文明创建是综合性强、周期性长、参与面广、难度较大的系统工程,创建工作永远在路上,保持荣誉是一项艰巨任务。网络创建动态考核系统的推广,较好地将文明单位创建的全过程纳入考核,但对文明单位来说,需要应对多头多层考核管理,且考核标准大相径庭,文明单位往往需要准备三四套材料来应对多头多层考核管理,增加了文明单位的重复工作量,也造成了一定的浪费。以淮委机关为例,文明办要同时承担水利部、安徽省、蚌埠市三套网络平台上传发布和管理维护,现实中还要承担诸多社会责任及地方任务,如交通志愿岗、网络文明传播、志愿服务等的组织落实,任务繁重,人手严重不足。

(四)承担精神文明建设的专兼职干部人手和专业能力还有待充实和提高

精神文明创建要求越来越高,网上动态管理考核也越细越严,文明办的任务不断加重,大家还身兼党务等工作,常感到人力不足。淮委内个别单位的兼职人员工作达不到要求,人员缺乏流动交流。我委目前在水文化建设方面缺乏领军人才。调查发现,越是基层单位,情况越是不容乐观。有的单位文件上机构健全,实际上却无人可用,往往在检查考核时临时抽调,或由党务、综合部门人员临时兼任,人员变动频繁,专业理论素养不高,工作抓起来路数不清,创建材料不成龙配套,文明创建缺腿短项,收不到应有的效果。

(五)精神文明建设的激励保障条件仍需加强

开展创建活动需要一定的花费,但如今公用事业经费使用从

紧控制，机关单位从公用经费中列支比较紧张，基层单位东拼西
凑不合规，影响文明创建活动的深入开展。地方政府部门没有把
驻蚌埠单位创建工作列入年度精神文明建设目标考核内容，不能
享受相关激励措施政策。文明交通劝导等志愿服务活动，占用一
定工作时间，且没有相关激励措施。另外，我们感到现在对文明
单位的要求（包括社会责任）不断提高，但对文明单位的奖励标
准没有相应提高，且各地奖励依据及标准不一，蚌埠市在 2013
年还调低了奖励标准，造成"荣誉不实惠"，与单位的实绩、个
人进步联系也不密切，这些都不利于创建活动的开展。

四、对创建工作的几点建议

（一）进一步提高创建工作实效

开展精神文明创建活动，需要有一定的形式以助声势，但必
须力戒形式主义。要坚持虚功做实，借助形式，追求实效，在设
计创建活动时，主题鲜明，内容鲜活，载体新颖，不断增强创建
活动的针对性、实效性、吸引力、感染力。要本着厉行节约原
则，把贴近实际、贴近生活、贴近职工作为出发点和落脚点，突
出为民惠民，接地气、连民心，既积极参与地方各项创建活动，
又结合淮委和治淮工作实际，组织开展大家乐于参与、普遍受益
的创建活动。

（二）进一步强化创建工作机制

精神文明建设是保持单位活力和良好形象的一项长期工作，
必须根据新形势新任务新要求，进一步强化淮委党组统一领导，
文明委组织协调，文明办具体负责，群团组织密切配合，新闻宣
传引导推进，干部职工积极参与的工作机制。要增加精神文明建
设工作在目标考核中的权重，与评先评优、教育惩处紧密挂钩，
做到奖惩分明、激励先进、鞭策后进，避免干好干坏一个样、真
干假干一个样的现象，为精神文明建设有效开展提供坚实的制度

保障。

（三）进一步加强对创建工作的指导

要持续开展社会主义核心价值观的学习教育活动，进一步提高干部职工思想道德素质。要加强业务培训和学习交流，组织赴先进典型单位参观交流，提高文明办干部的能力和水平。要及时总结推广创建工作的经验做法，加强对基层单位创建工作的指导，组织开展淮委系统文明单位创建活动，不断提高淮委整体创建工作水平。

（四）进一步夯实创建工作保障机制

要加强组织领导，明确人员分工，保证工作有人抓、有人做。要加大精神文明建设经费投入，拓展正常的经费投入渠道，把精神文明建设与中心工作和职工队伍建设结合起来，增进创建工作合力。要加强对在创建工作中表现突出的职工的奖励，提升职工群众参与创建的荣誉感、获得感，以保持创建热情。要积极主动与地方政府部门联系沟通，争取把淮委文明创建工作纳入地方文明单位考核体系，共享地方创建成果。

（五）进一步规范考核指标和网络宣传工作

建议整合创建网络宣传工作，实现一次发布多方共享，提高效率和效果。进一步规范对文明单位的考核指标。

树立一切工作到支部的鲜明导向
推进全面从严治党向基层延伸

刘红宝　杨　静

小浪底水利枢纽管理中心

小浪底水利枢纽管理中心的前身是水利部小浪底水利枢纽建设管理局，成立于1991年，全面负责小浪底和西霞院水利枢纽的工程建设和运行管理。小浪底工程竣工验收后，为深化水利工程管理体制改革，2011年5月，中央机构编制委员会办公室批复设立小浪底水利枢纽管理中心，为水利部直属正局级事业单位，负责小浪底水利枢纽及西霞院反调节水库的运行管理及库区管理等工作。小浪底水利枢纽管理中心内设8个职能处室，1个直属的副局级事业单位库区管理中心（水政监察支队），对所属企业黄河水利水电开发总公司和黄河小浪底水资源投资有限公司依法履行出资人职责。小浪底管理中心党委下设机关一、机关二、库区管理中心3个直属党支部和黄河水利水电开发总公司、黄河小浪底水资源投资有限公司2个党总支，所属公司党总支下设19个党支部（党总支）。目前共有在职人员579人（事业55人，企业524人），其中中共党员294人；共有退休人员221人，其中中共党员118人。随着业务的发展，党员职工分布在河南郑州、小浪底枢纽管理区、洛阳、开封以及湖北、云南等地工作。

党支部是党全部工作和战斗力的基础。近年来，小浪底水利枢纽管理中心党委深入贯彻落实全面从严治党要求，紧密结合实际，针对基层党员多、工作地点分散的特点，树立一切工作到支部的鲜明导向，从组织安排、措施推进、制度制定、监督检查等方面着手，将党的一切工作任务宣传阐释到基层、贯彻落实到基层，充分发挥党组织的政治核心作用和党员的先锋模范作用，深入推进全面从严治党向基层延伸。

一、突出安排部署，工作任务压实到基层

（一）做好顶层设计

党委经常召开会议，专题研究党的建设和反腐倡廉工作，在研究中，认真贯彻中央全面从严治党向基层延伸的决策部署，紧密结合基层党组织和党员干部的思想实际，有针对性地制定工作计划，对基层党组织工作提出明确要求。

（二）统一工作部署

每年年初召开党的工作暨纪检监察工作专题会议，对全年党的工作和纪检监察工作进行统一部署，包括基层人员在内的全体党务干部、科级以上党员参加；每年制定党的工作和纪检监察工作实施意见，对包括各支部在内的党的工作和纪检监察工作进行统一安排，同时对实施意见进行逐项逐条分解，明确责任组织、完成时限和工作质量。

（三）制定责任清单

印发《关于进一步落实党风廉政建设主体责任的实施意见》《关于纪检监察部门进一步落实党风廉政建设监督责任的实施意见》，制定党委主体责任清单、纪委监督责任清单，督促开发公司、投资公司党总支等基层党组织分别制定责任清单。

（四）压实工作责任

每月一次的工作例会上，实行业务工作和党建工作双汇报；每季度组织召开一次政工例会，专题听取各级党组织工作情况汇报，安排部署下一阶段工作；每年组织各级党组织层层签订党风廉政建设责任书、各部门（单位）主要负责同志层层签订党风廉

政建设承诺书，一级抓一级，层层抓落实；每季度结合绩效考核对基层党组织党建工作情况进行考核，每年对党支部工作进行专项述职考核评议，上级党组织当面点评，指出存在的问题和努力方向，对考核结果排名靠后的党支部书记进行提醒约谈，考核结果与基层单位党员干部的选拔任用、评优评先、薪酬待遇直接挂钩，将压力传导到基层党组织。

二、注重理论武装，学习培训涵盖到基层

（一）龙头示范带动基层

党委中心组坚持每月集中学习一次，深入学习习总书记系列讲话、中央大政方针、水利部党组重要安排部署等，带头开展群众路线教育实践、"三严三实"专题教育、"两学一做"学习教育等活动，在党委中心组的带动下，各基层党支部主动树立看齐意识，年初制订学习计划，认真落实教育活动部署，组织党员深入学习。

（二）载体设计针对基层

针对基层党员多从事水利工程技术工作，政策理论水平不足、专业水平需要提高的实际，实行"全员、全系列、全职业周期"培训，组织党员职工，分层次、分专业赴浦东干部学院、井冈山干部学院、国家行政学院、河海大学、武汉大学等地进行专题脱产培训；每年春、秋两季组织人员赴水利部党校和河南省直党校进行脱产学习；开设"小浪底讲坛"，定期邀请教授学者就政治、哲学、历史、技术等进行专题辅导；邀请院士等高级专家，专题向一线人员讲授水利专业知识。

（三）教育对象覆盖基层

外出教育，所有干部职工每年轮流一次，一次不少于7天；内部教育，尽量要求基层党员参加，地点一般选择在小浪底水利枢纽管理区人员相对较多的地方，确因特殊原因不能在小浪底水

利枢纽管理区进行，也采取视频会议的方式让基层党员职工参加；扩大水利部网络教育培训人员范围，全体职工都要按要求学习完规定的学时；开展全员读书学习活动，要求每人每年至少学习规定的书目。

三、严格规范要求，组织建设贯穿到基层

（一）充实基层工作力量

成立党建工作领导小组，坚持党组织"全覆盖"原则，根据行政机构变化情况，及时调整完善党的基层组织机构；为两个公司增设专门的党群工作部门，配备专职党务干部；各党支部书记由各部门（单位）"一把手"兼任，纪检委员由副处级以上干部兼任；为 5 个独立法人公司配备专职副处级纪检干部；下发通知，规范党小组设置，明确党小组组长和职责。

（二）规范基层组织生活

把严肃党内政治生活作为解决思想问题的"金钥匙"、锤炼党性的"大熔炉"，领导干部严格过双重组织生活、谈心谈话，实施党委领导班子、党总支领导班子成员基层联系点制度；"三会一课"突出政治学习和教育，强化党性锻炼，做到形式多样、氛围庄重、成效明显；推广党支部主题党日，组织党员在主题党日交纳党费、赴焦裕禄纪念馆学习等活动；严格民主生活会、组织生活会、民主评议党员等制度；为各党支部、党小组印发《党支部工作手册》，规范活动记录。全部完成基层党组织换届。召开第四次党代会，把会议的召开过程作为基层党员提升政治意识、严格民主选举程序、规范党内政治生活的过程。

（三）严格基层组织管理

深入开展基层组织建设年活动，全面提升基层党组织的思想、组织、作风和反腐倡廉建设；畅通管理渠道，防止信息衰减，加强监督检查，特别注意加强云南、湖北等一线偏远地区党

组织的管理，统一标准，防止党的建设虚化、弱化、淡化、边缘化；每年制定党员三年滚动计划，按照"控制总量、优化结构、提高质量、发挥作用"的方针发展党员；认真落实党费收缴使用管理要求，所有党员全部按时足额补缴党费；建立党员组织关系审查机制，取消 3 名流动党员资格，取消 4 名组织档案不符合规定的新入职学生的党员资格。

（四）完善基层组织制度

近年来，及时督促各党总支和法人独立党支部修订中心组学习制度、工作规则、廉政谈话等涉及党员服务、教育和管理的 30 项规章制度，基层党组织基本形成了内容科学、程序严密、配套完备、有效管用的制度体系，实现了党建工作有章可循、有"法"可依。

四、倡树务实担当，作风建设深入到基层

（一）推进基层党组织不折不扣落实上级决策部署

提升基层党员干部吃透政策、落实政策的能力，开展基层执行力建设和精细化管理，实行重点事项督察督办、责任追究；实行中心机关每月至少一周到基层办公等加强作风建设的制度，推进中心机关部门的职责从监督管理向监管服务转变；中央、水利部党组、河南省委的决策部署和中心党委的具体安排得到有效落实，五大发展理念进一步夯实，配合河长制工作全面推进，生态文明建设进一步深化。

（二）推进基层党组织坚定执行中央八项规定精神

结合实际，督促基层党组织深入贯彻落实改进工作作风、密切联系群众的中央八项规定精神，基层党组织领导带头，经常性到生产一线调研工作、解决问题，进一步规范办公用房，精简会议文件、宣传报道，严控公务接待活动；在合同招标、工程建设、设备检修和日常管理中厉行节约，禁止浪费。

（三）推进基层党组织深入整改巡视问题

针对 2015 年水利部党组巡视反馈的 6 个方面问题，中心党委以最坚决的态度、最严格的标准、最有力的举措，制定整改方案，并细化为 37 项，逐项列出问题、任务、责任清单，在整改过程中，各基层党组织逐条对照领取任务、逐条深入整改、逐条对账销号，确保了整改进度和成效。

（四）推进基层党员领导干部发挥示范作用

创造性开展"一个职工一个形象、一个党员一个榜样、一个党员领导干部一面旗帜"的"三个一"创建活动，结合枢纽管理、企业经营开展"六个一流"创建活动，基层领导干部带头担当重任、带头干事创业、带头讲授专题党课、带头参加组织活动、带头廉洁自律，做"四讲四有"的合格党员。

五、深化廉政建设，监督执纪震慑到基层

（一）强化廉政教育

每周向基层党员发放廉政短信，经常组织基层党员开展廉政约谈，组织基层党员向焦裕禄、谷文昌、孔繁森、蒋志刚等先进典型学习，发放《领导干部违纪违法典型案例警示录》等书籍，组织观看《永远在路上》《第一大案》等宣传教育片，及时向基层党员传达党中央、水利部、河南省通报的违规违纪典型案例，印发《违反党规党纪典型案例选编》，2017 年 3 月和 7 月，重点面向基层组织开展"廉政教育月"和"警示教育月"活动，通过廉政约谈、参观廉政文化馆、到豫中监狱教育等形式，提升干部职工的廉洁自律意识。

（二）构建防控机制

督促基层党组织严格执行"三重一大"民主决策，建立法人独立单位"一把手"不分管人事、财务、项目制度，重大问题和重要事项实行集体研究；深入贯彻水利部党组关于深化水利廉政

风险部署，编制包括基层在内的科级以上及重点岗位《岗位廉政风险防控手册》，排查出 1920 个廉政风险点，制定 1938 条廉政风险防控措施，基层党组织结合实际也制定了岗位廉政风险点和防控措施，并通过专题学习、集中讨论等措施，深入学习贯彻；与济源市人民检察院联合在小浪底水利枢纽管理区开展预防职务犯罪活动；每年对法人独立单位进行财务审计。

（三）严控重点环节

强化对一线工程建设、物资采购、招标投标等重点项目和关键环节的监管，督促基层单位在项目决策前集体研究，招标阶段专人监察，开工前集体约谈承包商，实施阶段严格确认工程量和控制变更，完工组织联合验收。

（四）严肃监督执纪

认真践行监督执纪"四种形态"，坚持纪挺法前，对发现的苗头性、倾向性问题，咬耳扯袖、红脸出汗；制定审计问题责任追究办法，根据审计发现问题的性质和造成的后果，采取诫勉谈话、降低绩效奖金、公开检讨等形式进行问责。畅通信访举报渠道，严查问题线索，对发现的违规违纪人员进行严肃的纪律处分和组织处理，并公开通报曝光，绝不姑息迁就，达到问责一人、警示一片的效果，形成不敢腐的震慑。

六、强化支持保障，资源调配倾斜到基层

（一）财力上支持

严格落实中组部党费收缴使用管理规定，基层党组织外出开展活动一律按出差对待，利用补缴的党费，2016 年向被评为优秀的每个党支部发放 3000 元活动经费，2017 年为每名党员购买 300 元的学习书籍，每个党支部发放 5000 元的活动经费，支持云南合宇、湖北官渡河党支部分别购买 20000 元的图书，丰富基层组织生活。

（二）物力上保障

在小浪底水利枢纽管理区建立了 2 个标准化党支部学习活动室，配备电视、光盘播放机、音箱等设备，供基层党员学习活动；设立专用保密会议室，供各基层党组织传达学习保密文件使用；在枢纽管理区建设职工活动中心、改造多功能厅，为基层党组织开展活动提供条件。

（三）活动上引领

推进"文明言行、文明办公、文明环境、文明家庭"建设，不断丰富文明创建成果；组织"我爱我家"系列活动，营造爱国、爱党、爱水利、爱小浪底的良好氛围；开展"传家训、立家规、扬家风"，传承和弘扬中华传统文化；每两年组织一次职工运动会，在枢纽管理区每月开展一次文体活动，每年开展职工文艺汇演等，这些活动全面面向基层，要求以党支部为单位参加。

（四）机制上融合

将基层党建工作与精神文明创建、小浪底文化建设、工会和共青团工作有机融合，相互促进，提升效果；将基层组织工作经历作为选拔任用干部的重要参考，树立倾向一线、倾向基层的用人导向，激励基层人员工作热情。

在小浪底管理中心党委的统一领导和带动下，各基层党组织深入贯彻落实中央、水利部党组、中心党委的各项安排部署，结合实际创造性地开展各具特色的党建工作，提升了党建工作成效，发挥了战斗堡垒作用，促进了小浪底水利枢纽管理中心各项任务的顺利完成。自小浪底工程投入运行以来，已连续 17 年实现安全度汛，黄河下游凌汛威胁基本解除；进行了 17 次调水调沙，累计冲沙入海沙量 9.1 亿吨，下游河道行洪能力由原来不足2000 立方米每秒提高到 4100 立方米每秒，悬河形势有效缓解；连续 17 年不断流，提高了下游约 4400 万亩引黄灌区的灌溉保证率；截至 2017 年 8 月底，累计发电 952 亿千瓦时，提高了电网的可靠性，充分发挥清洁能源优势，促进了国家节能减排政策的落实，连续安全运行 4209 天；清洁能源开发、旅游等多元业务蓬勃发展，新时期治水方针和中心"管好民生工程，推进多元发展"的战略得到有效落实。

遵循知信行统一
提升思想政治理论课的实效性

刘兴平　季　托

河海大学

习近平总书记在全国高校思想政治工作会议中指出，办好中国特色社会主义大学，要坚持不懈地传播马克思主义科学理论，抓好马克思主义理论教育，为学生一生的成长奠定科学的思想基础。[1]思想政治理论课是影响与感染大学生的重要平台，是阐释与传播马克思主义理论的重要渠道，是认识与把握中国特色社会主义理论体系的重要阵地。思想政治理论课水平的高与低、效果的好与坏，直接影响着高校思想政治工作的成效。在全国高校思想政治工作会议精神的新形势、新要求下，如何巩固思想政治理论课的主渠道作用，贯彻落实全员育人、全程育人和全方位育人的育人理念，提升思想政治理论课的实践性、导向性、针对性和亲和力成为理论和实践中的重大课题。面对这一课题，"知信行统一"既是高校思想政治理论课理应追求的重要目标，也是其改革的重要实践方略。

一、"知信行统一"在思想政治理论课中的内涵与地位

"知信行"模式（knowledge – attitude – practice，KAP）是一种主要运用于健康教育、医学康复领域的行为干预理论，它将人类行为的改变分为获取知识、产生信念、形成行为三个连续的

过程，认为人们在对现实采取积极态度的基础上，通过对知识的学习，独立的思考，逐步形成信念，进而通过信念支配自身的行为。[2]这一理论是有关行为改变较为成熟的教育理论，其中，知识构成了基础性条件，信念或态度构成了基本动力，而行为则是最终的目标。由于这一理论把握了知识信念、态度与行为之间的张力关系，也被广泛运用于德育领域。将"知信行"模式运用于思想政治理论课的课程建设中，同样有利于处理思想政治理论课中"有知与无知""认知与情感""认识与行为"这三对矛盾，对于提升思想政治理论课的实效性具有重要作用。

思想政治理论课教学归根结底是一项世界观和方法论的教育活动，它在培养中国特色社会主义合格建设者和可靠接班人这一高等教育的根本任务方面有着特殊的地位和作用，因而是一项人才培养的固本工程。[3]习近平总书记在全国高校思想政治工作会议中指出，做好高校思想政治工作，要遵循思想政治工作规律、遵循教书育人规律、遵循学生成长规律。而遵循思想政治工作规律、教书育人规律和学生成长规律，归根结底要遵循"有知"与"无知"、"知识"与"情感"、"态度"与"行为"之间的转化规律。思想政治理论课是大学生思想政治教育的主渠道，做好大学生思想政治教育，必须从"知信行统一"入手，进行思想政治理论课的课程建设，着力实现教育过程和教育效果明理、笃信、践行，即知、信、行的有机统一。因此，"知信行统一"在思想政治理论课中指的是通过思想政治理论课的课程建设、课堂教学、课后实践等的多维努力，促进大学生将马克思主义世界观和方法论内化于心、外化于行，逐步养成独立思考、理性判断和自觉运用的能力。在思想政治理论课中，"知信行统一"既是一种育人理念，又是一种育人规律，还是一种育人模式。

首先，"知信行统一"作为高校思想政治理论课教学的目标理念，是对培养什么样的人、如何培养人以及为谁培养人这个根本问题的有效回应。习近平总书记在全国高校思想政治工作会议中指出，办好中国特色社会主义高校，要坚持不懈传播马克思主义科学理论，抓好马克思主义理论教育，为学生一生成长奠定科学的思想基础。要坚持不懈培育和弘扬社会主义核心价值观，引导广大师生做社会主义核心价值观的坚定信仰者、积极传播者、模范践行者。思想政治理论课"知信行统一"的教学理念正是对这一目标的自觉践行。就教育的目标而言，思想政治理论课不同于一般专业课，专业课的教学目标主要注重学生对专业知识和技能的掌握，但思想政治理论课不是单纯的知识课，不能简单地将思想政治理论课知识化，而要强化思想和价值引领。因此，知识和技能仅仅构成了思想政治理论课教学目标的一个部分，信念态度的形成才是教学目标的核心，实践行为的自觉才是最终归宿。具体而言，思想政治理论课想要培养的，是社会主义的合格建设者和可靠接班人。因此，"知信行统一"本身就是思想政治理论课的教学理念，它内在地回答了思想政治理论课培养什么样的人、怎样培养人以及为谁培养人这个根本问题。

其次，"知信行统一"作为高校思想政治理论课教学的过程规律，是对思想政治理论课中教书育人规律和学生成长规律的总结概括。长期以来，在高校思想政治理论课的实际教学中，"有知"与"无知"、"知识"与"情感"、"态度"与"行为"之间的张力一直是突出存在的矛盾。近年来，提升思想政治理论课的亲和力和实效性成为理论和实践领域的热门话题，而思想政治理论课亲和力和实效性提升的现实效果主要取决于以上几对矛盾的解决情况。要解决这几对矛盾，重点就是要找到它们相互之间的转化规律，而这些转化规律也正是思想政治工作规律、教书育人规律和学生成长规律的核心组成部分。因此，"知信行统一"的教学理念从抽象高度把握到了高校思想政治理论课教学过程中突出存在的矛盾及其解决方案，在这一意义上，它是对高校思想政治理论课教规律和学生成长规律的总结概括。由此，将"知信行统一"的理念和模式引入思想政治理论课，有利于充分认识和化解课程中"有知"与"无知"、"知识"与"情感"、"态度"与"行为"之间的矛盾，有利于进一步把握思想政治工作规律、教书育人规律和学生成长规律。

最后，"知信行统一"作为高校思想政治理论课的育人模式的实践方略，是对"大思政"育人模式的贯彻。从哲学的层面看，"知信行统一"是思想政治理论课的价值目标；从教书育人和学生成长层面看，"知信行统一"是思想政治理论课的过程规律；从具体实施层面看，"知信行统一"则可以构成思想政治理论课的实践方略。这意味着，在实践层面上，"知信行统一"要求围绕"知识性""情感性"与"实践性"三个层次及其相互转化规律进行思想政治理论课的课程建设，全面拓展思想政治理论课的育人空间，着力实现"全程育人""全员育人"和"全方位育人"。在"知信行统一"的原则下，思想政治理论课势必要实现由"思政课堂"到"课程思政"的转变，使思想政治理论课的课堂由"意识观念"走向"社会空间"。因此，在总的方向上就是通过将校园、社会中的公共空间转化为思想政治理论课的课程空间，依托校园文化、社会实践活动，充分挖掘校园生活和社会生活本身的思想政治教育作用。由此，通过聚焦校园生活和社会生活，思想政治理论课可以融入学生的校园生活和社会生活，而这种育人方略也正是对"大思政"育人模式的贯彻。

二、"知信行统一"视阈下高校思想政治理论课建设的基本原则

第一，层次性原则。要重视思想政治理论课内容的层次性，兼顾思想政治理论课的知识性、价值性和实践性。首先，必须注重思想政治理论课的知识性内容，使思想政治理论课坚持不懈地

传播真知。马克思主义首先是科学的,其次才是意识形态的,只有从知识的角度深刻揭示马克思主义的科学性、真理性,才能使学生达至对马克思主义坚定不移的信仰。比如通过提升马克思主义方法论教学在课程中的地位,从方法论的角度客观阐明为什么马克思主义是科学的世界观,进而让学生学会用马克思主义的立场、观点和方法分析错综复杂的国内外形势。其次,要注重想政治理论课的"情感性"和"价值性",注重对学生的理想信念教育。简而言之,就是在知识传播的过程中直面价值问题,澄清价值立场。具体而言,要在科学回答什么是马克思主义、为什么要坚持马克思主义的基础上,引导学生科学辩证地看待人类社会历史的发展,理性辩证地分析我党的功过得失,分清主流与支流,使广大学生深刻地认识到中国共产党"是一个对人民、对民族负责任的党,是一个勇于坚持真理、修正错误的党,是一个能够在失误和曲折中奋起、不断开辟正确发展道路的党"。[4]最后,"知""信"的成效最终要落实在学生的具体行动中,因此,还应重视思想政治理论课实践性内容的设置,理论结合实际。

第二,相互转化原则。思想政治理论课的课程建设要注重不同层次内容的相互转化,探索知信转化、信行转化的有效机制。思想政治理论课要着力促进学生形成理性认同、产生情感共鸣,让思想理论教育的教学效果穿透现实生活。知与行的根本目的在于行,行是知的归宿,是信的必然结果。在思想政治理论课课程建设当中,要推动由知信入行转化机制的建立,实现知信行合一的课程目标。为此,在课程建设中要注重养成教育,强调思想政治理论的思想性和实践性,科学设置理论和实践教学环节,促进学以致用,真正实现让学生在做中学、在学中做,形成知信行三个层次协同共进、相互转化的良好格局。以思想政治理论课中社会主义核心价值观教育为例,要通过广泛开展不同类型、不同层次的实践教学活动将培育和践行两个环节打造为一体两面的同一个环节，使之相互促进、相互转化；与此同时，要注重在实践课中对学生的考查，探索将实践成绩评定与课外表现相结合，促进其良好行为的养成。总而言之，提升高校思想政治理论课的实效性，必须立足于知识性、价值性和实践性三个层次的协同共进及其内在转化。

第三，主体性原则。思想政治理论课要充分调动学生的主观能动性，激发学生在学习和实践中的主体性。"知""信""行"的目标主体均是学生，但是只有通过施教主体和受教主体的良性互动，才有可能最大程度地激发学生的主体性。思想政治教育主客体关系的"双向互动说"认为，"在思想政治教育过程中，教育者的施教起主导作用，但是受教育者在接受教育影响时，不是消极、被动的，而具有能动作用。教育者和受教育者相互认识、相互作用，即互动，形成合力，进而推进思想政治教育过程向前发展"。[5]因此，调动学生在思想政治理论课中的主体作用，要求教师积极引导学生主动参与课堂，营造教师讲授、学生讨论的良好氛围，探索研讨型教学。为此，教师要切实了解学生对思想政治理论课的期望，深入学生实际，开展一定范围内的问卷和访谈，找准思想政治理论课教学的真问题和症结所在。据此，在教学内容、教学方式、课程设置、课堂状况、考核方式等方面做出相应的调整。同时还应进一步规范教学过程，明确学习要求，为更好地调动学生的主体作用建立制度保障。

第四，生活世界原则。要重视思想政治理论课与学生生活世界的有机对接。前文已述，"知信行统一"理念运用于思想政治理论课，需要全面拓展思想政治理论课的课程空间，力求实现全程育人、全员育人和全方位育人。为此，必须实现思想政治理论课与学生生活世界的有机对接。首先，要使思想政治理论课积极对接大学生的生活世界，就必须让思想政治理论课的课堂教学有效解释学生的生活世界。当前，思想政治理论课中所宣扬的价值常常与学生在生活世界中的遭遇相背离，这极大地削弱了思想政治理论课的现实效果。思想政治理论课的理论教学应当有意识地关注学生的生活世界，积极回应学生在生活世界中遭遇的价值问题，而不是仅仅抽象地讨论一些理论。其次，使思想政治理论课积极对接大学生的生活世界，还应将思想政治理论课与大学生日常思想政治教育紧密结合，充分发挥生活世界本身的思想政治教育作用。有学者指出，目前许多高校的思想政治理论课与日常思想政治教育还基本处于互相分离的状态，各自为战、互不干涉，二者的教育目标、教育过程和教育人员相互分离，由此造成二者之间存在矛盾和背离。[6]为此，必须实现二者之间的有机整合，使思想政治理论课和大学生生活世界形成育人的合力。

三、"知信行统一"视域下提升思想政治理论课实效性的实践方略

在层次性原则、相互转化原则、主体性原则以及生活世界原则的指导下，建构高校思想政治理论课"知信行统一"的课程模式，需要在以下几个方面改进：

第一，坚持教学与研究的紧密结合，不断加强对思想政治理论课育人规律的认识，在改进中加强思想政治理论课的实效性。习近平总书记在全国高校思想政治工作会议中指出，做好高校思想政治工作，利用课堂教学的主渠道作用，就要使思想政治理论课坚持在改进中加强。[1]要使思想政治理论课在改进中加强，就要不断深化对思想政治理论课教学中知、信、行相互转化的规律的认识，开展思想政治理论课教学研究。思想政治理论课的教学过程与探索思想政治理论课中教书育人规律和人才培养的规律的过程是内在一致的。由此，应当鼓励思想政治理论课教师在以下几个方面下功夫：首先，深入开展教材内容体系研究，把准教材脉络，在深入挖掘、分析、吃透教材的体系和内容的基础上，将

教材语言转化为教学语言、将教材体系转化为有学校特色的教学体系；其次，深入开展教学模式、教学方法研究，立足各个学校的实际情况，明确模式方法为内容服务的原则，开展教学模式、教学方法的体系化、系列化研究；再次，树立学科意识，推进交叉融合，将思想政治理论课建设作为学科建设的重要任务，将教学中遇到的问题以及与教学密切相关的其他问题作为开展科学研究的重点，并与教育学、心理学、法学、社会学、政治学等其他学科进行交叉，借助其他人文社会科学领域的理论成果认识思想政治理论课的育人规律，不断提升思想政治理论课的科学化程度；最后，以学生关注、社会关心的热点、难点、疑点为重点，提升教师科学回应学生在价值领域问题的能力。

第二，创设"对话式"的思想政治理论课课堂，尊重学生的差异性、激活学生的主体性、提升课堂的参与性。思想政治理论课必须有温度、有关怀，这是提升思想政治理论课亲和力的关键所在。对话的教学方式超越了知识和价值灌输，是一种有温度、有关怀的教学方式，它本身就是一种"知信行统一"的教学方式。对话式教学以宽松、平等的交流，通过对话情境的创设使学生参与到思想政治理论课的课堂中，为他们创造了充分表达的空间，在对话的过程中能够促进学生践行所学与所想，最终促进共识的达成。为此，思想政治理论课教学必须关切当代大学生的所思所想，直面当代大学生的理论焦虑和现实焦虑，并以这些焦虑为切入口创设思想政治理论课的对话情境，切实解决大学生的价值困惑和思想难题。与此同时，要增强思想政治理论课课堂的包容度，正确认识学生个体之间的差异、学生与教师之间的差异等，尊重差异，包容多样。在尊重差异的基础之上，超越差异，从而促进共识的达成。在对话教学中，教师彻底摆脱了对学生居高临下的姿态，克服单纯灌输说教的缺陷，学会"蹲下来"看学生，给学生以课堂话语权，平等地与学生沟通，让学生学有所思、思有所悟、悟有所得，真正做到以理服人、以情感人。[7]

第三，多维整合，建构思想政治理论课"第二课堂"。前文已述，思想政治教育应在大学生生活世界发挥重要的作用，因此，提升思想政治理论课的温度要利用好生活世界这一"第二课堂"。首先，要发挥社会实践的重要作用，在实践教学环节，要注意将不同层次、不同类型的社会实践结合起来，积极创新社会实践形式，将专业教育、服务社会与新媒体紧密结合，形成多层次、宽领域、全方位的实践教学格局。同时，深化对大学生社会实践内在规律的把握，加强大学生社会实践组织管理长效机制的探索。其次，要发挥校园文化的养成作用，重视以文化人、以文育人。具体而言，要营造"社会主义核心价值观化"的校园文化氛围，发挥文化的渗透作用。同时，要为思想政治理论课教师参与校园文化建设创造条件，让他们在校园文化建设中展现应有的理论风采和人格魅力。最后，要创新考评机制，在考核过程中，创造条件将学生的日常行为表现纳入思想政治理论课课程考核的标准之中，重视过程评价和同学相互评价，对老师同学普遍反映好的学生实行免考。总而言之，要让学生在社会实践这一"第二课堂"感受到思想政治理论课的时代温度，直面鲜活的社会现实。

第四，多力并举，夯实思想政治理论课的组织保障。建构"知信行统一"的思想政治理论课课程模式，着力实现全程育人、全员育人和全方位育人所需要的充分的组织保障。一方面，马克思主义学院是马克思主义理论队伍的主体单位，是高校思想政治理论课的负责单位，因此，马克思主义理论教学和研究的实际成效很大程度上取决于马克思主义学院的建设情况和发展情况。具体而言，加强马克思主义学院建设，为思想政治理论课提供坚实保障，必须谨遵教育部最新印发的《高校马克思主义学院建设标准》和《思想政治理论课建设标准》，对照具体指标，积极推动马克思主义学院在组织领导与管理、思想政治理论课教学、马克思主义理论学科建设、党建与思想政治工作等方面的建设，不断夯实马克思主义学院的组织水平、教学水平和科研水平。另一方面，"知信行统一"的思想政治理论课课程模式又涉及学校中的多个主体，因此，应当为思想政治理论课的各项具体活动营造良好的工作机制，使各个主体部门之间做到权责明确、分工合理、配合密切。当然，这一良性的协调运行状态只有在思想政治理论课的不断探索创新之中才会逐步成形。

总之，加强和改进高校思想政治理论课教学，提升思想政治理论课的实效性，必须高度重视课程建设、课堂教学、学术研究和组织保障，立足于学生、教师、学院等主体，坚持以学生成长为主导、以教师队伍建设为关键、以学院建设为依托，坚持把立德树人作为中心环节，全面贯彻"全程育人、全员育人和全方位育人"的育人理念，努力推动思想政治理论课的课程效果达到"知""信""行"三者的统一。

参 考 文 献

[1] 习近平. 把思想政治工作贯穿教育教学全过程，开创我国高等教育事业发展新局面 [N]. 人民日报，2016-12-9.

[2] 赵文. 略论"知、信、行"模式在大学生党史教育中的运用 [J]. 学理论，2013 (32).

[3] 艾四林，康沛竹. 守正出新，在改进中加强高校思想政治理论教育 [J]. 马克思主义与现实，2017 (3).

[4] 王占仁，黄伟. 大学生党史教育的三对关系论析 [J]. 思想政治教育导刊，2012 (2).

[5] 邱伟光. 思想政治教育学 [M]. 上海：学林出版社，1992.

[6] 王炳林，张润之. 关于思想政治理论课与日常思想政治教育相结合的思考 [J]. 思想政治教育导刊，2009（5）.

[7] 万美容，廖宇靖. 对话：增进思想政治理论课实效性的模式选择 [J]. 思想教育研究，2010（1）.

水文化建设要"上连天线、下接地气"

杨宝藏

河北省水利厅

水文化建设如何发挥自己的纽带和中介作用，在人、水、社会、经济之间找到结合点和支撑点，做到既上连、紧跟中国传统文化、社会价值观、水利事业发展等宏观指导方向，讲战略、讲大局、讲大势、讲合拍，又下接水工程规划、设计、建设、管理等水利微观方面，讲战术、讲方法、讲实际、讲融入？如何使水文化建设既符合社会发展大势与水利改革发展管理大目标，保证自己的正确发展方向和目标，又充分贴近实际、融入基层、贴近水利职工和社会大众？这是我们在水文化建设中必须深入思考的一个重大问题。

一、"上连天线、下接地气"是水文化充分发挥作用的前提

水文化建设既要考虑一个区域层面上的统筹安排，从总体布局上理清思路、理顺关系，更要找准突破口，把点上的水文化办好，以点的示范来指导面上的建设。"上接天线"就是水文化建设要立足于国家政治、社会、文化建设大局，坚持社会主义先进文化的发展方向，坚持服务于水利改革发展，与国家和水利宏观大局做到合拍、适应、自强。"下接地气"就是水文化建设要提高水工程的规划、设计、建设、施工、管理中的文化元素，使其贴近实际、贴近群众、贴近生活，充分融入基层、深入人心，使

水文化建设落地、生根、开花。

从当前水文化建设的实践来看，这项事业还存在着发展阶段不可回避的问题。

一方面，"上接天线"工作做得还不够到位。一是偏重于历史水文化的研究发掘，对现实水文化发展及水文化与水利发展的关系研究得不深不透，结合得不紧密不全面；二是偏重于水文化自身的建设，对水文化与整体社会文化、中华传统文化、国情社情和社会发展的关系联系不紧密；三是水文化的研究和建设还处于自发状态，缺少理性深度和理论支撑，对现实水利发展实践的影响力偏弱；四是水文化建设的领域还偏窄，没有充分调动起社会各方面积极性，水文化建设还有许多盲点。认识这些问题，找出解决问题的办法，是当前水文化建设必须进行的工作。

另一方面，基层水文化建设开展得不够扎实，各地重视程度相差较大，真正得到社会认可的水文化建设成果还不够多。特别是由于基层水利单位情况复杂、多样，长期以来沿用行政化的管理模式，组织僵化，管理瓶颈日益突显。水文化建设普遍存在四个误区：一是观念淡薄、意识偏差，一些人总认为，水文化研究、建设是理论工作者的事，是上级部门的事，与水利工作的实际无关，与基层水利单位的工作更是没有关系，还有一些人认为水文化是个空洞的东西，类似于喊喊口号而已，用处不大；二是水文化建设被政工化、文体化，许多人将水文化等同于政治思想工作或精神文明建设，或等同于搞些大家喜欢的文娱活动、体育项目，只是用来活跃活跃气氛，丰富一下职工生活；三是水文化建设浮于表面、流于形式，如做些服装，美化一下环境，立些象征性的东西；四是水文化建设存在短期性、雷同性，一阵风，一时热，缺乏系统思考，缺乏长远打算，实行拿来主义，将其他地方的东西照搬照用，严重脱离实际。

文化的根基是国家层面的大局大势，主要市场在基层、在大众，唯有既符合国家社会文化发展的要求，又适应基层适应大众的水文化才能赢得大众的心，从而使水文化真正转化为巨大的文明动力。文化建设是一项陶冶情操、开启心智、塑造灵魂的基础工程。随着人们对精神文化需求日益旺盛，加强水文化双向化建设，可以促使我们把宏观和微观结合起来，更新水利规划设计和建设理念，把每一项水利工程都当做文化精品工程来设计来建设，从而提升现代水利工程的文化品位和独特魅力，更好地满足人们审美娱乐的需求。实践证明，水文化建设如果脱离国家社会发展大局，脱离水利实践和基层大众这个中心轨道，无论如何，都难以真正成为水利发展的推动力。水文化只有融入到水利各项工作和生产经营管理之中，融入到行业和组织里，融入到水利职工和社会大众中去，才会扎根、生长、管用，才能真正形成行业和组织发展的软实力。

二、水文化建设要"上连天线"

（一）水文化建设要与中华民族文化合拍

水文化是中华民族文化的一部分。中华民族在认识、利用、改造自然的过程中，在与水相伴、相争、相和的实践中，形成了本土水文化，它深深植根于中华文明的沃土之中，是中华民族文化和民族精神不可或缺的重要组成部分，所以，水文化与中华水文化紧密相连。一方面，水文化是中华文化的一个重要组成部分，是中华文化中以水为轴心的文化集合体。水孕育了人类社会，自有人类的社会活动，就有水事活动，就有水文化的存在。因此水文化首先是一种社会文化，从社会文化的角度研究水文化，有助于从理论上认识水与国民经济及社会发展的关系，确立其重要地位。另一方面，水文化丰富着中华民族的精神世界。星罗棋布的江河湖海等水体，不但给中华民族提供了丰富的物质之源，而且进入人类的精神观照和审美实践，启示、影响着中华民族的精神世界，留下了丰富多彩的艺术瑰宝。

一部中华文明史，其中一项很突出很重要的内容就是治水管水、与水和谐与水抗争的历史，水文化理应在中华文化中占有相当比重的地位，但现实中还有很大差距，水文化的研究仍然还不够深入，对水文化如何有效融入中华文化、如何凸显自身特色、如何把握好在中华文化中的定位这些根本问题仍然没有找到有效办法，水文化的传播仍然不够广泛，水文化建设仍然存在肤浅和表面化的问题，远没有在全社会形成应有的认可认同，这与水文化应有的地位极不相称。所以，我们在推进水文化建设的过程中，首先要把水文化放在民族文化这一大背景下，据此挖掘水文化的内涵，努力展现水文化的魅力，让全社会都充分了解和认同水文化。特别是水利部门，作为治水管水、与水联系最紧密的行业，必须首先突出在水文化体系中占主体地位的水利文化建设这一重点，通过展现几千年来中华民族治水管水的奋斗历史，展现一代又一代水利人战天斗地、防洪抗洪的奋斗精神，展现水利行业建设与管理的丰硕成果，加大水文化在中华民族文化中的分量，在全社会形成更加了解水利、支持水利的局面和氛围。

（二）水文化建设要与社会主义核心价值观体系合拍

水文化体系的构建，主要通过三个层面开展：一是与国家核心价值观的联系；二是与水利部门治水思路与理念的联系；三是水文化体系研究。这其中，与国家核心价值观的联系至关重要。社会主义核心价值观作为当代中国社会主流价值观念的本质体现，为整个社会提供了共同的价值追求和共有的精神家园，是国家文化软实力的核心内容，核心价值观体现在水文化形成和发展的全过程，对水文化建设提供坚强支撑。

一方面，社会主义核心价值体系是水文化建设的核心和灵魂。作为核心和灵魂，核心价值观体现为精神因素、信念因素、价值因素与道德意识等，作为一种文化精髓浸润于水文化中，对水利职工极具感染力、凝聚力和内驱力。另一方面，水文化建设以核心价值观为支撑。核心价值体系是社会文化的精神脊梁和本质所在，具有政治引导与思想统摄作用。把社会主义核心价值体系融入水文化建设中，有利于在水利行业中树立正确的价值标准和价值取向，有利于水利行业中形成共同的价值观念、思想道德和行为取向。

水文化建设要与社会主义核心价值体系合拍，就必须随着时代的发展，把社会主义核心价值体系沉淀下来，形成水文化建设的内在精髓，这才是水文化与核心价值体系合拍、融合的最终目的。而这个精髓就是要建立水文化核心价值体系。

水文化价值体系是社会主义核心价值体系与水利核心价值体系的有机统一。一方面，水文化核心价值体系是社会主义核心价值体系的重要组成部分，其共性包括了马克思主义指导思想，中国特色社会主义共同理想，以爱国主义为核心的民族精神和以改革创新为核心的时代精神，社会主义荣辱观等方面的基本内容。另一方面，水文化核心价值体系具有自己的个性特点，其个性主要是指水利行业的核心精神和基本理念。包括"献身、负责、求真、务实"的水利行业精神，"万众一心、众志成城、不怕困难、顽强拼搏、坚忍不拔、敢于胜利"的抗洪精神等。这些核心精神和基本理念，是指引水利行业发展进步的精神旗帜，是引导规范水利职工个人发展进步的精神旗帜。它既符合社会主义核心价值体系的要求，又具有鲜明的水利行业文化特色，是社会主义精神文明的大发扬，是中华民族优秀精神的集中体现和发展，也是水利职工宝贵的精神财富和在新的历史条件下推进水利事业实现可持续发展的精神动力。构建水文化核心价值体系，必须根植于培育和践行社会主义核心价值观的基础之上，用社会主义核心价值观引领水文化建设，使其在水利系统落地生根、入脑入心，激发水利人的积极性，凝聚水利人的"精气神"，形成推动水利事业生生不息、健康发展的强大动力。

（三）水文化建设要与当代社会发展合拍

在远古时代的农业社会中，我们的先民们创造了诸如龙王祈雨、女娲补天平息洪水等带有传奇色彩的神话传说，这是人们对水文化最早的创造。随着社会的发展，人们对水利和水文化产生了不同的认识。因此，水文化反映着人类社会各个时代和时期人们对自然生态水环境的认知程度，体现着人们改变这些自然生态水环境的思想观念、思维模式及聪明才智，而不同时期水文化的代代延续、传承、发展和创新，经过时间和实践的验证和洗礼，又反过来促进了人类对自然生态水环境的重新认识和评价总结，并把重新认识的观念进一步融入到所从事的水利工程建设和水利事业之中，从而形成一种新型的、与时俱进的、符合现况的、能够激励人们斗志的精神产品。所以，水文化建设应当而且必须跟上甚至超越社会发展的步伐，为社会发展作出自己应有的贡献。

比如在水文化研究方面，既要说清历史文化资源的"过去"，梳理出它们的来龙去脉，又要努力从历史文化中寻找它们与现实社会的联系，致力于研究解决当代水问题，把构建人水和谐的生产方式和服务于社会发展作为出发点和落脚点。要立足于水与经济社会发展中的矛盾和问题，开展历代治水得失的研究，为现代水利发展提供历史镜鉴；开展人水和谐的生产生活方式的研究，为建设水生态文明社会提供理论支撑；开展河流伦理文化的研究，为维护河流健康生命提供理论支撑；开展水文化与水工程有机结合的研究，为提升水工程文化内涵与品位提供理论支撑；开展节水文化研究，为建立节水型社会提供理论支撑，等等。

（四）水文化建设要与水利事业发展合拍

水文化建设是水利事业的一个组成部分。当前水利事业蓬勃发展、方兴未艾，水文化建设如何适应、如何在水利大发展中跟上节奏甚至走在前列，是一个关乎水文化如何在水利事业中发挥作用的根本问题。

水利事业是人类为了生存和生活而进行的兴水利、除水害的活动。在此活动中，不断凝聚治水精神、发展治水理念、积累治水技术、完善治水法规、创造水利文艺，并传承了一批水利工程等，以此为主要内容的水文化又反过来推动着水利事业不断向前发展。比如，代代相传的治水精神激励着中华儿女战胜频繁发生的水旱灾害，与时俱进的水利方针指引着各族人民持续不断地开展水利建设，不断进步的水利科技引导水利工作者规划设计建设了大批水利工程，日趋完善的水利法规规范着水利事业健康发展和水利工程的科学运用，丰富多彩的水利文学艺术在营造水利事业又快又好发展的氛围、动员全社会力量投入水利建设事业方面也起到了不可低估的推动作用。

现代水利事业和广大人民群众的水利实践活动，是水文化发展的丰厚土壤和活水源泉。当前，可持续发展的治水思路和民生水利的文化内涵不断丰富完善，具体任务包括四个方面：一是国内传统与新时代治水经验的总结，世界其他国家先进治水经验的总结；二是水利发展改革阶段性特征的把握；三是治水实践中的新认识、新做法和新经验在文化层面的提升；四是民生水利蕴涵的丰富文化内涵、时代特点和重点任务的把握。这些都要求我们绝不能脱离水利实践而片面地建设水文化，而要找准两者的"契合点"，既在水利事业发展中培育、丰富水文化，又要注意运用水文化建设的成果指导水利改革与发展实践，及时挖掘整理、总结提炼、推广运用水文化中的先进理念、优秀作品、精神产品，满足当代水利人对水文化的基本需求，展现我国水利建设的文化内涵。要借助水文化的各种表现形式，集中反映中央水利工作方针及新时期治水思路，让广大水利干部职工全面地把握其核心理念、本质特征和实践要求，弄懂弄通新时期水利发展的定位、战略和重点。要通过水文化建设开阔眼界、拓宽思路、启迪思维，不断深化对自然规律、经济规律、社会规律和水利发展规律的认识，准确把握水利发展与改革的阶段性特征。要及时把治水实践中的新认识、新做法、新经验，凝练提升为共同的文化认知，促进社会公众对水利工作的支持。

三、水文化建设要"下接地气"

水文化建设的一个主要任务就是提高水工程的文化品位，这就要求必须把水文化的元素融入到水资源的开发、利用、节约、管理、保护、配置等一切水利工作中，融入到水利建设的勘测、设计、规划、施工、管理、工程名称、工程造型等各个方面。笔者认为当前应该主要做到"六个融入"。

（一）水文化要融入水行政主管部门工作之中

水文化研究和建设虽然已有十几年的实践和探索，但与水利事业的发展要求相比仍然滞后，造成这一问题的根本原因在于我们对水文化建设在水利发展与改革中的保障性作用认识不足，没有把水文化建设放在应有的位置。而且水文化建设是一项宏大的系统工程，涉及水力学、社会学、人文学、美学、哲学、建筑学等众多领域，要使水文化建设发扬光大，水行政主管部门首当其冲、义不容辞，必须高度重视水文化建设，勇于担当，始终坚持自己的主体地位、领导地位，真正发挥组织作用、引导作用、协调作用，把以民间团体和个体自发研究推动为主转变为政府主导与公众参与紧密结合的联系互动模式，理顺关系，形成合力，做到方向上牢牢把握、工作上及时指导、政策上大力支持、投入上切实保障，立足水利工作具体实际，积极实施理念融入、精神提炼、借智借力工程，在摸清水文化家底、做好水文化建设规划、强化水文化保障方面多下功夫，努力凝聚水文化建设的智慧和合力，不断促进我国水文化建设朝着更高水平发展。当前尤其要做好以下几项工作：

一是要注重水文化平台载体建设。在依托水利工程这一重要的水文化载体基础上，积极挖掘各地河流、古井、水利史料、水利文物等富有历史价值的水文化资源，夯实水文化建设的历史积淀和建设基础。立足各级水行政主管部门的具体实际，坚持科学定位，积极开发水文化发展潜力，积极探索将文化旅游与水利旅游的有机结合。积极举办论坛、讲坛等水文化活动盛事，邀请知名专家学者对本地水文化建设的智力支持，提升水文化建设的关注度和知名度。充分利用和借助报纸、杂志、广播电视等传统主流媒体和网络、微博、微信等新兴媒体，加强对水利工作动态、河流整治成效、水利基础设施建设、水资源保护等进行舆论宣传，积极营造良好的水文化建设环境。要开展历史认祖、文化归宗活动，整编中华民族治水历史故事和人物，发掘一代水利人的治水精神，展示古今一批闻名的水利工程，编写出版一批与水有关的成语典故、格言警记、诗词歌赋、散文杂谈等系列丛书，丰富传播内容，将水利人科学求实的治水理念、服务大众的情感境界、造福社会的人生追求、艰苦奋斗的奉献精神呈现给社会，让人们感受水文化的博大精深，追忆水文化的悠远意韵，了解水利人的无私和无畏，并从中汲取营养、继承精华，以增进全社会对水利多层面、全方位和立体的了解，进而获得更多更好更有力的支持。

二是要注重水文化系列制度建设。要建立完善水文化建设的项目评审制度，通过项目审批的方式，督促和鼓励人们将文化理念融入水利工程规划、设计、施工等各个环节，实现工程建设与文化建设的有机统一。要建立完善水文化建设考评奖励机制，强化示范带头和正面引导，调动水利系统干部员工开展水文化建设的积极性和创造性。要建立完善水文化建设的保障机制，确保地方水行政主管部门的水文化建设能够在人员、岗位、经费、设备等方面得到有效落实，从而保证水文化建设工作的持续、健康开展。

三是要注重水文化人才队伍建设。充分发挥水利部门的主力军作用,积极履行水文化建设的职责和使命,不断开拓水文化建设的思维和视野,正确处理好人与水、城与水、景与水、文化与水的和谐关系。积极打造政治过硬、业务能力强、作风优良、团结协作的高素质水利工程建设、管理和执法队伍,增强水利人员的人文情怀和综合素养。加强与文化部门、报社、广播、文化公司、文学艺术界等的沟通与协作,积极借智借力,加大对水行政主管部门水文化建设的指导和帮助,积极开发和创作富有水利特色的水利艺术成果,积极打造水文化品牌,切实提升水利系统的水文化竞争力和软实力。

(二) 水文化要融入水利规划之中

水利规划是水利建设的一项重要前期工作,水文化的融入首先应该从水利规划开始,全过程进行融入,而且只有文化内涵丰富、文化命题恰当的规划才是高起点的水利规划。要将文化融入水利规划,必须抓好两大环节。

第一个环节是将文化列入水利规划的规程、规范、定额、技术标准及相关评价指标中。以往,国家和地方出台的水利规程、规范中很少考虑文化的内容以及有关文化工程规划、设计和施工的标准与定额。因此,在今后的规程规范中要做好以下几方面的工作:一要修订相关的规程,在规程中增加有关水工程文化内涵的章节和具体规定,如水工程的文化概念、文化表现手法等,提供规划编制者参照办理;二要制定文化工程规划、设计和施工的技术标准、工程定额等技术规范,提供给规划编制、工程设计、施工使用;三是有规范规程制定权的部门,都要做好本级出台的规程规范的修编,确保在新建、改造或修理的水工程中融入了文化的元素,做到有规程可依、有规范可循、有标准可执行;四是评价应有文化评价的指标,规划在融入一定的文化内涵后,对规划中的社会目标可以用增加人民群众文化休闲场所的面积、游览点的数量或形成的建筑风格、特色风情、文化作用、景观资源组合等作为衡量标准，对规划中的环境影响，也可用改善宜居环境、增加特色文化景观区等指标来衡量。

第二个环节是将文化融入各个水利规划中，做到高起点规划。一是将一定的文化概念纳入规划目标，明确指导思想、预期目标、工程质量品位、布置和营造技法。二是融入流域规划。不同民族、不同地域的人民穿越在历史时空中，会遭遇不同的自然条件和政治经济环境，他们以其智慧，创造了不同的文化，并形成了各个不同的流域文化。因此，在编制流域规划时，不仅在其规划目标中要将提升流域相关水系的文化内涵与品位作为一项目标，还要根据流域社会经济的发展状况和社会需求，提出融入的文化方向和方针，作出具体战略性、导向性的全河文化规划。三是融入地区水利规划。就是要在对上一级的流域文化规划有所了解，在接受上一级流域规划导向的前提下，参考地区流域或主要湖泊特有的、个性的文化元素，精心设计地区水系文化概念，并对下辖区域的水系文化规划和设计提出意见和建议。

（三）水文化要融入水利工程设计之中

水除了自然属性外，还具有经济属性、社会属性和文化属性。水利工程在发挥蓄水、引水、防洪、灌溉、供水、排涝、发电、航运等效益的同时，还具有思想性、标志性、史记性、游览性、宗教性、风情性、休闲性和愉悦性，同时满足人们物质和精神的双重需求。从古至今，在各项水利工程建设中都必然要创造与其相适应的水文化。而各个时代和各个时期的水文化，又反过来促进人类对自然生态水环境的重新认识，并把这种观念、思想、行为、价值观等反映到水利工程建设工作中，形成新型的对应于这种水文化时代或时期的水利工程和水利事业。因此，水利工程与水文化之间的相互关系是一种持续演替发展的辩证耦合统一，水利工程本身包含着水文化的内容，水文化必然在水利工程上要有所体现。

首先，水文化的融入能提高水利工程的品位。文化品位体现现代水利工程的文化层次，让水工程具有了穿越时空的生命力。水文化特别是水利文化，体现了时空的适变，而这种体现的完善是否不断升华、是否不断丰富、是否不断提升，正是水利文化品位的魅力所在、核心要素所在。因此，水文化的融入是提高水利工程品位的关键。

其次，水文化的融入为工程建设奠定丰富的文化内涵。在建好水利工程，实现其基本功能和效益的同时，如果更能体现先进的设计、管理理念，展现建筑美、和谐美、精神美，就可以达到弘扬和传承优秀文化的目的。抱着以建设景观设施的理念建好每座大坝、每条渠道、每个电站，使工程融入环境并美化环境，实现景观和水利的结合，让工程成为人们游玩赏景的好去处，使美能通过工程延续下去。

最后，水文化的融入为工程建设提供强大的精神动力。通过把水利建设实践中的新认识、新做法、新经验凝练提升为共同的文化认知，固化成文化习惯，可以促进公众对水利工程建设的支持。通过加强对水利工程所在地水文化及其历史底蕴的挖掘，加深对工程本身、周围环境以及社会风俗的认同感，培养出高尚的人文关怀情操，在建设管理中努力践行人水和谐理念，把工程建成展现先进施工工艺和现代管理水平的典范。从这一点上讲，工程建设与水文化也是相互促进、相互完善的。

所以，只有不断加深对水文化的了解和对水文化现象的追根溯源，才能弄明白到底把哪些东西放入水利工程建设中才是有意义的，才能给"刚"的工作增加"柔"的底蕴，才能始终保持工作激情，做到让全社会更加懂水、惜水、爱水并更好地治水。

根据已建和拟建工程的特性与要求，提升水工程的文化内涵和品位的任务又可具体分解为两个方面：一是已建工程，深入挖掘其文化元素，增加文化配套设施；二是拟建工程，把文化元素融入工程的规划、设计、施工和管理过程中，使其成为水利技术与文化元素完美融合的典范。如考虑建设兼有文化内涵和有一定品位功能的水工程，在初步设计的调查研究过程中，就要深入了解并获取水工程所在流域、地区的历史文化、风俗民情、名人轶事、风景名胜、宗教信仰、建筑风格、娱乐方式、休闲风气、交通能力、自然风光、文物遗址、旅游状况等数据，分别进行研究，形成融入文化的初步创意、文化工程的目标概念、具体工程文化概念、生态条件、环境形象等。进而，将初步创意融入常规的水工程设计内容之中，一并作出技术决定，计算工程总量，提出施工方法、进度及概算。

（四）水文化要融入水利工程施工之中

现代水工程建设由于增加了文化工程和环境景观工程，与传统的几何形、功能性的水工程施工及验收的要求不尽相同，必须在常规水工程施工和验收的要求上，增加一些专门的注意事项。一是尽量将属于文化艺术性的装饰工程单独发包。针对各种不同需求，由不同文化资质的施工队伍完成，以确保工程的文化艺术品位。二是尝试给施工者二次创意的空间。水工程文化的创造应贯穿于工程设计、施工的全过程。设计图纸的完成，并不代表一蹴而就、万事大吉，设计者应全程跟踪工程的进展，在施工过程中，设计者还需根据现场情况，进一步完善原来不太满意的设计，还需和施工人员共同研究，解决具体问题。而施工者在施工前应吃透图纸，通过设计交底，深入了解设计意图，在文化水工程的实施过程中，将设计意图与现实造型相比较，可进一步提升工程艺术品位。业主方则应与设计、施工、监理等单位密切配合，允许变更设计，特别是文化内容、景点小品、绿化布置等，可能至施工结束，一直都要不断完善。三是文化工程的选材应根据文化工程的具体要求进行。水工程的文化工程，多以水工程个性造型即外饰雕刻、亮化工程，或环境工程中亭、阁、榭、廊等园林建筑及雕塑、铭石等文化艺术小品为主，其用材、用料就有一定的要求。或木材，或石材，或砖瓦，或琉璃、陶瓷等，应根据文化工程的具体要求选材。四是文化工程的装饰必须紧扣主题，灵活运用题刻、楹联、雕塑、彩绘等装饰手段，彰显水文化的主题，做到为景点题、引导品赏，彰显主题、赋予生气，营造氛围、强化主题，力求多样。如水利雕塑应尽量与水、水利、水利人、水利工程紧密相连，创造出具有一定空间的可视、可触的艺术形象，借以反映水之大美和波澜壮阔的水利风采。

（五）水文化要融入基层水管单位的管理之中

基层水管单位直接从事着水资源调度、水利工程建设管理以及防汛抗旱等工作，水文化融入基层水管单位是水文化建设的根本和重点，只有基层水管单位文化的发展，才有水文化的整体繁荣。水文化建设能在多大程度上在基层水管单位落地生根，是检验水文化建设的最关键因素。

实践证明，水文化的融入是加强基层水管单位管理与水文化建设的必然要求。第一，水文化首先是水利文化和文化两者结合的微观管理文化，其管理属性体现在水文化与水利的规章制度、流程、职工行为准则等的相互融合与促进，以及对社会公众的水事认知的引导作用。所以，水文化建设其实就是基层水管单位管理的一项重要内容。第二，开展水文化建设，可以逐步提升水利基层单位职工的思想道德水准，培育良好的世界观、人生观、先进治水理念，使职工在具体工作中增强对自然界及水环境的认知感，培养他们的敬业精神，从而促进基层水利管理任务的完成。第三，基层水管单位管理工作还可以为全方位全过程地开展水文化建设提供机遇、空间和平台，使水文化建设的各项内容渗透到水资源管理、水利工程建设、运行管理、行政执法等各个环节中去，这可以极大地丰富水文化建设的内涵，摒弃过去文化建设中见人不见物的"假大空"的做法，将水文化建设落到实处。第四，水文化建设能够发挥凝聚基层水利员工的独特作用。基层水利员工生活枯燥，工作单调，时间一长，意志消沉，形成许多负面情绪，而水文化能传递正能量，慢慢地在潜移默化中过滤掉负面情绪和思想。同时，水文化强调关心人尊重人发展人，积极向上的理念和行为准绳能成为员工的一把尺子，使员工自我激励从而产生强烈的使命感和持久的驱动力。第五，水文化建设是基层水管单位外树形象、内强素质的重要途径，是提高水利在区域工作全局中的地位、提升区域竞争力的重要举措。

水文化建设要融入基层水管单位的管理中，关键要从管理属性这一角度来看待水文化。基层水利单位由于工作地点、工作和技术特点及长期在相对独立的工作环境中形成的行为习惯和思维模式等原因，在水文化建设中容易陷入水文化与水利实践相脱节的尴尬局面，因此在建设开始时就要引起高度注意。要想建起真正有效而长久的水文化，应特别注意以下几点：一是领导带头，全员参与，单位领导是水文化建设的主创者执行者示范者，水文化没有领导带头是建设不起来的；二是全面计划，整体推进，水文化建设是一项复杂而又系统的工程，建设伊始，应依据单位实情和未来发展需要全盘计划、系统思考、合理安排，立体地从视觉识别、行为识别、理念识别三方面整体而有序地推进；三是循序渐进，长期坚持，水文化建设不能一时热、一阵风，而要有步骤有序地进行，不可急于求成，否则适得其反；四是以人为本，深入心灵，水文化要能深入员工心灵，能被员工深深吸引，有很强的感召力，员工才能发自内心地喜欢水文化，所以建设水文化需要以员工内心的需求作为切入点；五是注重特色，不断发展，优秀的水文化就是单位的灵魂，基层水利单位要认真思考自身有什么、要什么及未来想要达到的理想状态，积极培育符合单位和社会需要的核心理念和核心能力，突出特色、不断创新，不断增强和提高服务水平；六是加强水文化阵地建设，基层水管单位在进行工程加固改造的同时应考虑建筑的独特风格，可结合建设单位历史陈列室、荣誉室、生态公园、水科技示范园等设施进行，还可以形成楼道文化、公告栏、画廊、单位网站等水文化建设阵地，凸显水文化底蕴，彰显水文化特色。

（六）水文化要融入水利风景区建设管理之中

水利风景区是在水利工程及其水域水体的基础上形成和创造的景观。它是人为因素作用形成的景观，是集中展现和弘扬水文化的最佳场所，是与社会大众联系最紧密的水利窗口。所以，实现水文化与水利风景区建设的有机结合、体现特色，就必须注重水文化元素既要多方融入，又要有效融入。

现代水利的景观建设起步较晚，目前还处于重自然景观轻人文景观的阶段，缺乏水文化建设的认知，主动性各异，缺乏水文化建设的标准，没有规范性，缺乏水文化建设的内涵，水工程文化品位不足。如很多地方对水利景观建设缺乏长远规划，往往在工程完成后觉得缺乏文化意蕴，临时添加一个雕塑、水景、花坛等，存在很大的主观随意性和盲目性，且形态单一、内容肤浅、造型乏味，缺少时代感，削弱了视觉吸引力。还有的对水利景观设计的文化内涵不够重视，出现很多只重形式、不重内涵的景观建设项目，或者只是照搬一些带有文化意味的符号，缺乏空间灵魂与点睛之笔。一些号称加入文化元素的水利工程基本上没有独到的设计，且强行加入了历史和文化，显得不伦不类，水利景观"趋同化"成为较为普遍的现象。也有一些水利工程景观建设大行"复古造古风"，大多数仿古建筑、人造景观只重视外在形态，以模仿或杜撰传统建筑形式为主，在工艺上不花工夫，粗制滥造。对此，我们必须转变理念、加强规范，建设每一项水利工程和每一处水环境，都要在保障兴利除害功能的基础上，更加重视水文化内涵和人文色彩，用文化的理念打造水景观工程，尽量做到民族优秀文化传统与时代精神相结合，体现先进设计理念，展示建筑美学，承载文化传承功能。要努力挖掘水利工程本身的文化内涵，根据各自实际因地制宜，不强求划一地做好水利工程的文化展示、水利科普知识的展示、水利人物的展示、水工具展示、地域文化展示等，而应以科学的景观设计展现水文化，以全面的导游系统宣传水文化，以特色多样的专题展览彰显水文化，以浓郁的地域风格塑造水文化，以严肃认真的态度挖掘、传承水利风景区的水利历史文化，真正以文化来体现水利风景区的灵魂和特色。

新时期道德信仰淡化问题及对策研究

马 龙

海河水利委员会引滦工程管理局

道德信仰之所以是必要的，在于它以信仰的方式解决了道德中所谓动机与效果的统一。道德信仰并不是可有可无，而是人类道德和人类信仰的重大领域，值得我们关注和深入研究。转型期经济社会的巨大变革，给人们的道德世界带来的冲击是突出的。当前，水利基层单位构建和谐单位，首先需要的是合理而有效的道义基础和精神动力，这就使道德建设的任务更加艰巨。道德建设不能只停留在表面，而需要深入其中，牢固根基。

一、道德信仰的含义

道德信仰基于对人性与人生设定的不同，呈现出多种多样的形态，大体可以分为两种：一种是道德信仰超俗的宗教生活指向，另一种是道德信仰世俗的现实生活指向。道德信仰超俗的宗教生活指向以唯心主义的人性观和人生追求为精神基础，强调最终通过对"神"和天国的信仰而实现道德要求，它通过信仰把人们的道德目标和终极道德境界推向了现实生活的彼岸，从而也就使道德最终抽象化、虚幻化。而道德信仰世俗的现实生活指向则相反，它从现实实践中寻求人性和人生追求的根据，强调通过信仰实现道德的超越性，但却不脱离现实而进入无法把握的彼岸天国，从而使道德信仰在人们的现实生活中起到实实在在的作用。我们是马克思主义信仰者，当然主张道德信仰的现实生活指向。

从理论上讲，信仰的本质是人类的自我超越活动，因而道德信仰也是人类超越活动的一个层次。如果说"实用信仰"是人对日常物质生活领域行为目的的超越性把握，那么"道德信仰"可以说是对社会生活领域人与人之间及人与社会之间关系状态或目的的超越性把握；如果说"实用信仰"更多地附着于人的经验物质生活，那么"道德信仰"则完全进入人的精神生活领域。就人的现实生活而言，处理人与自然的物质性关系和处理人与人之间的社会关系是人最基本的活动，因此，实用信仰和道德信仰构成了人类世俗信仰的两个基本层面。道德信仰具有自己的特质，它不是宗教信仰。这种来自于人类长期生活实践在人类精神深处的积淀，表达了人类对自身生活的深切关怀和美好期待，更表达了人类坚信这种生活最终能够实现，因而首先把它作为精神支柱（信仰）而支配自己现实行为的决心。

道德与信仰的有机融合，即道德信仰的生成，比较完美地体现着价值观念体系对社会发展的精神支撑和动力作用，有利于强化社会主义道德的凝聚功能。社会主义和谐社会的道德建设，不仅要构建和完善道德体系本身，而且要着力塑造整个社会对道德的信仰条件和氛围。比之于知识教育，信仰的教育和接受的本质特点是要求教育方式的"体验性"和"情感性"。因此，道德信仰问题，要求社会主义的道德教育改变传统的视其为一种知识传授的做法，要求把"以理服人"与"以情感人"结合起来。用真理科学性和理论逻辑性的力量让受教育者信服，要克服以权威自居、居高临下的说教方法。要在"以理服人"的基础上"以情感人"。信仰需要热情，因而道德教育不可能是冷冰冰的说教，需要极大的感情投入，所以，要以大量的、生动的、形象的"事例"及"榜样"来感化和感染教育对象。

二、道德信仰弱化的表现及成因分析

当前，道德信仰弱化出现在各行各业、各个层次，如诚信危机，官员腐败，人际关系冷漠，社会责任感缺乏，享乐主义、拜金主义盛行，低俗文化大行其道，等等。

（一）传统道德理想目标的丧失和道德失范

中国传统的道德观强调个人对他人、对社会的责任和义务。这些责任和义务是用仁爱、忠孝、礼义、伦常等概念界定下来的，并作为人们行为和互处的道德准则。在这种道德准则下，义在利先。一切违背这一准则的行为，视为不道德。

中国传统道德要求必须将"善"在个体及群体的现实生活中全面推进，以实现人道之本。在个体层面，善是爱人和利人的修为和行动。首先要学会自律，做到"己所不欲，勿施于人"。其次要利人，"己欲立而立人，己欲达而达人"。善与爱相连，"老吾老以及人之老，幼吾幼以及人之幼"；要"泛爱众"。再进一步便是"民胞物与"。善与爱的情怀在人类社会的实践推进就是追求大同社会的实现，"大道之行也，天下为公"，这是个体社会价值观的最高追求，也是鼓励无数志士仁人不断为之奋斗的目标。

新时期市场经济中，道德行为需要双方共同来维护，一旦有一方破除了这个关系、打破了这种共识，结果必然是道德链的断裂，人与人之间就会出现劣币驱良币的现象，最终使所有人失去道德信仰。

（二）道德严重滑坡，道德观念功利化

随着市场经济体制的建立，经济体制大转型，人们的精神世界和思想观念也随之发生了很大的变化。个体有追求自己最大利益的权利，这种追求不但是合理合法的，而且是市场经济向前发展的动力，是市场调节资源配置的必要条件。同时，个人追求自己利益的最大化是普遍理性的，这种理性在个体身上体现为趋利避害的本性，而且表现为对这种潜规则的共同遵守。当个人利益与集体利益、他人利益发生冲突时，会毫不犹豫地保全个人利益，极端的个人主义也往往堂而皇之。所以，道德观念越来越功

利化。

（三）道德评价标准模糊

在社会主义市场经济背景下，社会存在多重道德评价标准，如传统文化标准、生产力标准、社会公正标准、功利主义标准、集体主义标准、实用主义标准、利己主义标准，这些标准都直接指向当前社会现象。虽然传统道德标准、道德价值仍受大多数人的推崇和认同，但已失去了往日的稳定性和普适性，重理性、重精神的道德价值追求在相当一部分人的头脑中淡化，世俗的、功利的、物质的价值观念日益受到重视。

（四）道德人格分裂

人的内在属性具有二重性，人既是生物性的主体，具有自然属性，体现人的欲望、本能、生理等要求。同时，人又是社会性的主体，具有社会属性，体现为人的善良、同情、正义、勇敢等美德。亚当·斯密认为人是自私的，他在理论上作了"经纪人"假设，认为人具有追求利益最大化的本能，同时又具有"道德人"的一面，具有同情和仁爱之心。

一方面推崇和为贵，另一方面却最难合作，喜欢窝里斗；一方面奉行集体主义，另一方面个个情愿单枪匹马打江山；一方面以道德著称于世，另一方面不讲竞争规则的无德之流多如江鲫；一方面鼓吹重义轻利，另一方面唯利是图，势利眼普遍；一方面宣扬圣人、君子，另一方面溜须拍马、奴颜婢膝的小人得志……

千百年来，儒家主张"以德治国"，每个人"济苍生、安社稷"的基础和前提是修身，用道德来规范自己的行为，这是无可厚非的。但是，道德是一种"君子协定"，而非法律契约，全靠每个人的高尚人格做担保，看似坚不可摧，一碰到具体利益就坍塌崩溃。因为道德是一种自我要求，缺乏制度的保证和约束。在道德准则能震撼人的心灵的时候，在唾沫可以淹死人的时候，道德可以有积极的作为，一旦舆论的力量削弱，道德的遮羞布就可能被扯掉。因此，明知是非对错、好坏荣辱，一遇到事关自身利益的事情时，又会背"道"而行，出现严重的人格双重性。

（五）道德生活动力欠缺

我们追求幸福，希望快乐地生活，但总是觉得快乐来得很慢去得却很快。在快乐的背后，又有着隐隐的忧伤。每个人都在事业上追求成功，成就越来越大，感觉越来越高处不胜寒。大部分人经不起钱、权、美色的诱惑。在利益诱惑的面前、在自我保全的过程中，对所谓的道德规范已经不再在乎，所谓的道德楷模已经成了行尸走肉，所谓的道德信仰已经烟消云散。似乎无论哪一种标准都具有一定的"合理性"，而任何一种标准的背后，又都可以找到反向的标准，它同样具有存在的合理性。

人们不再满腔热情地称赞道德行为，不再仰慕道德人格的崇高，也不再疾恶如仇地去揭露、谴责坏人坏事并与之斗争，而是置若罔闻、避而远之。自己做了背德之事，不是感到内疚、羞愧和自我谴责，而是只要不被发现和制裁就暗自庆幸。反叛原有道德规范，又因为没有新的道德理想的召唤和约束，感到空虚、无聊，甚至感到人生的荒谬。一些人经常提出这样的问题：我为什么要做个有道德的人？我为什么要按道德要求行事？在这些人看来，宁愿过没道德却很快乐的日子，也不愿过有道德却穷困潦倒的生活。道德价值在人生价值中被挤到了边缘地带。

在现实道德生活中，由于"老实人"吃亏等现象普遍发生，导致很多人变得不那么"老实"了，奉献精神减弱。通过投机倒把、钱权交易、欺诈等，可以获得巨额的经济利益、荣华富贵和荣誉地位，必然是对"诚实劳动，合法经营"的挑战，很容易打破人们的心理平衡。落后与先进、守旧与创新、传统与现代等都导致了极其复杂和激烈的矛盾冲突，也使社会个体在心理失衡时，感到价值选择上的困难、精神寄托上的无助、行为上的无所适从。

三、新时期强化道德信仰的对策

水利管理单位有其自身的特点，在完善自身道德体系的过程中，既要从大处着眼，又要从自身的特点着手。

（一）弘扬民族精神，加强德育教育

加强道德教化作用，是道德教育的重要途径，也是强化道德信仰的手段。中国自古就有道德教化的传统。儒家认为，人性无论是善还是恶，都可以用道德教化的力量，使人心善良，知耻而无向邪之心，从而收到潜移默化的效果。道德教化需要相当长的时间，而一旦教化成功，人心已正，只要心术不变，人就可以永远不为恶，使社会长治久安，不像法律那样只有短暂的功效。在具体实践中可以指导职工进行个体道德形象的自我设计。将个体道德理想目标进行分解和具体化，明确可以逐步实现的目标体系，在个体的道德活动中逐步趋近和实现自己的理想道德形象，并由此形成一种个体道德理想形象与品德现状的自我评价机制。进行健全人格的整体设计。将健全人格的内容要求进行目标体系的分解，逐渐明确具体的内容要求：①品德因素；②知识因素；③业务能力因素；④管理能力因素；⑤人格调控水平。每一个因素还可以进行针对个体人格发展和职业要求的再分解，同时形成一个人格发展的全面性与个体现实的差异性的评价机制。

（二）以公平的社会保障机制为后盾

高尚道德信仰的形成和维护，仅仅靠几句口号、几个道德典范，是远远不够的。这种口号和典范甚至在某种程度上成为群体的笑柄。所以，要强化道德信仰建设，关键是制定合理的社会保障体制，让善良的人能够得到应有的回报。要强化道德信仰建设，关键是尽快建立合理的道德反馈机制。个人奋斗所争取的一切，都与其利益有关。所以道德信仰建设一定要以公平的社会保障机制为后盾。

据史载，三国时期，诸葛亮为蜀国丞相，曾上表建议罢黜廖立、李严，放逐到南中。诸葛亮病逝后，廖立闻之痛哭流涕，李严更是发病而死。为什么受到如此严厉惩罚，二人却心无怨恨？《三国志》作者陈寿评价说，诸葛亮为政，开诚心、布公道，"尽忠益时者虽仇必赏；犯法怠慢者虽亲必罚"。凡事出于公心，为政公正无偏，持法务求公允，哪怕是受罚之人也会投以认同、报以敬佩。

凡事"端得平"，是行之有效的工作方法。毛泽东同志《党委会的工作方法》之所以今天读来仍倍感亲切、发人深省，一个重要原因就是贯穿了立规矩、讲公平的思想。事实证明，越是错综复杂、矛盾众多、利益集中的事情，越要坚持依规办事、公平处事。业绩标准明确，人人未来可期；规矩朝令夕改，势必难以服众。特别是在涉及职务调整、评奖评优等大家普遍关心的具体问题上，更应有章有法、有据可依，不能因亲疏远近而厚此薄彼，也不能因个人好恶而乱行赏罚。否则，不仅人为制造矛盾，也会给工作带来极大被动，甚至造成无穷后患。

利益是道德的基础，道德是处理各种利益关系的准则和规范。利益是人民的需要和愿望，必须满足。"人民对美好生活的向往就是我们努力的方向"。社会保障能够让友爱互助、见义勇为的人找到合理的理由，同时必须严厉惩治不合法的行为甚至不道德的行为。唤醒人民的良知，需要的是公平正义的社会保障。要建立整体利益与个人利益相一致的社会制度。健全法律法规，以引领社会转型期价值迷茫的人们走出价值冲突带来的阴影。加强立法，用法律来严惩那些为谋私利而损害他人和社会利益的损人利己的违法行为。

自由、平等、公正、法治，是社会主义核心价值观。社会要建立健全法制，依法办事，单位要建立健全各项规章制度，按制度办事，社会才能和谐稳定、健康发展。单位是社会的组织细胞，没有单位的公平公正就不可能有社会的公平公正。集体要得到个人维护和增进集体利益，就要尽到只有在此集体中个人才能更好地生存和发展的义务；个人要获得在集体中更好生存和发展的权利，必须尽到维护和增进集体利益的义务。如果一个集体一直处在与个人利益相冲突和对立的状态，时时处处要求个人为其做出牺牲，我们便不得不怀疑这个集体的正当性了。福德统一、善恶报应是道德信仰建设的重要内容。

（三）实现道德关怀，构建和谐单位

对于职工群众来说，他们工作、生活的过程也就是接受道德教育的过程。道德信仰教育必须来源于生活、贴近生活、为群众生活服务，建立在人民群众的切实需要之上。特别是那些与群众生活相脱离、假大空的俗话套话，非常伤害群众建立道德信仰的积极性，也会影响道德信仰建设的顺利进行。所以，我们应该走进每一位职工心里，了解他们想什么，他们的精神生活真正需要什么。积极努力创建一种既健康又安全、既平淡又幸福的真实生活。让职工在这种环境中能够主动去追求高尚人格、净化自己的心灵。

通过道德关怀，唤起每一个道德主体的自我意识，给主体发展一种愉悦的推行，实行"自己为自己立法"，实现自我调节和自我关照，从而促进人的自由而全面的发展。道德的最终目的是建立一个德性社会，实现社会的良性运行。社会的稳定和发展，必须要有作为社会制度基础的道德共识。社会是一个大系统，应通过道德关怀，实现道德对社会生活的调节，同时不断完善道德调节方式，促进道德的发展和社会风尚文明的进步协调同步。

要激发人们的道德情感，形成扬善抑恶、爱憎分明的社会氛围。从构建和谐社会的角度出发，激发职工的道德情感，应着力培养同情心、仁慈心、怜悯心、羞恶心和正义感；要提高职工的道德认识，提高辨别善恶是非的能力；要培养职工的道德意识意志，养成人们的道德节操和斗志。

一个信仰坚决、意志顽强的人，能够自我约束，无论客观环境怎样险恶，无论不当利益如何诱惑，都能忠实地履行自己的道德义务。道德意志可使人们抵御邪恶势力的影响，做正派人，坚持正义，主持公道，从而促进和谐环境的形成；健康的道德人格有利于人与人、人与社会关系的和谐。因此要确立人们的道德信念，提高人们的道德境界，完善人们的道德人格。

传承·创新·建德·筑能：
浅谈高校隐性思想政治教育资源开发的实效

——以广东水利电力职业技术学院建筑与环境工程系为例

江秋菊　吴伟涛　黄林成　林嘉雯

广东水利电力职业技术学院

习近平总书记在全国高校思想政治工作会议上明确指出："要坚持把立德树人作为中心环节，把思想政治工作贯穿教育教学全过程，实现全程育人、全方位育人，努力开创我国高等教育事业发展新局面。"习近平总书记的重要讲话精神是指导做好新形势下高校思想政治工作的纲领性文献，对于办好中国特色社会主义大学、推进党和国家事业发展，具有十分重要的意义。在我国高校思想政治教育发展历程中，开展方式具有多样性，但主要的方式有两种：显性教育方法和隐性教育方法。借用弗洛伊德的"冰山理论"来分析高校思想政治教育，显性教育就如浮于海面的部分，显而易见，但只是冰山一角；而隐性教育犹如海面之下的部分，隐而不露，却更为雄伟壮观。全球化和信息化时代的到来，给当代大学生的意识形态带来了巨大的冲击，社会转型和时代的进步对我国以显性思想政治教育为主的传统教育也提出了机遇和挑战。在新的形势下充分发挥隐性思想政治教育的功能，探索"显隐合力"的教育模式是时代的必然选择。

一、浅析高校隐性思想政治教育的内涵和特征

高校隐性思想政治教育作为思想政治教育研究的重要领域，

不同于以思想政治理论课等为主要形式的显性思想政治教育，它是依托高校这一重要场所，将教育性因素隐含于受教育者日常接触的环境、文化、网络、娱乐、舆论、制度、管理、服务等具有教育功能的非正式教育载体之中，潜移默化地对教育对象实施教育，并使教育信息内化于心的一种思想政治教育方式。

高校隐性思想政治教育与显性思想政治教育相互联系、相互依赖、对立统一。国内学者在对隐性思想政治教育特征的理解上和话语体系上各有偏重，但一致公认的就是它的潜隐性和渗透性特征。隐性思想政治教育往往以无形的、渐进式的、润物细无声的渗透式教育方式，实现其导向功能和内化价值，使受教育者在不自觉、无意识的情况下接受教育。

二、高校隐性思想政治教育资源的挖掘现状

高校隐性思想政治教育资源主要存在于学校课堂内外诸多的教育载体中。教育者通过多元教育形式，将明确的教育目的和丰富的教育内容"隐"于教育载体中，最终引导学生在体验、分享中获得身心和个性发展以及价值观、理想信念和道德观念的养成。目前，隐性思想政治教育资源主要集中在课堂、活动载体与物质载体的挖掘上，忽视了文化形态、精神形态、网络阵地等多方面资源的挖掘。当然，即使是各高校较为集中的挖掘点也出现了资源开发不足、缺乏内涵以及配套受滞等问题。

三、高校隐性思想政治教育资源的开发实效

隐性思想政治教育资源开发是一项复杂的系统工程，其中很重要的一个环节就是课堂外隐性思想政治教育资源的挖掘。笔者将从高校文化传承、媒体创新、师德建设和学风建设四个维度入手，深入和合理挖掘隐性思想政治教育资源，探析隐性思想政治教育的实效性。

（一）传承于文化精髓，孕育有根的大学生

大学生作为高校隐性思想政治教育的客体，是高校隐性思想政治教育方法实施和创新的着眼点。教育客体在教育活动中具有能动作用、检验作用和促进作用。高校思想政治工作关系高校"培养什么样的人、如何培养人以及为谁培养人"这个根本问题。不断提高学生思想水平、政治觉悟、道德品质、文化素养，让学生成为德才兼备、全面发展的人才是高校思想政治教育工作的目标和归宿。高校隐性思想政治教育工作者应明道、信道、传道，将中华优秀传统文化精髓融入学校思想政治教育的全过程，打造特色校园文化建设工程。

高校院系应着眼于学生个体，重视文化的传承，创新工作途径，致力于培养一流人才，孕育有根的当代大学生。

1. 打造本土文化，传承高校精神

校园文化建设作为高校隐性思想政治教育的有效载体，其发展与大学生群体之间有着极为重要的联系，深厚的文化底蕴有利于学生的成长成才，有助于把学生培养成知识文化和情操文化相结合的综合型人才。大学生作为现代化社会发展的中流砥柱，其"可爱、可信、可为"的特点为高校校园文化的发展和创新提供了源泉。

随着"互联网＋"的深入发展，校园视觉文化的创新设计对学生的"知、情、意、行"有着更深更广更直接的影响，对育人工作有着积极的推进意义。K院系通过系徽征集大赛评选出师生心目中的系徽，积极引导全体师生心系院系的建设与发展，实现齐努力同进步的目标，营造文化认同、文化传承和文化创新的良好局面。同时全面铺开和精心设计办公模板、工作胸卡、工作服和校友纪念品等文化延伸产品，体现特色化办学理念和精神象征。

高校文化底蕴是视觉识别系统建立和发展的根基，视觉识别

系统工作的有效推进，一方面能够在潜移默化中准确地诠释高校的文化，良好地展示学校的魅力，另一方面还能够提升学校的内涵建设，树立品牌价值，是建设、推广和传播高校文化的重要手段。

2. 坚定文化自信，培养先锋模范

习近平总书记在 2014 年 2 月 24 日中央政治局第十三次集体学习时强调了学习中华传统文化，增强文化自信和价值观自信的重要性以及必要性。文化自信对于一个国家、一个民族、一个政党来说就是对自身文化传统和内在价值的充分肯定，也是对自身文化发展进程和生命力的坚定信念。青年学生作为党和国家建设的接班人，正面临着世界多元化文化共存、传统文化和现代文化互融、主流文化和非主流文化共生的复杂格局。多元文化冲突给青年学生文化自觉的培养带来了严峻挑战。高校作为孕育和培养社会建设者和接班人的重要阵地，更应沉积传统文化精髓，把培育当代大学生坚定的文化自信与价值观自信作为高校隐性思想政治教育的重要任务。

作为一名有志青年，首先要认同自己的身份，崇尚民族的文化，才能身体力行、勇担模范、服务群众。广东水利电力职业技术学院建筑与环境工程系（以下简称建环系）在党员等先进学生群体中推行"亮身份、树榜样"佩戴胸卡制度、开展"卓越培养计划"等丰富多彩的理论学习和实践活动，不断坚定青年学生的理想信念，培养先进群体的文化自觉，让其主动成为中国特色社会主义文化的引领者，成为高校校园先进文化的示范者。增进学生党员和学生干部在青年大学生中的凝聚力和影响力，以潜移默化的方式给全体大学生以先进文化的熏陶和引导，弘扬中华文化，巩固马克思主义在高校的主导地位，为培养合格建设者和可靠接班人提供健康向上的校园文化环境。

3. 弘扬凝心聚力，助力学生成长

感恩是中华民族几千年的传统美德，是每个人都应该具备的基本道德。随着我国社会主义市场经济不断发展，感恩意识已成为新型人才的重要内涵，但大学生感恩意识缺失等问题却日益突显。高校作为人才培养的重要基地，理应将感恩教育作为大学生德育培养的重要环节，作为思想政治教育的重要内容。实施大学生感恩教育是推进和谐社会的需要，也是大学生全面发展的需要，只有让大学生学会奉献、学会感恩，对国家有强烈的责任感，对周围的人心存感激，才能承担起国家所赋予的重任。

建环系以社会主义核心价值观为导向，以弘扬和培养民族精神为宗旨，通过"走基层、下街道、进社区"，开展各种义修活动，组织无偿献血，开展暑期三下乡社会实践，组织开展关爱贫困地区农村儿童教育、广州市残障儿童、林和街社区孤寡老人等活动，鼓励受资助学生在享受国家和社会的关爱后，以有能力关爱他人为基础条件，尽可能地献爱心，回馈社会。重点以"大学生感恩实践教育"项目作为有效载体，旨在引导贫困学生自信、自立、自强，增强其服务社会的责任感和使命感，不断自我健全人格，在广大学生群体中营造良好道德氛围。建章立制、科学管理、适时创新和考评激励等方式方法的合理利用，使此类项目朝着规范化和专业化方向得到了持续性发展，该项目有幸荣获了2016 年广东高校校园文化建设优秀成果一等奖。

感恩教育终究是道德内化的教育过程，它是一场细水长流的德行养成。高校应凝心聚力、畅通渠道，通过具体的道德实践活动开展感恩教育，使广大青年树立坚定的理想信念、培养吃苦耐劳的精神、锤炼高尚的道德品格，助力学生的成长成才。

（二）创新于媒体阵地，拓宽全面育人范畴

新媒体是时代的产物，因其交互性强、信息量大、资源丰富、传播迅速、不受时间和空间限制等特点，广受感官意识敏锐的高校大学生的认同和喜爱。高校隐性思想政治教育者只有敢于建立主题新颖、议题时尚、吸引力大、凝聚力强的新媒体平台，只有勇于将主流思想、舆论引导与新媒体平台对接和融合，才能真正发挥其对学生的关心、引导和规范作用，最终潜移默化地占领思想政治教育的网络载体阵地。

1. 引导主流思想传播，增强导向功能

健康的、充实的思想政治教育内容，是提高隐性思想政治教育吸引力和实效性的前提和关键，所以利用新媒体丰富和引导思想政治教育传播内容显得极为重要。建环系一直坚持以生为本的理念，从大学生的特点与需求出发，不断加强对官方微信平台上内容的甄别力，正确引导大学生形成正确的世界观、人生观和价值观，使大学生在成长成才道路上奋勇迈进。官微向大学生传递党和国家重大事件和重要精神，进行社会主义核心价值观的培育，讲好中国故事、弘扬好中国优秀传统文化、传播好中国声音、阐释好中国特色、宣传好中国的价值观念、树立好中国形象。以微信平台为抓手，通过精心设计和巧妙构思，主动抢占了新媒体阵地，弘扬主旋律，掌握主动权，有效地提高学生思想水平、政治觉悟、道德品质、文化素养，致力于把学生培养成德才兼备、全面发展的人才。

2. 加强信息化的管理，拓宽渗透途径

新媒体作为新时期高校各项管理工作的有力抓手，合理开发、充分运用、正确监管，积极构建隐性思想政治教育的信息化方法体系，能促使高校管理理念得以深化，进而拓宽教育的渗透途径。

建环系主动掌握新媒体技术，与时俱进更新管理理念，科学完善服务育人体系，有效将新媒体运用到党建、团建和学生日常管理工作中。例如在团员、学生代表大会选举中采用新媒体技术开展微信平台无纸化投票，打造了一场绿色环保、全程"无纸化"的团代会。投票方式的公开性为学生干部的科学聘任提供了基础和保障，把受广大学生认可的优秀学生推举到学生干部岗位上，坚持干部从群众中来、接受群众监督的工作原则，促进学生干部充分发挥自身的模范带头作用、桥梁纽带作用、组织凝聚作用，更好地为广大同学服务。以"践行五大发展理念，创新学生干部选举方式"为题的学生干部选举微信平台无纸化投票作品在省水利厅直属机关工作技能大赛选拔赛中获工作创新类三等奖。此外，在系微信公众号上为学生提供各种便捷服务和丰富资讯，学生可以随时查阅各项规章制度、办事流程、成绩、课表、考勤、奖励、违纪等信息资料。通过健康有效的线上互动，引导学生习得良好的信息媒介素养，引导他们在虚拟的网络时空与现实社会生活中都做到遵纪守法。

新媒体作为信息交流平台，全面渗透在高校大学生的学习与生活环境中，因此高校隐性思想政治教育工作应在新媒体境遇下发挥其时代性、针对性、渗透性和多样性等特点，主动出击，把握新媒体发展脉搏，创新高校隐性思想政治教育的形式，让广大学生在体验各种新媒体带来的便利的同时欣然接受思想政治教育，最终提高思想政治教育的质量和效率。

（三）建德于活水源头，发挥教育主体功能

教育者作为思想政治教育的主体，是高校思想政治教育的领航人。育人先树德，教育工作者自身的人格、情感和气质因素在教育过程中起到感染、激励、启发和示范等作用。任何思想政治教育方法，都需要通过教育者组织实施。因此，高校隐性思想政治教育的"源头"在于教育者。

教育者要加强自身师德建设，必须有坚定的政治立场，坚持以马克思主义为指导，坚持不懈传播马克思主义科学理论，培育和弘扬社会主义核心价值观，坚持围绕"以人为本、立德树人"这一中心，为培养大批中国特色社会主义事业合格建设者和可靠接班人提供价值引领和行为世范。

建环系认真学习贯彻习总书记在全国高校思想政治工作会议

上的重要精神，进一步加强师德师风建设，建立健全师德建设长效机制，引导广大教师以德立身、以德立学、以德施教，为育人工作开创新局面。大力实施"学、讲、树、做、评"五位一体建设举措，取得实际性的成效。五位一体建设的核心理念是将师德教育与教师实际工作充分结合，注重师德建设的日常化和持续性。

1. 围绕组织"学"

把集中学习与个人自学结合起来，把学习研读与讨论交流结合起来，定期组织教师进行政治理论和相关政策、制度、文件的专题学习会、研讨会以及考学活动，提高教师师德理论认知水平。针对党员教师，坚持按月份、分层次制定理论学习计划，以此提高党员教师的思想理论素质。党员教师的一定高度的思想理论素养将成为广大教师加强师德建设的辐射源，进而全面提高全体教师的师德水平。

2. 创新方式"讲"

把听取模范讲授作为提升师德师风成效的有力抓手，创新方式方法，拓宽学习渠道，增强教育的吸引力和感染力。一方面，积极组织全体教师认真听取全国教书育人楷模林冬妹老师的师德专题报告会，倡导学习先进事迹，提高师德修养，争做"四有"好老师。另一方面，通过组织"我是建环青教，聚力建环发展"青年教师座谈会，邀请资深教师分享宝贵育人经验，启发青年教师为学生的成长成才服务和奉献，将师德建设贯穿到教育教学的全过程。

3. 强化引领"树"

把树立先进典型作为引领和激励教师保持较高师德水平和构建良好师风的重要举措。一直坚持推行党员教师亮身份主题活动，以点带面，从线到面，逐步形成全系优良师德师风新局面。大力号召和鼓励教师积极参与全国水利职业院校优秀德育工作者以及各种先进个人的评选及表彰活动，树立师德先进典型，以榜样的力量带动全系师德建设工作。

4. 立足岗位"做"

定期组织党员教师参观红色教育基地，接受革命传统教育，铭记历史，提高政治素养；同时提出合格教师的具体要求，明确教师立足本职岗位，一切必须围绕学生、关照学生、服务学生，努力践行工匠精神，在教学过程及日常工作中知行合一、以德为先、严于律己、教书育人。

5. 针对问题"改"

把解决问题贯穿于师德建设全过程。坚持边学边改、即知即改，要求教师结合学生评价结果以及教学督导反馈的意见，找准自身存在的具体问题，从思想深处解决，以具体行动改正，不断提高自身素养，进而促进教学质量。坚持抓在日常、严在经常，把集中整改与加强日常教育管理结合起来，着力营造出浓厚的教书育人、爱生敬业、为人师表的师德师风氛围。

五位一体建设各个环节相辅相成，有效地实现了教书和育人相统一、言传和身教相统一、坚持潜心问道和关注社会相统一，增强了教师的荣誉感和责任感，营造了崇尚师德的良好校园环境氛围。

（四）筑能于学风建设，延伸思政工作触角

学风建设是高校学生工作的一个永恒主题，而思想政治教育则是用马克思先进思想理论引导大学生形成正确的三观的重要途径，两者相辅相成，辩证统一于高校人才培养的全过程。思想政治教育工作应以学风建设为切入点，充分发挥其导向、协调和推动功能。

建环系构建党政协同合力育人机制，从师生需求着手，努力实现党政协同联动、上下合力、牢牢掌握思想政治教育工作对学风建设的推动作用，开辟以优良学风建设为主要内容的隐性思想政治教育工作新思路，不断提高高校思想政治教育工作的针对性与实效性。

1. 党政协同联动，致力于人才培养

党政齐抓共管，在现有的学生工作部门的基础上，通过平台创建与优势资源整合，构建"教学协同管理工作机制"。主要依托三支队伍（辅导员和班主任队伍，全体科任教师、系教学秘书和系教学督导队伍，学生干部队伍）齐头并进、密切联动的多元化合作开展"统计分析—教育通报—总结反馈"的工作模式。同时，耐心、细心和用心关注特殊群体，创建学习困难学生档案，并针对典型学生个案进行有效的分析和总结，实现全系学生"快乐学习，努力拼搏，逐梦青春"的良好学习氛围。重视学风品牌专题教育活动建设，通过树立学习典型，实现"以点带面，从线到面，逐步形成全系优良学风"的工作新局面。以此促进人才培养质量，使高校对思想政治工作的主导权渗透到教育教学的全过程。

2. 党政聚力前行，筑能于专业社团

依托四个专业，组建四大专业社团，构建"双导师"模式，指导各专业社团开展创新教育、专业技能大赛、拓展性学术讲座等活动。"双导师"模式是指为每个社团聘请责任心强的专业教师担任社团指导老师，同时配备一名思想政治辅导员作为指导老师，形成知识教授与思想引导齐抓共管的良性局面。这种社团"双导师"协同的指导模式，有效地培养了学生解决实际问题的能力、团队精神以及创新意识，让学生在活动中学专业弘技能，从而形成了优良的学习氛围；有效地使思想政治教育工作在大学生群众性组织——社团中得以全方位渗透，为专业社团的良性、可持续发展提供政治保障，体现了建环系隐性思想政治教育全员育人的特征。

思想政治教育工作的本质是育人，学风建设是为育人服务

的。把学风建设作为思想政治教育的主旋律，才能更好地践行
"以人为本"的教育理念，激励学生自觉把个人的学业与保家卫
国的理想追求相结合，勇做走在时代前列的奋进者和开拓者。引
导学生珍惜韶华、脚踏实地，把远大抱负落实到实际行动中，让
勤奋学习成为青春飞扬的动力，让增长本领成为青春搏击的能
量，全面提升个人素质。

习近平总书记强调，我国有独特的历史、独特的文化、独特
的国情，决定了我国必须走自己的高等教育发展道路，扎实办好
中国特色社会主义高校。高校隐性思想政治教育工作必须服从及
服务于中国特色社会主义的办学特点，坚持因事而化、因时而
进、因势而新的原则，深度挖掘文化传承、媒体创新、师德建设
和学风筑能等有利资源，进而创新高校思想政治教育的方法和思
路，努力开创我国高等教育事业发展新局面。

参 考 文 献

[1] 项久雨，吴海燕. 培育文化自信与价值观自信：当前大学
生思想政治教育的着力点 [J]. 思想理论教育，2016
(10)：18-24.

[2] 朱格里，李菲菲. 高校文化建设中视觉识别系统的设计和
实现 [J]. 艺术科技，2016 (9)：73, 76.

[3] 况燧媛. 地方高校校园文化建构和视觉方式传播实施路径
分析——以四川文理学院为例 [J]. 美与时代（城市版），
2016 (8)：108-109.

[4] 赵建超. 高校隐性思想政治教育问题及路径探讨 [D]. 上
海：华东交通大学，2016.

[5] 宁曼荣. 论多元文化冲突下学生党员文化自觉的培养 [J].
教育与教学研究，2016 (5)：51-56.

［6］ 李慧，杨晓光. 大学生党员中国特色社会主义自信的四个维度［J］. 现代交际，2015（12）：130，129.

［7］ 慕静，马洺，夏彬斌. 高校文化软环境建设与文化自觉、自信和创新探讨［J］. 才智，2014（5）：144.

［8］ 郑红艳，孙桂森，孙淑红. 以学风建设为切入点开辟思想政治教育工作新思路［J］. 中小企业管理与科技（下旬刊），2013（7）：254－256.

［9］ 刘国帅，李志勤，杨小磊. 论学风建设与大学生思想政治教育的结合［J］. 山西高等学校社会科学学报，2012（6）：97－100.

［10］ 高远. 把思想政治教育融入高校学风建设［J］. 盐城师范学院学报（人文社会科学版），2011（6）：119－121.

［11］ 张祖华. 浅论高校隐性德育资源［J］. 宜春学院学报，2010（10）：106－108.

以先进典型为镜　以核心价值为本

——先进典型引领社会主义核心价值观建设研究

孟祥宇

安徽省水利水电勘测设计院

所谓典型，是指同类中具有代表性的人物和事件，它从一般人物中概括出来，又是同类人物或事件中的突出代表者。努力发现、培养和宣传推广先进典型，是我党思想政治工作的优良传统。在当前的形势背景下，我们要充分发挥先进典型在社会主义核心价值体系建设中的引领作用，以先进典型带动人民群众增进价值认同，推进社会主义核心价值观大众化。

一、先进典型与社会主义核心价值观的内在联系

（一）先进典型彰显社会主义核心价值观的精神实质

马克思指出："人的本质不是单个人所固有的抽象物，在其现实性上，它是一切社会关系的总和。"❶ 先进典型作为时代的先锋、社会的楷模，是社会主义核心价值观的忠实倡导者、生动诠释者、模范践行者，价值准则在其身上彰显得最为完善、表现得最为彻底。先进典型身上所具有的包括"天下兴亡，匹夫有责"的爱国情怀、"功崇惟志，业广惟勤"的敬业作风、"以诚处世、以信立身"的诚信精神、"与人为善、厚德载物"的友善品格在内的精神与核心价值观所倡导的"爱国、敬业、诚信、友

---

❶　马克思，恩格斯. 马克思恩格斯文集（第1卷）. 北京：人民出版社，2009：505.

善"的价值准则高度契合。

先进典型精神，是滋养社会主义道德的源泉，是遵循群众路线的典范，是培育和践行社会主义核心价值观的生动诠释。"道不可坐论，德不可空谈"，远大理想只有变成行动才有力量。崇高追求只有付诸实践才有价值，以先进典型精神为典范，将爱国、敬业、诚信、友善的价值观内化为精神追求，外化为自觉行动，形成弘扬中国精神、凝聚中国力量、实现伟大中国梦的强大正能量。

（二）先进典型是社会主义核心价值观的具体人格化

先进典型虽然岗位不同、职业不同、事迹不同，但他们高度的政治觉悟、坚定的理想信念、崇高的精神境界和良好的道德修养，诠释和践行了社会主义核心价值体系的本质要求，凝结了中华民族的传统美德，展现了改革开放的时代风貌。树立一个先进典型，就是在社会上竖起一面旗帜、一个标杆，就是在群众中确立一种导向、一个楷模。这对于弘扬社会正气、准确反映时代主流、引导人们把社会主义核心价值体系转化为社会群体意识并自觉遵守和践行等，都具有十分重要的意义。

先进典型的思想行为和模范事迹承载着社会主义核心价值观的价值取向，是看得见的哲理。运用先进典型进行价值观教育，生动形象，说服力强，容易使人们产生情感共鸣，在耳闻目睹先进典型事迹中获得启迪，在接受先进典型的感染中自然而然地尊崇、认同社会主义核心价值观。

二、先进典型在践行社会主义核心价值观中的作用

（一）先进典型教育是我党思想政治工作的优良传统和成功经验

中国共产党历代领导人都十分重视按照一定的核心价值观要求树榜样、立典型，以此来理顺社会关系、维护社会秩序，始终

重视依靠先进典型的示范和引领作用，把一定的核心价值观内化为人们的信念、外化为人们的行为，以此推动社会核心价值观大众化。中华人民共和国成立初期，毛泽东称赞战斗英雄和劳动模范"是全中华民族的模范人物，是推动各方面人民事业胜利前进的骨干，是人民政府的可靠支柱和人民政府联系广大群众的桥梁"。❶ 改革开放时期，邓小平明确指出"全国各民族、各地区、各工业部门的职工群众中都涌现了一批劳动模范和革命骨干，他们至今还是我们学习的榜样和团结的核心""做有理想、有道德、有文化、守纪律的共产主义新人"。❷ 进入新时期，习近平指出"道德模范是道德实践的榜样，要深入开展宣传学习活动，创新形式、注重实效，把道德模范的榜样力量转化为亿万群众的生动实践，在全社会形成崇德向善、见贤思齐、德行天下的浓厚氛围"。

在革命战争年代，为实现国家独立、民族解放，涌现出刘胡兰、董存瑞、白求恩等英雄模范人物。在全面建设社会主义时期，涌现出王进喜、焦裕禄、雷锋等为代表的一大批先进典型。在全面推进中国特色社会主义的进程中，出现了张海迪、孔繁森、李素丽等各行各业的先进楷模。当前我国进入新时期，我党大力树立和宣传黄大年、廖俊波等众多先进典型，成为凝聚广大干部群众全面建设小康社会和构建社会主义和谐社会的精神助推器。

（二）先进典型是引导民众将社会主义核心价值观转化为实际行动的桥梁

榜样的力量是无穷的。见贤思齐、择善而从是中华民族的传统美德，也是人们自我激励的重要途径，用宣传先进典型事迹的形式教育群众，比一般意义上的讲道理更生动直观，更富于说服力和感染力。努力挖掘群众身边的感人事迹和道德素材，让人们

---

❶ 毛泽东. 毛泽东文集（第6卷）. 北京：人民出版社，1999：95.
❷ 邓小平. 邓小平文选（第2卷）. 北京：人民出版社，1994：134.

感到所宣传的人和事可亲、可敬、可信、可学，切实具有吸引力、感染力、说服力和亲和力，引导人们共筑良好文明风尚。

三、培育先进典型方式方法探索——以省水利设计院实践为例

安徽省水利水电勘测设计院（以下简称安徽院）是集水利水电勘测、设计、科研为一体的科技型企业。作为国有企业，培育先进典型对发展生产和弘扬社会主义价值观起到了尤为重要的作用，近年来安徽院培育先进典型的实践探索如下：

（一）围绕中心工作选树先进典型

安徽院勘测设计生产工作任务异常繁重，广大工程技术人员不分昼夜，采取加班加点、封闭设计等措施，全力完成勘测设计任务。安徽院围绕中心工作，根据新形势、新任务的需要，确定先进典型选树主题和重点，把握时机，有计划、有步骤地对先进典型进行宣传培育。青年技术人才吴若静作为环巢湖治理项目负责人，在工作中加班加点、精益求精，在时间紧任务重的情况下圆满完成所负责的项目。模范员工陈立华一年累计加班超过1000小时，完成各类规划设计项目14项，受到了水规总院领导及业主的一致好评。通过号召学习模范人物爱岗敬业的优秀品质，使得先进典型选树与院中心工作贴得更紧、先进典型形象在群众心中站得更稳、先进典型作用对实际工作推动更大，激发全院职工学先进、赶先进的劲头，凝聚成"立足岗位创更好业绩、先锋引领做模范员工"的强大动力，勇挑重担，为水利事业贡献力量。先进典型的敬业作风为社会主义核心价值观提供了力量支撑。

（二）面向一线选好先进典型

建设富强、民主、文明、和谐的社会主义现代化国家的要求，决定了我国对普通劳动者劳动价值的肯定与重视。生产一线

是先进典型人物事迹的成长沃土，在选树典型时，安徽院善于认真倾听基层的呼声、职工的意愿，善于从普通职工中发现典型、树立典型。在宣传各类先进典型的过程中，安徽院注重多层次、多角度挖掘先进典型的思想导向、价值导向、文化导向，坚持群众视角，反映群众心声，做到见人、见事、见精神。张鸾沣从南京大学硕士毕业后，一直从事地质工作，白天风吹日晒，干的多是体力活，回到住地后还要整理、分析钻探数据。邓西标新婚第三天就匆忙赶到水库建设工地，因为工期紧，在建设的同时，要同步出施工图，加班加点，孜孜不倦。这些先进典型之所以能打动人，就是因为他们源自生活、来自群众、有血有肉、生动鲜活，这样的先进典型可亲、可敬、可信、可学。先进典型宣传越是能感动受众、引起他们的共鸣，其引领价值就越大。

（三）扩大先进典型的辐射效应

先进典型的崇高精神有利于树立鲜明正确的价值导向，从而起到引领时代发展和社会风尚的作用。"爱岗敬业、争创一流、艰苦奋斗、勇于创新、淡泊名利、甘于奉献"的劳模精神，是社会主义核心价值观的浓缩体现。安徽省劳动模范朱青系安徽院副院长、正高工，作为引江济淮工程技术论证的主要组织者和标志性专家，他在守梦、追梦、圆梦的路上坚守和跋涉了30余年。特别是2012年以来，在省委、省政府强力推进下，他牵头并组织省内外近40家设计科研单位的近千人技术团队，加速冲刺引江济淮工程前期论证与审批，常年奔波在江淮之间的山山水水、驻扎在设计封闭点、穿梭于各设计单位之间共商攻克技术难关，经常废寝忘食甚至通宵达旦地撰写论证材料、研究重大方案、修改可研报告，最终圆了安徽几代人的世纪之梦。2017年，安徽院成立"朱青劳模创新工作室"，并给予了资金、场地和人员的大力支持。工作室成员11人，其中正高工2人，博士、硕士共8人，"80后"7人，创新课题和攻关项目5项，创新成果2项，充分发挥了"传帮带"作用，扩大了先进典型的辐射效应。

四、先进典型引领社会主义核心价值观的几点启示

（一）扎实做好先进典型的挖掘评选

学习宣传先进典型，是开展思想道德建设的重要方式，是推动社会主义核心价值观建设的有力抓手。在广泛宣传先进典型的过程中，把评选典型与学习典型结合起来，把评选过程与教育过程结合起来，推动社会主义核心价值观建设再上新台阶。要注重培育先进典型，推动崇尚先进典型的良好风尚形成。通过推出一大批在社会主义核心价值观建设实践中涌现出来的先进典型，以典型的平凡小事来诠释社会主义核心价值观的丰富内涵，增强宣传教育的感染力和吸引力。

（二）搭建立体传播平台

典型宣传是弘扬主旋律的有效方法，对于动员群众、组织群众有着不可替代的作用。先进典型是人心向善、人心思进的催化剂。宣传越多，他们的示范带动作用发挥得就越强烈。把社会主义核心价值观传播到千家万户，有利于在全社会树立起鲜明正确的价值导向，营造知荣辱、树正气、促和谐的社会风尚和敬典型、爱典型、学典型的良好氛围。

（三）发挥先进典型的教育功能

要建立健全典型宣传长效机制，注意典型宣传的连续性、稳定性。教育先进增强模范意识，自觉地把荣誉当动力，时刻鞭策和激励自己。积极创造尊重典型、爱护典型的良好氛围，努力做好跟踪培养，在促进先进典型可持续发展的同时使先进典型的教育功能最大化。

在建设中国特色社会主义的新时代进一步完善国企监督机制的思考

易文利　金波善　王　婷　王雯萱

长江水利委员会宣传出版中心

　　党的十八大以来，随着从严治党向纵深发展，中央八项规定精神得到坚决落实，党的纪律建设全面加强，腐败蔓延势头得到有效遏制，反腐败斗争压倒性态势已经形成，不敢腐的目标初步实现，不能腐的制度日益完善，不想腐的堤坝正在构筑。然而，全面从严治党仍然任重道远，从宽松软走向严紧硬需要经历砥砺淬炼的过程，要继续在常和长、严和实、深和细上下功夫。就国企而言，全面从严治党的主体责任和监督责任层层衰减、"沙滩流水不到头"的问题不同程度地存在，切实履行党风廉政建设的主体责任和监督责任，进一步构建和完善"不敢腐、不能腐、不想腐"的体制和机制仍然是当前的中心工作。这需要我们在进入建设中国特色社会主义新时代的关键时刻进一步探索如何完善国企监督制约机制，从而为国企的持续、稳定、健康发展奠定坚实的基础。

一、当前国企监督制约机制存在的主要问题

（一）"两个责任"的落实和成效存在层层递减的效应

　　落实党风廉政建设责任制、党委负主体责任、纪委负监督责任是党中央在新形势下做出的重大决策部署，对于加强党风廉政建设和反腐败斗争，完善和发展中国特色社会主义制度，推进国

家治理体系和治理能力现代化,具有十分重要的意义。党的十八大以来,新一届党中央以身作则、率先垂范、"打虎灭蝇"、狠刹"四风",极大地振奋了党心民心,取得的成效有目共睹。十八届中央纪委五次全会总结了两年来的工作经验,就是紧紧抓住落实党风廉政建设的"两个责任"这个主调,以上率下,层层传导压力。从实践来看,党的十八届三中全会提出落实"两个责任"以来,"两个责任"的落实虽然逐渐成为各级国企党委、纪委中心工作的关键词,但多还是挂在嘴边、写在文中。尤其是在落实"两个责任"的压力上,虽然在层层传导,但是到了基层底部就弱化得几乎全无,落实"两个责任"缩了水、打了折。所谓"沙滩流水不到头",这种现象在国企中尤其明显,对国企党风廉政建设的推进产生了很大的负面效应,亟须破解。

(二)"不能腐"体制机制仍不完善

不能腐,就是从体制机制和制度上消除腐败发生的条件,使党员干部没有腐败的机会。

习近平总书记强调指出,把权力关进制度的笼子里,首先要建好笼子。这个笼子要松紧有度,疏而不漏,既要让法定的权力充分行使,又要有效防止权力寻租和利益输送现象。如果权力不进笼子,就让滥权者进笼子。

党的十八大以来,在全面从严治党的大环境下,国企各级党组织和纪检部门因势利导,对"不能腐"体制机制做了大量行之有效的工作。但就整体而言,腐败现象仍然时有所闻、禁而不止。一个重要的原因,就是"不能腐"的体制机制仍不够完善,突出表现在权力的配置还不尽科学,权力过分集中,导致"一把手"出问题的比例相对比较高、权力运行还不够透明、对权力的监督还不够有力。使那些心存腐败之人有机可乘、有空可钻。在人们的觉悟还不是那么高的情况下,只有构建严密的强制性的体制机制,才能使心存邪念之人"不能腐"。也可以说,只有形成了"不能腐"的体制机制和氛围，"不敢腐""不想腐"才有可能。

（三）纪检监察部门"上收下派"模式没有全面推行，基层单位的监督责任缺位，"探头"作用无法发挥

派驻监督是党的自我监督的重要形式。党的十八届三中全会决定全面落实中央纪委向中央一级党和国家机关派驻纪检机构，实行统一名称、统一管理。这是党中央依据党章规定，从形势判断和目标任务出发作出的重大决策，是全面从严治党、强化党内监督的重要举措。党要管党、从严治党必然要求党内监督全覆盖。当前，派驻监督与落实党章规定、贯彻十八届三中全会要求还有较大差距，作用也还没有发挥到位。首先是派驻范围有空白。目前，整个长江水利委员会（以下简称长江委）二级单位纪检监察部门并未推行"上收下派"的管理模式，致使基层纪检监察机关监督责任履行效果有限，派驻式的纪检机关的"探头"作用也无法发挥，以至于出现能发现的问题没有发现、该报告处置的无法及时报告处置、该问责的不去问责的现象。

二、新时代进一步完善国企监督制约机制的途径

（一）强化问责机制

习近平总书记指出，"坐而论道，不如强化问责追责"。问责追责，不仅是"两个责任"落实工作的重要环节，更是助力各级党委、纪委正确履职的"不二法门"。也就是说，破解这个压力传导层层递减的难题最管用的一招就是层层问责，通过问责追责来强化基层的责任分工、倒逼基层的责任担当、助力基层的责任监督，确保施加给基层的压力数值等同于压力传导前，确保执行力不减，从而真正破解落实"两个责任"压力传导层层递减的难题。

1. 问责追责应强化基层的责任分工

对于基层来说，责任意识决定行动务实，要落实好基层的

"两个责任"，加强对基层党风廉政建设和反腐败工作的领导，基层党组织书记是第一责任人，基层党的组织班子成员对职责范围内的党风廉政建设负领导责任。问责追责不到位，必然会导致基层主体责任意识的淡薄，必然会导致责任担当的缺失，必然会导致基层党组织责任分工的不明晰，也就必然会削弱基层党组织履责的执行力。就长江委而言，一定要要督促三级基层党组织紧紧围绕主体责任的全面落实，建立健全组织领导、"一岗双责"的签字背书、责任分解、谈话提醒、督导检查、调度推进、考核评价等机制，为全面落实主体责任提供有力保障，促进基层党风廉政建设责任制由虚到实、由宽到严、由软到硬的根本转变。建立健全基层反腐败工作协调领导小组制度，完善工作规程，细化实化职责分工，形成任务明细表，明确基层各成员的履责要求，建立工作台账，实行对账销号，加强协调配合。确保基层责任主体任务明确、履责有依、问责有据。要督促基层党委书记履行"一岗双责"，作为基层党组第一责任人，必须担主责、负实责，既要挂帅、又要出征，充分发挥牵头抓总、统筹协调的示范带动作用，要当好廉洁从政的表率，做到守土有责、守土负责、守土尽责。

2. 问责追责应倒逼基层的责任担当

就长江委而言，务必把实施严肃有力的问责追责作为落实"两个责任"的重要保障。改革完善基层年度绩效考核体系，实现"考人、考事、考廉"共同起作用。要完善基层考廉评价办法，建立健全以考核"两个责任"落实为主、定性考核与定量考核相结合、平时检查与年终检查相结合、全面检查与重点检查相结合、公众评价与组织考核相结合的科学考评体系，强化结果运用，考核结果及时通报，与基层干部的任用、绩效、奖惩挂钩，以科学的指挥棒引导基层"两个责任"的落实，给其升温加压，让基层落实"两个责任"的意识重新热化强化。对考廉检查中发现不认真履责造成严重后果的、领导不力发生重大腐败案件的、工作不力导致不正之风蔓延的，既要追究当事人责任，又要追究相关领导责任，还要追究上级党委和纪委的责任，以刚性问责追责的机制确保基层党委和纪委将两个责任落到实处，倒逼基层的责任担当。

3. 问责追责应助力基层的责任监督

没有问责追责就没有责任的监督，没有责任的监督就没有责任的落实。主体责任是政治责任，是深入推进党风廉政建设的"牛鼻子"，监督责任不落实，主体责任这个"牛鼻子"也就难以牵住。所以可以通过一些创新的体制机制，有效的方法、办法来履行好上一级的监督责任。比如，可以对党委和纪委定期汇报工作的内容和方式进行格式化的具体规定，推进汇报工作制度化、规范化，强化党委和纪委对下级党委、党委对同级纪委、上级纪委对下级纪委工作的领导；通过"上追一级"的强力问责让网上舆论发挥效应，构建完备的监督制度体系，要见实招、动真格；改进监督考评工作，综合运用社会问卷调查、特约监督员明察暗访、群众满意度测评、权威的第三方评价等创新有效的方式来扩大群众的监督参与度，让履责晒晒太阳；健全落实党风廉政建设专题报告、述职述廉、约谈等制度，定期召开基层党政领导干部落实"一岗双责"和廉洁自律情况汇报会，推动落实主体责任制度化、具体化、常态化，推动责任监督；把党风廉政建设落实情况作为基层领导班子和领导干部年度党建考核重要内容，把述责述廉测评得分与基层干部任免相挂钩，促进责任被"主动地"监督；依托当地媒体针对基层党委书记和纪委书记落实"两个责任"开展访谈等类似节目，推动基层党委及一把手树立责任意识，把党风廉政建设与分管业务工作摆在同等重要的位置。

（二）持续强化廉洁风险防控、全面构建"不能腐"体制机制

构建"不能腐"的体制机制是推进制度治党、依规治党的必然要求，是实现治理体系和治理能力现代化的重要举措，是实现"不敢腐、不能腐、不想腐"总目标的重要内容。

构建"不能腐"的体制机制，必须严格遵循党章党规党纪，重点是要把权力关进制度的笼子里，基础是要深入查找廉洁风险点、完善廉洁风险防控的制度体系，要运用好科技化、信息化手段，狠抓制度落实，坚决维护制度权威，杜绝"破窗效应"。同时，要贯彻落实好习近平总书记关于"三个区分开来"的要求，进一步立规矩、明界限，既严格执纪，又保护和调动党员干部干事创业的积极性。

构建"不能腐"的体制机制，关键靠制度建设，要针对企业现行制度体系做到"五问"：一问"全不全"，制度是否覆盖了企业廉洁风险的各个领域；二问"行不行"，制度是否恰如其分，是否存在"牛栏关猫"的问题；三问"力不力"，制度是否真正"带电"、管用，是否存在"稻草人"现象；四问"新不新"，是否做到了与时俱进、及时更新；五问"顺不顺"，是否与上级政策法规和同级制度规定顺畅对接。要通过"五问"查漏补缺、立行立改，不断提高制度建设科学化水平，为企业持续健康发展提供坚强的制度保障。

构建"不能腐"的体制机制，要紧盯企业决策权、用人权、监督权，完善议事决策制度，将党组织研究讨论作为董事会、经理层决策重大问题的前置程序；完善选人、用人制度，保证党对企业干部人事工作的领导权和对重要干部的管理权；完善监督制度，把管资本为主和对人监督结合起来，将党内监督与企业其他监督力量整合起来，形成监督合力。

构建"不能腐"的体制机制，要紧盯企业投资决策、兼并重组、产权转让、物资采购、招标投标、财务管理、选人用人、境外经营等重点领域和关键环节，紧盯权力集中、资金密集、资源富集、资产聚集的部门和岗位，建立健全行权履职约束制度，把权力关进制度的笼子里，形成有权必有责、用权必担责、滥权必追责的制度安排。

构建"不能腐"的体制机制，要紧盯企业关键少数特别是一把手和重要部门、关键岗位的主要负责人，督促其严格遵守党章、党规、党纪，严格按法定权限、规则、程序行使权力，严格按制度办事，自觉接受监督，坚决防止权力失控和滥用。

构建"不能腐"的体制机制，必须制定权力清单。坚持分事行权、分岗设权、分级授权，制定领导干部特别是主要领导干部的权力清单和责任清单，划定权力边界，明确责任主体，做到权责对等。完善"三重一大"等议事决策制度，明确党组织及董事会、经理层的权责边界及无缝衔接制度安排。健全选人用人机制，从制度上保证党组织在确定标准、规范程序、参与考察、推荐人选等方面的权限。

构建"不能腐"的体制机制，必须规范权力运行。明确党组织在决策、执行、监督各环节的工作方式，通过党员发表意见、报告落实情况以及评价纠正等制度安排，既保证充分落实党组织意图，又不缺位、越位。健全党组织、董事会、经理层等公司治理主体内部议事规则，强化内部流程控制，实现决策、执行、监督的有效制衡。健全重大信息公开制度，推行党务公开、厂务公开、业务公开，让权力在阳光下运行，防止权力暗箱操作。

构建"不能腐"的体制机制，必须强化权力监督。修订完善企业党组织党内政治生活制度，落实三会一课、民主生活会和组织生活会、民主评议党员等组织制度。修订完善企业党内监督制度，明确党委、纪委、党的工作部门、基层组织和党员的监督职责，健全企业党组织和党员领导干部述责述廉、个人事项报告、提醒函询诫勉、巡视工作、纪检机构派驻监督等制度。完善重大事项决策监督机制，完善对企业关键少数特别是一把手行使权力的监督制度。制定监督执纪四种形态特别是第一种、第二种形态的具体办法，健全党员经常性教育管理制度。完善企业内设监事会、审计、法律、财务等监督制度，加强对所属子企业的监督。健全职代会、厂务公开、职工董事、职工监事等制度，健全职工群众的民主监督。结合国家监察体制改革，探索整合企业监督资源，健全企业纪委牵头的党风廉政建设和反腐败工作联席会议制度，建立发现问题资源共享、问题线索移交等协调配合机制，建立监督意见反馈整改机制，形成监督工作闭环。

（三）创新组织制度，在委属二、三级单位尝试推行纪检监察机构派驻模式

信任不能代替监督。所有权力都要受到监督，党内监督没有例外。目前，长江委尚未向委属二级单位党的组织派出纪检组或上收一级管理，监督留有一定空白，有的空白恰恰是要害部门。党要管党、从严治党要从这些关键部门和环节做起，不允许"灯下黑"。

推进全面派驻，必须实施组织制度创新。必须本着精简、高效的原则，坚持内涵发展、科学发展，盘活存量、优化结构、整合力量，使改革效益最大化。实现全面派驻，就要根据工作需要和业务关联性，围绕强化监督执纪问责创新制度安排，采取单独派驻和归口派驻相结合的方式。对系统规模大、直属单位多、监督对象广的部门，单独设置派驻机构；对业务相近相关或者系统规模小、监督对象少的部门，归口设置派驻机构。归口派驻改变了"点对点"的单一模式，让纪检组"吃一家饭、管多家事"，解决监督抹不开面子的问题。实行归口派驻的纪检组监督单位多、工作任务重，必须把有限的力量集中起来、攥成拳头，这样才能形成战斗力。

派驻机构作为新兴事物，涉及的领域广、部门多、情况复杂，不可能一蹴而就，必须把准方向、逐步推进。在实践中不断完善，及时总结经验，伴随着组织创新实现派驻监督的制度创新。

综上所述，在建设中国特色社会主义的新时代，进行伟大斗争、推进伟大事业、实现伟大梦想，必须毫不动摇推进党的建设新的伟大工程。在这个进程中，国有企业党组织决不能置身事外，必须把党章党规党纪挺起来、立起来、严起来，将全面从严治党与全面深化改革、全面依法治国有机结合起来，做好"破"和"立"这篇大文章，努力探索实现自我净化的有效途径，履行好管党治党的主体责任，实现思想建党、制度治党相统一。让国企全面从严治党的思路举措更加科学、更加严密、更加有效。

关于实施党员积分制管理工作的
初步探索和思考

赵　斌　李昆明

四川省水利厅

为推进"两学一做"学习教育常态化制度化，持续加强党员教育管理，进一步提升党员教育管理常态化、制度化、精准化水平，根据中共四川省直工委省直工委《关于印发〈省直机关开展"党员积分制管理"试点工作实施方案〉的通知》（川直工委〔2017〕79 号）精神，省水利厅机关党委积极行动，先后制定了《四川省水利厅党员积分制管理实施办法（试行）》和《四川省水利厅开展党员积分制管理试点工作实施方案》，对推进党员积分制管理作出了安排部署。2017 年 6 月 28—30 日，厅机关党委组织厅机关部分党支部、都管局、长葫局等 9 个积分制管理试点单位的同志，到云南省农业科学院实地考察学习了党员积分制管理工作的经验与做法。7 月 6 日，厅机关党委又召开了实施党员积分制管理工作推进会，在省水利厅全面推进实施党员积分制管理的试点工作。因这项工作是新型创新型工作，要在探索基础上总结经验，现对实施党员积分制管理有以下思考。

一、实施党员积分制管理工作的内涵和特点

（一）积分制管理工作的内涵

所谓积分制管理，就是用积分（奖分和扣分），对人的综合表现进行量化考核，然后再把奖罚措施与积分挂钩，奖励向高分

人群倾斜，惩罚向高分人群实施，从而激励人的主观能动性、约束人的违规行为，以充分调动人的积极性，推进各项工作的开展。积分制管理广泛存在于我们日常生活中，如超市购物积分、手机通信积分等奖励性加分，驾驶证扣分等惩罚性积分。

积分制管理制度普遍应用于企业的管理工作中，企业以积分来衡量员工的价值，反映和考核员工的综合表现，然后再把各种物质待遇、福利与积分挂钩，并向高分员工倾斜，从而激励员工的主观能动性，充分调动员工的积极性，实现企业发展目标。

（二）党员积分制管理的内涵

实施党员积分制管理工作，就是将党组织对党员的工作要求和纪律约束，通过对党员实行积分（奖分和扣分）的形式，进行量化考核，对党员进行精细化管理，促进党员发挥先锋模范作用，以实现合格党员"四讲四有"目标。

（三）党员积分制管理的特点

1. 量化性

对党员实施积分制管理，就要实现分值设置和考核过程的量化性，把定性工作定量化，实现量化考核、量化评比。一是按考核内容量化设置分值，有加有减，体现激励、体现惩罚；二是考核过程要量化，考核要便于量化考核打分；三是考核结果要量化积份，便于评比。

2. 易操作性

实施党员积分制管理的量化考核要简便易行，便于操作。要按照党章和"四讲四有"的新要求，科学制定积分制考核管理内容，完善考核管理程序，使考核管理内容具体化、标准化，管理程序精细化、规范化，要便于党员申报积分，便于积分管理员统计积分，便于党支部考核评分，尽量避免积分管理工作烦琐化、复杂化。

3. 公开性

实施党员积分管理要公开透明，发扬民主。坚持公开、公平、公正的原则，将考核管理情况全过程公开，每季度对党员积分情况进行公示，年底将党员年度积分进行公示，接受党员群众监督。

4. 激励性

实施党员积分制管理要以激发党员内在活力为目的，以积分量化党员考核，形成比、学、赶、超的浓厚氛围，激发党员内在活力。基层党支部把积分制管理工作与各项中心工作结合起来，可以做到"两不误、两促进"，使党员在不同岗位上开展的活动与党支部积分制定管理结合起来进行量化积分，让党员一切业绩都归集在"积分"的高低上，把党员的自觉动力与组织的工作安排有机结合，形成以党员积分制管理为抓手、各类活动载体为平台、党员自觉创造业绩的党员管理新格局。

5. 时代性

实施党员积分制管理要紧密结合当前的形势开展，一是要落实学习习近平总书记系列重要讲话精神和治国理政新理念新思想新战略，准确把握治国理政新理念新思想新战略的科学内涵；二是结合"两学一做"学习教育工作推进积分制管理工作，推进"两学一做"学习教育常态化制度化，加强党员教育管理，提升党员教育管理常态化、制度化、精准化水平；三是要把"四讲四有"的内容作为党员积分制的基本要求，对党员全面落实"四讲四有"要求、遵守党纪法规、严肃党内政治生活、参加学习教育、履行岗位职责和发挥党员先锋模范作用等情况量化标准、设定分值，不断增强党员"四个意识""四个自信""四个定力"，引导党员积极创先争优，做"四讲四有"合格党员，当干事先锋。

二、实施党员积分制管理的意义

实施党员积分制管理是推进"两学一做"学习教育常态化、

制度化的重要举措，是落实机关党建工作两大任务的重要手段，是破解机关党建工作难点的重要创新，是发挥党员先锋模范作用、做"四讲四有"党员的重要途径。

（一）实施党员积分制管理是推进"两学一做"学习教育常态化制度化的重要举措

实施党员积分制管理，以激励党员做"四讲四有"合格党员为目标，结合工作实际，以量化考核指标推动党员日常教育的管理成为新常态，能推进"两学一做"学习教育取得实效。

一是党员积分制管理和"两学一做"同步推进，相互促进。党员积分制管理同"两学一做"学习教育都以党支部为主体组织实施，根据党员具体情况，实行每人一张积分表，把党员纳入了党支部有效管理，确保积分制管理和"两学一做"全员参与。党支部把开展党员积分制管理作为"两学一做"学习教育的重要载体，作为加强党员日常管理的重要手段，作为落实"三会一课"制度的重要举措，进一步促进"两学一做"教育工作的开展。

二是党员积分制管理细化了"两学一做"标准。党支部把"党员积分制管理"与"两学一做"学习教育工作有机融合，把党员积分制管理作为党员履职尽责、发挥先锋模范作用、做合格党员的基本要求，采取量化考核方式，引导党员争做"四讲四有"合格党员。高标准、严要求推动"两学一做"深入开展，推动"两学一做"抓在日常、严在经常，一步一个脚印落实。

三是党员积分制管理可以检验"两学一做"的成效，完善积分申报、评定、公示、审核等流程，把积分作为党员民主评议、评先选优的重要依据，作为衡量党员是否合格的标尺，营造党员间互相评比、创先争优的良好氛围，激励党员更好地发挥先锋模范作用。体现学习教育"基础在学、关键在做"的实质，实现全面从严治党落实到每个支部、学习教育全员参与的基本要求。

（二）实施党员积分制管理工作，是落实机关党建工作任务重要手段

机关党建工作两大核心任务是"服务中心、建设队伍"。积分制管理既能从各党支部所担负职能职责来设置工作内容和量化考核标准，服务于机关和单位中心任务，有效促进中心工作的开展，又能结合党员岗位实际科学量化设置分值，较好解决了过去党员队伍考核就党建考核党建和粗放不细的问题，解决党员队伍建设的难题，能有效克服党建工作和业务工作"两张皮"的现象。

（三）实施党员积分制管理，是破解机关党建工作难点重要创新

党员积分制管理作为党建工作的创新工作方法，为基层党支部的党员管理注入了新活力，可以有效破解了基层党建工作中难题。

一是解决"三会一课"和党内组织生活质量不高难题。当前，基层党支部组织生活普通形式单一、内容单调，组织生活以学习文件居多，党员感觉组织生活枯燥，参与意识不强，积极性不高，有应付现象，党支部对党员参与组织生活也缺乏有效的制约手段。实施积分制管理，可以将党员参与活动的情况全部纳入积分范围，并采取定期公示和年底考评的方式强化工作监督，促使党员参与党组织活动的积极性得到提高，使党支部凝聚力、号召力得到进一步增强。

二是解决党员先锋模范作用发挥难的问题。实施积分制管理办法实施后，可以将党员做的每一项工作、所参与的每一项活动、所做的每一件实事都进行量化积分和考核，党员发挥作用的表现情况可以通过积分考核、以得分多少的直观形式来体现，党员个人对如何发挥先锋模范作用也有了具体方向，党员"提高积分，争当先锋"的意识大大提高，能促进了党员发挥先锋模范作用的积极性和主动性。

三是解决了党员量化考核难的问题。过去，对党员的考核一直是党支部的一件"难事"，年终评议往往凭票说了算，或者由支委会说了算，投人情票、凭印象考评在所难免，一方面影响了作用发挥好的党员的积极性，另一方面对表现一般的党员的"鞭策"作用难以发挥。实施党员积分制管理，党员无论是参加组织生活，还是履职尽责，为群众办实事、做好事，都有积分，党员所做的每件事都以"积分"的形式表现出来，并按照党员的积分情况，进行评定公示，切实增强了对党员评价的直观性、真实性和可操作性。

（四）实施党员积分制管理，是党员落实"四讲四有"要求的重要途径

在我们党 97 年的历史上，党员"合格"的标准在不同历史时期各不相同。在"两学一做"学习教育中，中央提出合格党员要做到"四讲四有"。"四讲四有"与我们党对党员的一贯要求相一致，充分体现了我们党对自身状况和面临形势任务的清醒认识，刻画出新的历史条件下共产党员先锋模范形象的"标准像"，赋予共产党员以新的时代内涵。党员积分制管理把"四讲四有"要求具体化，对"讲政治、有信念，讲规矩、有纪律，讲道德、有品行，讲奉献、有作为"内容的具体表现进行细化，落实到积分管理的基础分值中，保证党员践行"四讲四有"。如《四川省水利厅党员积分制管理实施办法》规定：基础分包括"四讲四有"四项内容，每项 20 分，满分 80 分，最低不低于 0 分。基础分项目是对一名合格党员的基本要求，主要考核党员"四讲四有"履行情况。四个项目均设置减分项，细化减分项目，四个单项分值均为 15 分以上的，可评定为"合格党员"，确保了党员践行"四讲四有"标准。

三、实施党员积分制管理途径和方法

实施党员积分制管理是党建工作方法的创新，关键是要加强领导，落实责任，发挥好党支部作用，建立良好的运行机制，加强督促检查和考核，形成积分制管理的长效机制，使积分制管理取得实效。

（一）实施党员积分制管理，首先要加强领导、落实工作责任

实施党员积分制管理必须明确各级党组织书记为积分制管理工作的"第一责任人"，认真履行管理治党的主体责任，落实好工作责任，明确党员积分管理具体人员，严格按照上级实施方案组织实施和开展监督管理，积分制管理才能落到实处。省水利厅机关党委从加强组织领导、落实主体责任、加强监督检查入手，建立了以厅机关党委牵头抓总、厅直各单位党委（总支）具体负责、各党支部组织实施的工作运行机制，明确责任、工作职责和具体要求，确保了积分制管理的各项工作任务落到实处。

（二）实施党员积分制管理，要发挥支部的主体作用

实施党员积分制管理工作，支部是工作主体。推进积分制管理工作，推进工作主体是党委，落实积分制管理的具体主体是基层各党支部，负责此项工作的党务工作者特别是党支部书记的思想认识、责任意识和工作能力直接影响到积分管理制度的落实，影响到积分制管理工作的成效。所以，各党支部书记要切实履行主体责任，调动支委一班人发挥作用，调动党员参与积分制管理的积极性，才能确保各项工作任务落到实处。

（三）实施党员积分制管理，制定积分制管理的实施方案是取得成效的基础

实施方案要符合实际，要针对不同工作岗位、工作对象、工作质量、工作能力细化制定不同实施方案。积分制管理要取得成

效，必须依靠分值设置的合理性、考核操作的规范性和兼顾公平的原则。制定分值和考核内容的依据要针对不同的对象、党员工作实际和管理实际设置考核内容，根据内容难易程度和党员分工不同设置考核与量化分值，才能使考核既体现全面又有侧重，既有激励又有惩罚，真正实现党员的有效管理，达到鼓励先进、鞭策后进。

（四）加强督促检查和考核，推动工作的开展

积分制管理是党建工作的新方法、新探索，需要各级领导加强督促和指导。省水利厅机关党委在实施方案中明确了要加强督促检查和考核，机关党委和厅直各单位党委（总支）将采取专项督查、调研、抽查等方式，不定期对各支部落实党员积分制管理情况进行督导检查，对工作落实到位、发挥作用明显的基层党组织及时给予通报与表扬；对思想上不重视、责任落实不到位、组织不力、效果不明显、流于形式、敷衍应付的进行通报批评，并对相关责任人进行问责，确保积分制管理工作在厅试点单位中落地落实。同时，将积分制管理工作列为党组织书记履行主体责任和党建述职的一项重要内容，确保了此项工作有序有效开展。

（五）总结经验，建立健全积分制管理的长效机制

对积分制管理这个新的工作方法，需要在试行过程中总结工作经验，改进实施过程中存在的问题，为下一步全面推进积分制管提供经验，探索建立健全积分制管理的长效机制。

总之，实施党员积分管理是推进"两学一做"学习教育常态化、制度化的新举措，是加强党员教育管理，进一步提高党员教育管理常态化、制度化、精准化水平的新方法，是落实"从严治党"要求、加强党员队伍管理的新探索。

有效把握运用监督执纪"四种形态"的调查与思考

贺良铸　肖　翔　汤进为　姚　莉　段一琛　张　虎

长江水利委员会监察局

监督执纪"四种形态"是挺纪在前的重大创新,体现了中央管党治党全面从严的精神和要求。党的十八届六中全会审议通过的《中国共产党党内监督条例》将监督执纪"四种形态"写入总则,及时将管党治党实践经验固化为制度成果,为全面从严治党向纵深发展提供了重要遵循。

近年来,长江水利委员会(以下简称长江委)围绕有效把握运用监督执纪"四种形态"进行了探索,委党组专门印发了《关于把握运用监督执纪"四种形态"、强化"抓早抓小"工作的指导意见》,各种形态的具体运用都取得了一些成效。为更加深入了解全委把握运用"四种形态"情况,总结经验、查找不足,提出有针对性的对策措施,不断提高把握运用"四种形态"的能力和水平,长江委纪检组监察局在全委范围内组织了一次把握运用监督执纪"四种形态"专题调研。

一、调研反映的基本情况

本次调研采取座谈交流、工作约谈、问卷调查等相结合的方式进行。共发放问卷 226 份,有效回收 208 份,覆盖 19 个部门或单位。在此基础上,对我委把握运用监督执纪"四种形态"的情况进行深入思考。

（一）对"四种形态"的认知情况

总体来看，在全面从严治党的新形势下，党员干部加深了对纪法分开、挺纪在前、关口前移的认识，大多数人对"四种形态"有一定程度的了解。问卷调查显示，71％的被调查者比较了解"四种形态"，93％的被调查者认为"四种形态"是对党委落实主体责任和纪委落实监督责任的具体要求和深化。在日常工作中我们也了解到，委属单位党委、纪委能够将把握运用"四种形态"作为落实管党治党责任的重要一环，按照中央和上级要求，有序推进。

但对"四种形态"的认识还不够深入。调查问卷显示，对"四种形态"的了解程度从高到低依次为纪检干部、各单位领导班子、党务干部、基层党支部书记、人事干部。这说明运用"四种形态"一定程度上还"只是纪委的事"，党组织如何加强统一领导，纪检、党务、组织人事等部门如何齐抓共管，"四种形态"的工作压力如何有效传递到基层党支部，还值得我们深入探究。

（二）"四种形态"实践运用总体情况

委属单位把握运用"四种形态"的情况总体良好。一些委属单位能够妥善处置巡察移交、信访举报反映的有关问题线索，及时采取了谈话提醒、诫勉谈话、纪律处分等方式，监督执纪工作较以往有明显提升。问卷调查也反映，81％的被调查者认为所在单位实践运用"四种形态"较好，能够及早发现党员干部身上的苗头性、倾向性问题，做到抓早抓小、动辄则咎、消灭于萌芽。90％以上的干部职工对本单位党委、纪委以及对党委书记、纪委书记把握运用监督执纪"四种形态"的情况表示满意。

（三）第一种形态把握运用情况

第一种形态指经常开展批评与自我批评、约谈函询，让"红红脸、出出汗"成为常态，第一种形态是实践监督执纪"四种形态"的关键。落实第一种形态，主要采取主责约谈、提醒谈话、诫勉谈话、谈话函询、召开民主生活会或组织生活会等方式，充分发挥批评与自我批评的作用。问卷调查中，78％的被调查者表示单位采用过提醒谈话的方式，选择单位采用过民主生活会或组织生活会、诫勉谈话、谈话函询方式的比例分别为66％、59％、33％，认为诫勉谈话、提醒谈话、民主生活会或组织生活会、谈话函询"效果明显"的比例分别为77％、75％、64％和60％，体现出不同方式在运用频率和运用效果上的差别。

需要指出的是，调研发现当前谈话函询这一方式采用不多，效果也相对不好。谈话函询是抓早抓小的重要手段，能够最大程度体现组织信任，消除党员干部抵触情绪，更愿意敞开心扉、说清问题，从而有则改之、无则加勉。对问题反映不实的及时了解反馈，可以澄清是非，还干部清白。但是由于对谈话函询的条件、程序、要求等把握不够到位，实践中采用较少，需要引起高度重视。

此外，对违纪违规党员干部的通报也是运用第一种形态的重要方式。委属单位这项工作开展得不多，问卷调查中26％的干部职工表示从未听到相关通报情况，这反映出各级党委、纪委有怕亮"家丑"的顾虑，对公开曝光违纪违规问题持比较谨慎的态度，"红脸出汗"不够深刻，"用身边事警示身边人"的作用还没有充分发挥。

（四）后三种形态实践运用情况

监督执纪"四种形态"是一个有机的整体，层层递进、相辅相成、宽严相济，共同发挥作用。用好用足"第一种形态"，决不意味着放松后三种形态的运用，而是要一把尺子量到底，对症下药，有什么问题就处理什么问题。

第二种形态是指党纪轻处分、组织调整成为违纪处理的大多数。对那些触碰党纪党规"底线"的，及时处理和纠偏，防止小错演变成大错。一些委属单位在运用第二种形态上开展过一些工作，对有关领导干部给予了纪律轻处分或组织措施。但问卷调查中仍有40％的干部职工表示没有听说过本单位有运用第二种形态的情形，说明委属单位在监督执纪力度不够，动真碰硬还有差距。此外，18％的干部职工认为组织措施运用不到位，领导干部能上能下做得还不够。

第三种形态是指党纪重处分、重大职务调整的成为违纪处理的少数。从掌握的情况看，纪律重处分、降职、解聘、解除劳动合同、辞退等第三种形态方式在我委运用得不多，问卷调查中超过半数的人没有听说本单位实际运用过第三种形态，这客观上反映了个别委属单位监督执纪工作偏松偏软的情况。

第四种形态是指严重违纪涉嫌违法立案审查的成为极少数。截至目前，有3家委属单位运用过第四种形态，当事人因涉及有关经济犯罪问题均被判处刑罚，体现了惩治腐败的高压态势。

（五）"四种形态"转化运用情况

监督执纪"四种形态"间的转化运用是当前的重点和难点，也是柔性化处置问题线索、体现组织关心关怀的关键点。"四种形态"的转化并不意味着可以随意降低标准条件，而是要考虑本人认错、悔错、改错的态度。但是目前在实际工作中，对"四种形态"的转化条件还把握不准。问卷调查也发现，9％的人不了解"四种形态"之间的转化条件，有4％的人认为单位监督执纪"四种形态"间的转化运用比较随意，还有26％的表示说不清楚。这说明做好"四种形态"之间的转化依然任重而道远。

二、把握运用监督执纪"四种形态"存在的问题和不足

现阶段我们把握运用监督执纪"四种形态"存在一些问题和不足。问卷调查结果显示，主要体现在尺度难度量（59％）、转化条件拿不准（48％）、拉不下脸面（29％）、党委管的还不够

（18%）等方面。这说明"四种形态"的思想认识亟待深化，监督执纪力度还需持续加大，方式方法还需不断创新，党组织履行运用"四种形态"的主责还需要进一步担起来，具体包括以下几个方面。

（一）思想认识不够精准到位

监督执纪"四种形态"是全面从严管党治党实现路径和方式的重大创新，通过对不同违纪形态的把握，层层设防，切实将防线提至"破纪"之初。但是目前存在两种错误倾向，一种是"大案思维"，认为只有重拳出击给了重惩，甚至立案审查，才算树了典型、出了成绩，小事小节不用去管；一种是"好人主义"，认为得饶人处且饶人，不及时提醒纠偏，等问题严重了再去处理，甚至存在"放水养鱼"的情况。这两种倾向都不利于正确运用"四种形态"。调研中委属单位普遍反映，"四种形态"的指标体系、运用标准、指导案例还不多见，学习理解、贯彻落实还需要一个过程，希望加强有针对性的培训指导。

（二）监督执纪能力存在差距

通过巡察和日常了解，发现委属单位党委、纪委在从严管党治党方面做得还不够，尤其是纪检监察"三转"不到位，工作多停留在学习教育上，真刀真枪开展监督执纪的能力不足，不善于处置问题线索，缺乏执纪审查经验，更谈不上善用党章党规党纪去教育挽救党员干部，使咬耳扯袖、红脸出汗成为常态。另一方面，与监督执纪"四种形态"相适应的配套机制也未建立，将其贯穿到纪检监察信访举报受理、问题线索管理、执纪审查和案件审理各环节还不够，难以体现"全面从严"的科学内涵。

（三）具体把握运用拿捏不准

把握运用监督执纪"四种形态"既是一项严肃的政治工作，也是一项细致的技术工作。准确把握运用"四种形态"，其核心在于把纪律和规矩挺在前面，首先就是要分清"未病""始病"

"重病"和"亡病"。不同的违纪尺度对应不同的形态，同一形态下又有多种处理方式，还可能涉及形态之间的转化运用，都需要结合实际情况，有针对性地加以确定。目前，委属单位普遍对党员干部违纪程度的判断度量和处置方式的选择存在困惑，对"四种形态"的使用界限把握不准，有的甚至把"四种形态"割裂开来，只强调某一种形态而忽视其他，使其效果大打折扣。

（四）主体责任意识有待深化

监督执纪"四种形态"是对党委落实主体责任和纪委落实监督责任的具体要求和深化，党委纪委都要抓。在具体运用中，无论是批评教育、组织处理，还是立案审查、纪律处分，都要由党委亲自领导决定和组织实施。目前，把握运用"四种形态"一方面存在"党委挂帅、纪委出征"的情况，甚至有的人认为"四种形态"就是对纪委提出的要求，与党组织无关；另一方面呈现上热下冷、层层递减的趋势，特别是基层党组织普遍存在认识不够到位、理解不够全面、行动缺少自觉的现象。这些片面做法不利于传导管党治党的责任压力，弱化了党员干部的教育、监督和管理，制约了"四种形态"效果的进一步发挥。

三、更好实践运用监督执纪"四种形态"的对策建议

监督执纪"四种形态"的提出，对党员干部来说，要求不是放松了，而是更严了；对党风廉政建设和反腐败工作来讲，任务不是减少了，而是增多了。把握运用"四种形态"没有现成经验可以借鉴，必须保持政治定力。结合我委党风廉政建设工作实际，从以下几个方面着手加以推进。

（一）统一思想认识

党的十九大指出，要持之以恒正风肃纪，坚持开展批评和自我批评，坚持惩前毖后、治病救人，运用监督执纪"四种形态"，抓早抓小、防微杜渐。监督执纪"四种形态"是高标准、高要求

和高境界的统一，必须加强学习，有针对性地提高思想政治水准和政策把握能力。这不是一日之功，也不可能一蹴而就，要紧密结合党的十九大精神和修订完善的各项党内制度法规，经常性地采取讲党课、专题讲解、文章解读、干部培训等多种措施强化监督执纪"四种形态"的宣传教育，使广大党员干部特别是党员领导干部充分理解"四种形态"的深刻内涵。对纪检监察部门而言，最重要的是使职责回归党章要求，聚焦监督执纪问责的主责主业，改变不重视小节、小毛病，忽视政治纪律和政治规矩、组织纪律等惯性思维和方式，从思想根源上更加重视抓早抓小抓预防，当好政治生态的"护林员"。

（二）夯实责任担当

用好"四种形态"离不开落实"两个责任"保驾护航。要牢牢牵住管党治党"两个责任"这一牛鼻子，围绕严肃党内政治生活，强化党员干部日常教育、监督和管理，严肃开展执纪问责，将把握运用"四种形态"的各项任务落细落小。各级党组织要切实负起主体责任和全面责任，推动全面从严治党的责任压力传导。各级党组织书记要敢于拉下脸面，带头开展批评和自我批评，促进红脸出汗常态化。各级纪检监察部门要履行党内监督专责，用纪律的尺子一量到底。各级组织人事部门也要围绕"四种形态"提供组织保障，抓好防止干部"带病提拔"、领导干部报告个人有关事项以及谈话、函询和诫勉等制度规定的落实。各级党务部门要加强"三会一课"、民主生活会、民主评议党员、谈话谈心等制度的监督检查，确保党的组织生活规范有序。

（三）完善监督方式

有效的监督方式是落实"四种形态"理念的重要载体，只有监督到位、"触角"灵敏，才能有效阻断违纪进程。对党员干部身上存在的问题做到早发现、早提醒、早处置是最大的爱护。早发现，就是瞪大眼睛、拉长耳朵，及时发现苗头性、倾向性问题；早提醒，就是发现问题后早一点打招呼，进行真诚善意的提醒、推心置腹的交流，使问题及早得到纠正；早处置，就是对反映的一般性问题进行函询、谈话、诫勉，没有发现的问题予以了结澄清，以便有关同志放下包袱、轻装上阵。加强职能监督是完善监督体系的重要内容，有关职能部门要"既抓业务也抓廉政"，抓好本领域、本行业的日常监管。要用好巡察这一监督手段，做好对党组织的"政治体检"，发现问题及时整改。要逐级建立领导干部廉政档案和廉政信息库，综合运用纪检、人劳、信访、审计、巡察等渠道掌握的信息，强化监督成果的有效运用，让"四种形态"体现到"严管厚爱"的具体实践之中。要建立健全以"三个区分开来"为内容的容错纠错机制，保护党员干部干事创业的积极性。要积极完善与"四种形态"相配套的考核、问责机制，适时研究制定运用"四种形态"的具体细则，形成一整套措施细化、操作性强、管用务实的办法和流程。

（四）改进执纪方式

执纪审查是当前纪检监察部门的主要任务。要按照"四种形态"的要求，明确执纪重点、规范执纪程序、转变执纪方式，树立"严管即是厚爱，放任就是失职"的认识，对日常发现或听到的问题线索，不因小而不为，紧紧扭住"常态"不放，开启全天候"探照灯"。要见人、见事、见细节，根据干部的具体情况"对症下药"：可能存在问题隐患的，就通过谈话提醒及时进行预警；对走上新岗位的干部，要进行集体或者个别廉政谈话，提出纪律要求；对问题轻微的干部，要进行约谈函询，严肃批评教育，及时警示；对已经出现问题，但还没有发展到严重程度的干部，要给予诫勉，避免"小洞不补，大洞吃苦"。要更加重视纪律轻处分和组织处理措施的运用，重点突出违反"六大纪律"特别是违反政治纪律和政治规矩、组织纪律、廉洁纪律和违反中央八项规定精神的问题，以"三类人""三个时间节点"为重点，越往后执纪越严。在确保质量的前提下,审查方式要由"深挖细查"向"快查快结"转变,在信访举报受理、问题线索管理、执纪审查和案件审理等环节,都要以"四种形态"为标准,妥善分类,区别处理。要有理、有利、有节地做好"四种形态"间的转化,体现"惩前毖后、治病救人"的基本方针,维护风清气正的政治生态。

推进"两学一做"学习教育活动常态化、制度化研究

——铝业公司实施"微党课"推进"两学一做"学习教育实践与初探

苏　平　　崔琴霞　　谭凤华　　朱征奎　　张丽麟

彭　亮　　李阿虹

汉江水利水电（集团）有限责任公司

2016 年 2 月，中共中央印发《关于在全体党员中开展"学党章党规、学系列讲话，做合格党员"学习教育方案》，在全党全面启动"两学一做"学习教育。时至今日，在推动党内教育从"关键少数"向广大党员拓展、从集中性教育向经常性教育延伸的重要实践中，党员们的党员意识被重新唤醒，在党意识被慢慢重建，先锋模范作用被碰撞激发，学习教育正走上常态化制度化的轨道，"两学一做"的成果正日渐显现。

"两学一做"学习教育，"两学"是前提和基础，而"做"是"学"的实践和影射，所以"做"之前要学深悟透，才好搞明白为什么做、怎样去做。在"学"的部分，笔者认为重点是上党课。党课作为党员接受日常教育的基本形式，以上课讲授的形式传道授业解惑，如同学生在学校听讲，形式直观、内容丰富、效果明显。并且，在创新思维的推动下，近年来在党课实践中应时而生的一种党教新载体，被称为"微党课"。"微党课"时间短、内容精，运用小的事例阐述宣讲大道理，给人启发、产生共鸣，

克服了传统党课冗长、枯燥、实效差的弊病,受到了党员们的欢迎。本文中,笔者将以铝业公司实施"微党课"推进"两学一做"学习教育的教育实践,对党员日常教育常态化、制度化进行一次粗浅的探讨。

一、铝业公司实施"微党课"推进"两学一做"学习教育常态化、制度化的立题背景

铝业公司作为汉江集团最大的全资子公司,现有基层党支部22个,在册党员863名。从总体上看,经过一年的学习教育,各基层党组织和广大党员对"两学一做"学习教育的认识有了质的升华,态度更加积极主动。但也毋庸讳言,由于受以往党内集中教育活动惯性思维的影响,一些基层党组织和党员对"两学一做"学习教育还存在不少认识上的偏差,认为"两学一做"只是阶段性的任务,没有做好长期开展这项工作的思想准备。表现在党课教育上面临着诸如"形式老化、功能虚化、功效退化"等情况的挑战,从而使党课教育流于形式、欠缺实效,已成为制约推进"两学一做"学习教育活动常态化、制度化中"两学"实效性的"短板",具体表现在以下几个方面。

(一)教育内容单一,缺乏创造性

一些基层党支部将党课仅局限于学习党建理论、党的会议精神、领导讲话、上级文件等,有"看看纪录片、书记念文件""台上念精神,台下打瞌睡"现象。还有的甚至把党课与其他会议混为一谈,变成工作总结会或布置会,用业务学习取代上党课,而对广大党员群众关心关注的热点、疑点和焦点问题视而不见,使党课教育的内容脱离时代发展和党员的思想需求,缺乏应有的时代特征和创造性。

(二)理论脱离实践,缺乏针对性

对党的路线、方针、政策及上级的各项决议等具有宏观指导

意义的理论，不能结合本单位、本支部的实际情况去宣贯，而是照本宣科，缺乏对本支部党员现状的动态了解和分析，缺少对党员思想中带有普遍性、倾向性的问题的解决，给人一种"空中楼阁"的感觉，失去了党课的针对性，从而失去"两学一做"学习教育的根基。

（三）教育方法单调，缺乏灵活性

调研中发现，有些基层党支部上党课时不注意教育方法和手段的改进，沿用"一人台上讲、众人台下听"的"填鸭"式传统教育形式，讲课者"口干舌燥"，听课者"食之无味"；有的很少或干脆不使用多媒体，使听课者处于从属被动的地位；还有的召集缓慢、安排松散，有"召集要一天，半本书要读一年"现象。无形之中降低了党员参学的积极性，使讲课者与听课者之间产生了距离，不能形成强烈的共鸣，讲不清楚、听不明白的情形时有发生，失去了"两学一做"学习教育的效能。

二、铝业公司实施"微党课"推进"两学一做"学习教育常态化、制度化的主要做法

基于以上分析，铝业公司牢牢把握"基础在学、关键是做"这一关键，在各基层党支部和党员中倡导实施了"微党课"活动，既抓住"关键少数"，又管住"绝大多数"。在激发"学"的兴趣上下功夫，切实把全面从严治党的责任和压力传导到"神经末梢"，把党的理论养分和思想力量输送到党的肌体每一根"毛细血管"和每一个"细胞"，让党章党规和习近平总书记系列重要讲话精神深深刻印在每个党员的脑海里，体现在每个党员的行动上，力求推进"两学一做"学习教育常态化、制度化工作"做到家"。

（一）科学规划、系统谋划，确保"微党课"教育有序开展

为确保"微党课"教育工作的顺利实施，公司党委专门制定

下发了《铝业公司关于"两学一做"学习教育的具体安排》《关于开展"两学一做"学习教育微党课评选的通知》,对授课内容、授课形式、授课组织等都作出安排,为基层党支部如何开展好"微党课"教育指明了方向。

1. 统一思想,明确授课内容

公司倡导实施"微党课"注重从"小切口"体现"大主题",要求内容新、形式活、效果实。各基层党支部指定本党支部党员作为"微党课"授课人,把"话筒"交给普通党员,内容可多样化,包括党章、党史、党规、党纪、形势任务、党和国家方针政策、读书体会和先进模范事迹、社会主义核心价值观教育等内容。主题宜小不宜大、宜近不宜远,可选取一个点或面进行讲授,但要结合自身的工作、思想、学习、生活实际,运用小的事例来阐释、宣讲大的道理。讲课题目和内容由单位党支部书记进行审查确认。

2. 统筹安排,明确方法步骤

"微党课"以基层党支部或党小组为单位实施,按照三个环节进行。在授课准备方面,基层党支部党员结合自身实际,选择意向课题,向党支部提交授课提纲,撰写教案并上报党支部把关;在授课组织方面,每堂"微党课"掌握在8~10分钟,主讲党员要围绕主题,采取案例教学为主、重点突出的讲解。党支部(党小组)负责人作为"微党课"的主持人,要点明主题、引导发言,串连内容;在授课评议方面,每次"微党课"结束后,党支部及时组织"课后讨论交流""分组辩论""党员点评"。学习成果还可以通过 QQ 群、微信群相互分享,使当班或业务繁重的党员在空闲时间可以"补课"和投票打分,作出客观评价。

(二)支部引导、党员自讲,实现"微党课"教育百家争鸣

各基层党组织结合实际积极组织实施,广大党员就地取材、动态组织、取得了良好的效果。

1. 授课人员大众化

"微党课"教育实施后，广大党员积极变身参与者，人人进入角色。"微党课"不再是支部书记"唱独角戏"，解决了以往普通党员在接受党课教育中存在的"听得多、看得多、思考少、参与少"的问题。为确保授课质量，有的党员借阅《习近平总书记系列讲话重要读本》进行充电；有的党员让家人帮着查资料，尽量使备课内容充分和翔实；也有的党员备课后在家中练习试讲，让妻子或丈夫当听众，帮着指导，提升讲课能力与效果。

2. 授课形式多样化

在"微党课"中，公司各基层党组织充分利用信息化手段与传统党员教育相结合，提升了微党课教育的有效形式。如公司辅修车间党支部在实施"微党课"教育活动中，先后建立了手机短信平台、党员 QQ 群、党员微信等多种新型载体，每次党课结束后及时将授课内容和相关资料进行上传，确保每一名党员随时随地都能进行学习。在公司动力车间党支部开展的党课教育上，不像往常一样带领大家学习书本知识，而是用学习室多媒体设施让党员们收看《当代雷锋郭明义》等电教片；在公司仓储质检中心党支部开展的"微党课"学习会上，党支部利用自身优势，设计制作了《初心不改，做合格党员》的 PPT 课件，在授课过程中插入动画、视频和"身边人身边事"活动图片等相关内容，给大家呈现了一场精彩的党课，党员们易于接受，富有感染力。

（三）创新载体、规范主题，确保"微党课"教育深入推进

公司党委对实施"微党课"教育进行总体策划，公司党务工作部进行业务指导，基层党支部具体组织实施。

1. 举行授课比赛

公司以"讲党性、提素质、作表率"为主题，举行"微党课"授课比赛活动。公司共有 12 个基层党组织参加了比赛。为确保评比效果，公司专门制定了评分标准，每名选手授课完毕后，由评委对授课情况进行现场打分，并由公司党委书记进行点评，赛出了推进"两学一做"学习教育的生机与活力。

2. 刊发优秀讲稿

"微党课"作为公司推进"两学一做"学习教育活动常态化、制度化工作的一项创新，做好讲稿整理、编发，对于指导各基层党支部灵活开展党员教育具有重要意义。公司利用《丹江铝业报》刊发以"我身边的好党员""有段党史很感人"等为主题、反映广大党员思想火花的优秀"微党课"讲稿，刊发的这些讲稿全部出自基层党组织的普通党员之手。有的从党员身份出发，谈认识、讲体会，抒发对党的真挚感情；有的立足于安全生产，着眼于工作实践，阐述加强党的基层组织建设和党员作用发挥；有的以学树典型、颂扬楷模为切入点，倡导创先争优；也有的联系中华民族伟大复兴的梦想，畅谈一个普通党员的中国梦。这些党课文集凭借"主题聚而精，切入小而巧，架构简而清"的特点，秉承"以小见大、见微知著"的风格，将党课"宣传党的知识，启迪党员思想"的主旨继承好、发扬好，让每一名党员和职工从中受益。

三、实施"微党课"推进"两学一做"学习教育常态化、制度化的启发与体会

一堂堂微党课，发挥"以讲带学、以讲促学"的作用，推动"两学一做"学习教育常态化、制度化工作深入开展。具体表现在以下三个方面。

（一）丰富了"两学一做"学习教育形式，增强了党课教育的吸引力

"微党课"教育改变了以往"两学一做"学习教育内容单一、方式单调、教与学难以共鸣的问题，党课内容不再是"讲着受累、听着乏味"的长篇大论和空洞深奥的说教。在实施过程中，

人人是教员，个个是学员，教学相长，实现从"长篇大论"到"短小灵活"，"单一性"到"多样化"，"灌输式"到"互动式"的转变，使党员参加"两学一做"学习教育的积极性空前高涨，同时使"大块头"的党课教育通过短、平、快的方式"化整为零"，组织起来"船小好调头"，达到了每月一次专题党课常抓不懈的目标，促进了"两学一做"学习教育常态化、制度化工作的落实。

（二）创新了集中性教育的成功经验，激活了党员增长知识的自学力

微党课是党员自我教育、互动教育的良好载体，因为讲党课的党员都有一个围绕主题、查找资料、消化内容、提炼观点、确定思路、进行讲演的过程。许多讲过课的党员反映，为了备好党课花了不少时间在网上搜索、到书刊报纸中查资料、撰写讲稿和制作课件，学到了平时难以学到的东西。这就改变了以往普通党员主动学、自觉学不够的问题，也解决了在党课教育中普通党员被动参与的问题。在实践中，许多党员感到他们的写作能力、口才及理论水平均得到了提高。微党课教育以党员自我教育的形式，达到了以科学的理论武装人、用先进的思想引导人的目的，也是增强党性的有效途径，达到了"两学一做"的学习教育效果。

（三）搭建了"学""做"结合平台，提升了关注企业发展的参与力

"微党课"教育活动的实施，进一步激发了广大党员的工作积极性和创造性。在公司节能减排、修旧利废、提质降耗、技术创新、节能减排、安全生产等工作中，广大党员充分发挥先锋模范作用，攻坚克难，影响带动了全体员工。2016 年在外部经济持续下行的严峻形势下，公司突破了关停 7 万吨产能的困局；公司新项目丹发铝材公司双零箔坯料产销量再创新高，取得了投产两年达产达标、第三年盈利的好成绩；铝业公司也在连续亏损多年后实现年度扭亏为盈，呈现出班子团结、队伍稳定、协力向上的良好发展态势。

"微党课"找到了一条体现时代要求、满足党员需求、提高"两学一做"学习教育实效的新路子。今后，公司党委将把实施"微党课"推进"两学一做"学习教育常态化、制度化的好做法、好经验用制度形式固化下来、坚持下去，不断推动"两学一做"学习教育走深走远，取得实效和长效。

水利科研院所培育和践行社会主义核心价值观的路径探析

李　健　张晓红　李　媛

南京水利水电科学研究院

党的十九大把"坚持社会主义核心价值体系"作为新时代坚持和发展中国特色社会主义的基本方略之一，提出必须坚持马克思主义，牢固树立共产主义远大理想和中国特色社会主义共同理想，培育和践行社会主义核心价值观。社会主义核心价值观是社会主义核心价值体系最深层的精神内核，是现阶段全国人民对社会主义核心价值观具体内容的最大公约数的表述，具有强大的感召力、凝聚力和引导力。水利科研院所作为培育和践行社会主义核心价值观的重要阵地，要积极引导水利科研工作者践行社会主义核心价值观，不忘科技报国为民的初心，牢记科技治水兴水的使命，凝心聚力、砥砺奋进，努力为新时代中国特色水利现代化提供有力科技支撑。

一、培育和践行社会主义核心价值观的新时代意义

社会主义核心价值观是在中国社会主义建设和改革开放的实践中形成的关于社会主义价值本质相对稳定的价值理念，是对中国优秀传统文化的继承和发扬，是对外来优秀文化的吸收和整合，具有强大的整合力、凝聚力、引导力，是构筑中国精神、中国价值、中国力量的重要组成部分，更是促进新时代中国水利事业的精神力量。

（一）社会主义核心价值观具有整合力

社会主义核心价值观凝聚着党、国家、民族和个人的愿望与诉求，它深深植根于社会内部的价值认知，是全体社会成员根本利益的反映，能够唤起人们强烈的认同感，是整合、协调、容纳、主导多元价值的有力文化武器。水利科研工作者具有学历高、视野广、思想活跃的特点，在我国水利科研向世界一流科研目标迈进的进程中，与国外交流日益密切，其中不免夹杂一些西方不良文化，对科研人员的思想产生一定的干扰，造成思想的混淆与彷徨。社会主义核心价值观吸收、借鉴、整合了各种优秀思想文化，既顾及思想文化的多元与差异，又能引领和整合个人的思想道德境界不断提升与进步；既展现了社会发展的价值规则与目标，又将个人层面的价值规范纳入社会关注的视野，将个人理想与社会理想有机结合，相得益彰。

（二）社会主义核心价值观具有凝聚力

社会主义核心价值观虽然不具有法律规章的"强制力"，但是，核心价值观作为意识形态层面的主导文化，为全社会所认知、认同和践行，拥有了共同的价值标准和价值目标，人们的行为就有自觉的导向，产生强大的凝聚力和向心力。实现中国特色水利现代化、建设美丽中国，是每个水利科研工作者的目标，推动中国水利科研达到世界一流先进水平，更是每个科研工作者的梦想。要实现目标，就需要以社会主义核心价值观为引领，增强科研人员对我国水利历史的了解，加强对我国现阶段水利方针、政策的认识，从理性认知上升为价值认同，激发对我国水利事业的热爱，增强对我国水利事业与科研进步的自豪感，提高科研人员水利科技创新的责任感与使命感，凝聚起所有水利科研工作者的强大精神力量。

（三）社会主义核心价值观具有引导力

核心价值观是整个社会运行和人们思维行为的"自律"原

则，能在人们的思想观念中形成清晰的理性指向，使人们在实践行为中受到明显的导向作用。社会主义核心价值观为人们提供了明确的行为导向和精神支持，也是水利科研工作者的行为指南。认同社会主义核心价值观能提高水利科研工作者的思想觉悟，坚定理想信念，将个人科技创新的理想引导到促进水利科研进步上来，从而推动我国水利事业不断发展。

二、水利科研院所培育和践行社会主义核心价值观的困境

（一）理论认知不深入

理论认知是人们社会实践和精神活动的前提，制约着人们对客观事物本质的认识，是社会主义核心价值观培育的思想基础。社会主义核心价值观是社会主义思想文化、意识形态、道德规范的综合体，是对社会主义国家精神、社会理念和公民道德的抽象概括。培育社会主义核心价值观是一个由内在信念转化为现实行为的过程，这一过程离不开理论认知的推动。虽然水利科研院所已结合"党的群众路线教育实践活动""三严三实""两学一做"开展了学习教育，但对于社会主义核心价值观的理论认知还缺乏系统性、深入性。对社会主义核心价值观的时代背景、客观要求与现实意义缺少宏观与全面了解；对社会主义核心价值观多向度、多层次、开放包容的内在逻辑缺乏深刻把握；对社会主义核心价值观的理论学习还需进一步加强。

（二）缺乏价值与情感认同

社会主义核心价值观培育不仅要解决知与不知的问题，更要解决信与不信的问题，这就涉及对核心价值观的价值认同与情感认同。弗洛伊德指出：认同是"个体或群体在感情上、心理上趋同的过程"。价值认同既有外部因素影响下的强制认同，又有与接受者的追求目标和价值取向相一致或趋同的自觉认同。目前，

水利科研院所在引导水利科研工作者在自觉认同方面还有所欠缺。习近平总书记强调指出"一种价值观要真正发挥作用，必须融入社会生活，让人民在实践中感知它、领悟它"。在学习核心价值观过程中，有些科研单位还没有找到核心价值观与科研工作者工作在学习上的最佳结合点，没有找准其与科研工作者在情感上的共鸣点。

（三）学习教育方式针对性不强

培育和践行社会主义核心价值观是一个长期的过程，要不断加强学习，使之入脑入心，真正达到"内化于心，外化于行"。水利科研工作者的工作有其行业独特性，平时科研任务重、出差多、流动性大，有的长期工作在水利工程建设一线，有的长时间在野外或国外进行调研；水利科研工作者个体间也存在较大差异，文化程度、知识结构、原有经验、价值观念等不尽相同。对水利科研工作者的学习教育还存在"一刀切"现象，导致在学习教育方面缺乏层次性、针对性，在宣传方面缺少丰富性、灵活性。

三、培育和践行社会主义核心价值观的路径

（一）找到着力点，提高理论认知

理论认知决定着理论的科学性和合理性，是价值观认同的基础，要加强对科研工作者的理论教育，提升理论认知水平。把培育和践行社会主义核心价值观作为科研院所强基固本的基础工程，坚持常抓不懈。结合工作实际，采取党委中心组扩大学习班、中层干部培训班、邀请专家讲座、观看录像、网络学习等方式，集体学与个人学结合、"线上学"与"线下学"结合，开展多形式、分层次、全覆盖的学习教育，深刻理解社会主义核心价值观的内涵和意义，提高科研工作者的思想水平和精神境界。

（二）找准共鸣点，增强情感共鸣

哈贝马斯认为："认同归于相互理解、共享知识、彼此信任、

两项符合的主体之间的相互依存。认同以对可理解性、真理性、正当性、真诚性这些相应的有效性要求的认可为基础"。培育和践行社会主义核心价值观要找到与科研工作者情感、思想、价值的共鸣点，才能强化社会主义核心价值观在水利科研院所的影响力和感染力。一是开展丰富活动，增强感染力。以"世界水日""中国水周"、"12·4"国家宪法日以及水法律法规颁布纪念日为契机，开展集中宣传活动。积极组织科研工作者在烈士纪念馆、博物馆等爱国主义教育基地参观学习，通过现场丰富的图片资料与实物遗址，给科研工作者带来更为强烈的视觉冲击，从情感上引发爱国主义共鸣。二是挖掘身边的榜样，强化价值认同。开展"最美水利人""最美科研人"的活动，深入挖掘水利科研院所中典型杰出的科研工作者，他们用自己的言行生动诠释了社会主义核心价值观，由于他们都是我们身边的人，更容易被周边的人所认同、所模仿。三是加强水利历史学习，增强自豪感。通过学习培训班、专家讲座、座谈讨论、"三会一课""两微一端"等方式，深入学习宣传我国水利事业取得的成就，尤其是新时期我国在水利工程建设、水利科技创新等方面的突出成绩，参观水利史馆、水利工程、水利风景区等，增强科研人员的自信心和自豪感。

（三）把握结合点，引导科研人员做表率

挖掘和把握社会主义核心价值观与科研人员工作的结合点，引导科研人员在工作中争做表率。大力弘扬"献身、负责、求实"的水利行业精神，以社会主义核心价值观为引领，继承和发扬老一辈水利科技工作者无私奉献、献身水利事业的精神，秉承求真务实、开拓创新的品质，引导科研人员充分发挥科学技术水平高、逻辑思维严谨、专业知识深厚的优势，潜心研究，不断提出新理论、开辟新领域、探寻新路径，在攻坚克难中追求卓越；突出"三个面向"，不断教育引导科研人员把个人理想融入国家富强、民族振兴、人民幸福的伟大事业之中，把个人工作融入服务国家经济社会发展需求之中，聚焦国家经济社会发展需求，充分发挥科研人员在解决工程关键技术问题上的突出能力，为国家水安全、水生态、防洪风险控制、水电开发、核电及新能源开发等重大工程解决关键技术问题。引导科研人员充分发挥科技支撑作用，在抗震救灾、抗旱减灾、抗洪抢险中，奋勇争先、冲锋在前、争做表率。引导科研人员坚持自主创新，勇攀科技高峰，在加快建设创新型国家新征程中更加奋发有为。

党的十九大指出"要以培养担当民族复兴大任的时代新人为着眼点，强化教育引导、实践养成、制度保障，发挥社会主义核心价值观对国民教育、精神文明创建、精神文化产品创作生产传播的引领作用，把社会主义核心价值观融入社会发展各方面，转化为人们的情感认同和行为习惯。"这一新的论述是对新时代培育和践行社会主义核心价值观的新部署、新要求。水利科研院所要将社会主义核心价值观融入水利科研的工作和精神领域，使之成为引导和动员水利科研工作者共同奋进的认同力量，充分发挥核心价值观的整合力、凝聚力与引导力，为水利事业发展凝聚磅礴力量。

国有企业党的建设应着眼"四个效应"

陈印辉

湖南省澧水流域水利水电开发有限责任公司

习近平同志在全国国有企业党的建设工作会议上指出，坚持党的领导、加强党的建设，是我国国有企业的光荣传统，是国有企业的"根"和"魂"，是我国国有企业的独特优势。随着党情、国情、世情的不断发展，以及国企改革的不断深化，党建工作已然成为国有企业"一号工程"。笔者以为，做好新常态下国有企业党建工作，必须着眼"四个效应"。

一、增强思想政治引领，防止"蝴蝶效应"

随着互联网技术的深入广泛应用，网络已经成为了重要的"舆论场"。人人都有麦克风的时代，任何公共事件都有可能刮起网络舆论场的风暴。某些所谓"大V"或"意见领袖"发布的一些不负责任的帖子，往往卷起负能量的"黑色风暴"，抹黑党组织，抹杀"主旋律"。因此，我们必须牢牢掌握意识形态工作主动权，在加强国有企业党的建设中，充分发挥"互联网"思维，抓住三个"点"，要抢占舆论"制高点"，充分利用好"两微一端"新媒体平台，积极打造"智慧党建"系统，在网络中多发声、敢发声、善发声，唱响主旋律，发出好声音，积极打造网上"红色阵地"。要敢于对各类"噪声""杂音"亮剑，不躲不避，旗帜鲜明地进行抨击、鞭笞。要突出快、准、稳，注重时间点，坚持引领舆论、提前介入，而不是被动应付。要紧跟职工"关注点"。思想政治工作要避免虚化、弱化、说教化等毛病,多接地气,多关注职工群众的"关注点",在热点、焦点问题的处理中,潜移默化地开展思想政治工作。要重点对一些职工群众关注的民生"难点"问题紧跟不放,通过建立"总经理接待日""工会主席接待日"等机制,把思想做在关键处,把问题摆在明面上,争取职工群众理解,斩断"蝴蝶翅膀"。要纾解矛盾"冲撞点"。在深化国企改革中,各类利益诉求交织,各类群体矛盾碰撞,一不小心就会造成难以收拾的局面。要坚持"三会一课"制度,增强党组织和党员干部的话语权,充分发挥职工代表大会职能,积极推进党务公开、司务公开、厂务公开,引导职工在维护大局中考虑问题,在促进发展上表达诉求,科学决策、民主决策、法制决策,拔掉热点、焦点、难点问题的"爆破栓"。

二、推进党建供给侧改革,防止"边际效应"

边际效益递减效应在经济学和社会学中同样有效,在经济学中叫"边际效益递减率",在社会学中叫"剥夺与满足命题"。党建工作也避免不了会产生边际效应。要最大限度地防止党建工作边际效应,就应该不断推进党建供给侧改革。要推进党建平台改革,充分发挥"互联网+党建"模式,积极打造"智慧党建",不断推动线上线下两个红色阵地建设。要全面构建"两微一端"新党务工作平台,建设维护好党员信息系统,探索开发党建工作APP,着力打通党建工作"最后一公里",促进党员教育管理的便捷化、实时化。通过党建工作平台创新,提高党建工作时效性和实效性,增强党建工作的吸引力。要推进党建形式改革。在传统的开会读报学习等党建工作形式基础上,不断创新党建工作形式,推动形成"室内室外相结合,听说读写相融合"的新模式,通过主题党日活动等组织党员走出户外,开展寓教于乐的主旋律活动,或者到红色教育基地接受红色教育,或者组织党员观看廉政电影等接受警示教育。通过创新"三会一课"模式，让党员尤其是普通党员参加学习，讲党课，领会上级精神，写学习心得等，通过创新营造平等和谐的党内生活氛围。要推进党建考核改革。创新考核方法，把年终党建考核和日常党建督查结合起来，分阶段赋分。创新考核内容，根据各单位不同情况，分门别类进行考核，如工程项目党建考核，产业发展党建考核，机关智慧党建考核等。创新考核体系，把常规工作、重点工作、特色工作结合起来统筹考核。创新考核奖惩，牢固树立"党建工作是第一大政绩"导向，在提拔任用、薪酬晋级时优先考虑党建工作先进人员；对考核连续排名靠后的，由上级党组织对支部负责人进行约谈，直至岗位调整。

三、织密党建制度体系，防止"破窗效应"

俗话说：无规矩不成方圆。对于一个拥有 8900 多万党员的政党而言，要管理好这么庞大的党员群体，光靠急风暴雨式的"整风运动"和"一阵风"式的专项治理肯定是难以为继的。习近平同志指出："铲除不良作风和腐败现象滋生蔓延土壤，根本上要靠法规制度。"扎紧制度笼子。始终坚持以党纪党规来管党治党，结合企业实际，在工程建设等重点部位、在财务管理等重点环节、在人事任用等重点区域嵌入党的领导，加强党的建设。重点完善"三重一大""党组议事规则""民主集中制""党务公开"等制度，以不断加强权力监督，确保权力阳光运行。要把"三会一课"、谈心谈话、民主评议党员、党员党性分析等制度嵌入到企业日常管理中，按规定召开民主生活会，定期召开党员组织生活会，完善党内基层选举制度，严格执行换届制度，深入推进党务公开，营造民主治企的良好氛围。维护制度刚性。要坚持挺纪在前、违纪必究，切实维护制度刚性。法规制度的生命力在于执行，不能成为"稻草人"，如果无法执行，只停在纸上、挂在墙上，那就成了绣房里的花枕头——摆设。制度一旦成为摆设，就会产生"破窗效应"。必须坚持以"零容忍"的态度对违反党纪法规的行为进行惩处，不留"暗门"、不开"天窗"，不以位高而破规，不以事小而姑息，不以众犯而放任，不折不扣地将纪律规矩落到实处。坚持以上率下。"设矩者要先循规"。纪律和规矩意识是对一名合格党员最根本的要求。"己所不欲勿施于人"。党员领导干部是企业规章制度的制定者、践行者、执行者、推动者，必须要带头讲规矩、守纪律，修好遵章守纪这门课，一级做给一级看，一层压实一层责。党员领导干部要以法规制度为底线，养成严格自律的习惯，在制度面前时刻保持一颗敬畏之心，做到严字当头，不越雷池一步，只有自己带头讲规矩、守制度，才能营造好风清气正的政治生态。

四、加强党建工作激励，发挥"鲶鱼效应"

要在党建工作中发挥"鲶鱼效应"，通过引进"负激励"机制，不断推动党建工作提档提质。通过"鲶鱼效应"激发党员队伍新活力。加强支部书记能力素质培训，积极组织参加"万名支部书记轮训"培训学习，大力开展党建工作双述双评，将支部书记党建考核纳入绩效考核范畴，不断增强支部书记"带兵"和"带奔"能力。选优配强党务专干，让党务干部比政治、比党性、比专业，把党务工作岗位作为培养企业复合型人才的重要平台。全面推行党员量化积分管理，积极开展"党员示范岗"和"党员责任区"活动，突出表彰"三优一先"，充分发挥党员先锋模范作用；通过"鲶鱼效应"激发支部工作新气象。党支部是党的全部工作和战斗力的基础，是团结群众的核心、教育党员的学校、攻坚克难的堡垒。支部工作的好与差，事关党的事业兴旺发达，事关党的工作落实落地。要扭住党支部标准化建设这个"牛鼻子"，通过对标管理，不断补齐支部工作短板，有效实现支部工作的规范化、系统化、科学化，着力打造"红旗支部"，充分发挥支部战斗堡垒作用。通过"鲶鱼效应"促进中心工作新发展。坚持"融入中心、促进发展"的党建工作理念，把党建工作与业务工作同研究、同部署、同落实、同检查、同考核，不断发挥党组织和广大党员的强大政治能量，推动企业改革发展不断取得新成效。要重点在将党组织嵌入企业法人治理结构、健全党组织参与企业重大问题决策机制以及实现党管人才等方面发力用劲，在党建工作部署中明确主业发展和生产经营指标，在党建工作考核中提高业务指标完成情况占比，促进党建工作与中心工作深入融合、相互促进。

传导压力 落实责任 引领基层水利科研单位党的建设向更高水平发展

吴志广　谢　兵　龚红春　龚　磊　夏建华

长江水利委员会长江科学院

党章规定，党的基层组织是党在社会基层组织中的战斗堡垒，是党全部工作和战斗力的基础，肩负宣传执行党的路线、方针、政策等八项基本任务。党支部是党的基础组织，担负直接教育党员、管理党员、监督党员和组织群众、凝聚群众、服务群众的职责。长江水利委员会长江科学院（以下简称长科院）设立党的委员会，下辖30个支部委员会，教育管理所属730多名中共党员。支部委员会是长科院党建工作的神经末梢和前沿阵地，其作用发挥的好坏对于贯彻落实中央、水利部党组、长江委党组重大决策部署，发挥长科院的国家水利科研支撑性单位作用，提高全院党员干部的凝聚力、战斗力至关重要。

本文结合长科院2016年三级联述联评联考情况和2017年长江委党组巡察长科院反馈意见及基层党组织建设现状，对基层党组织在贯彻落实全面从严治党新要求中出现的一些倾向性问题进行归纳提炼，提出一些解决问题的思考。

一、认清新形势，找准加强党支部建设在落实从严治党要求中的定位和责任

习近平总书记强调："基层是党的执政之基、力量之源。只有基层党组织坚强有力，党员发挥应有作用，党的根基才能牢

固，党才能有战斗力。"长科院党员有在职职工、在读研究生，还有离退休老同志；支部负责人有单位负责人，也有行政班子成员（单位负责人为党外人士），还有退休人员和在读研究生；党员多、分布广，支部负责人情况各异。要形成全院党建工作一盘棋，共同发展、一起进步，就必须先统一党支部一班人思想，找准支部工作在长科院工作大局中的定位，在全面从严治党战略部署中的基础性作用，充分认识到支部工作的重要性和必要性。

（一）党支部是不断加强党员教育管理的桥头堡

党支部建设是党的建设最重要的基础性工作，承载着对党员教育管理的重要职责。党员党性强不强、作用发挥好不好，党支部位置最关键；党建工作抓得实不实、基层组织战斗力强不强，在党支部建设上反映得最充分。党章规定，每个党员，不论职务高低，都必须编入党的一个支部、小组或其他特定组织，参加党的组织生活，接受党内外群众的监督。因此，落实好全面从严治党要求，必须压力传导到末梢，压实党支部党建责任。只有把党支部基础打牢，基层党组织战斗力才能得到新提升，党员队伍素质能力才能得到新加强，从严治党要求才能真正落到实处。

（二）党支部是扎实推进党组织建设的前沿阵地

习近平总书记强调："从严治党靠教育，也靠制度，二者一柔一刚，要同向发力、同时发力。"党支部处于党组织的最前沿阵地，做好干部的思想工作关键在支部，抓好党内基本制度的落实也重在支部。"求木之长者，必固其根本；欲流之远者，必浚其泉源"。党支部要守住阵地，严格落实党章党规，做好日常管理教育工作，保持党员干部先进性，不忘初心、继续前进，防止党员干部出现党性滑坡、信仰病变，时刻帮助他们拧紧思想"总开关"。必须牢牢守住党支部这一阵地，切实把党支部基础工作做扎实，构筑起坚强的战斗堡垒。

（三）党支部是全面展示党组织良好形象的窗口

习近平总书记强调，"从严治党是全党的共同任务，需要大气候，也需要小气候。各级党组织要主动思考、主动作为，通过营造良好小气候促进大气候进一步形成。"群众看党员，党员看干部。党支部是党密切联系干部群众的桥梁和纽带，是基层党组织了解干部群众愿望和要求的主要渠道，是干部群众认识和了解党的"窗口"。基层党支部必须切实增强政治自觉、责任意识、主动意识，积极营造落实从严治党要求的良好氛围。

二、掌握新情况，把准基层党支部在履行党建责任中存在的问题和原因

近年来，长科院党建工作在委党组的领导下，在直属机关党委的指导下，认真落实"全面从严治党"战略部署，积极开展党的群众路线教育实践活动、"三严三实"专题教育和"两学一做"学习教育；制定党建责任清单，落实管党治党责任，坚持党委书记全面抓党建、班子成员分工抓党建，支部抓党建工作落实，形成一级抓一级、层层传导压力、齐抓共管的良好局面；坚持行政负责人科研生产、党的建设"一岗双责"，党建工作与科研工作同部署、同检查、同考核。党建工作多次受到上级表彰，获得了一些荣誉。但是，从长科院整体看，还存在各支部发展不平衡的情况，有的支部"三会一课"落实不到位，党员教育效果差，先锋模范作用发挥不充分；有的支部党建科研不能达到互相促进、共同提高的效果；有的支部党建科研高低配，出现厚此薄彼、一致发展不持续的倾向等，反映出我们的一些支部认识不到位、工作缺乏针对性和有效性的问题。

（一）认识高度上递减不可忽视

有的支部对全面从严治党的认识不足。少数基层党务干部认为，全面从严治党从大处说是中央、省委高层的事，从小处说是长科院党委的事，与基层支部、党员关系不大。对党的建设新的伟大工程在基层如何推进，思路不清、模式不清、办法不多，没

有认识到"细胞"直接影响"肌体"，没有在支部"从严"，更没有在自身"从严"。

（二）主体责任压实上递减不可忽视

有的支部对全面从严治党的主体责任落实不力，一级抓一级的党建工作链条拧的还不够紧，一些环节的责任缺失，未发挥应有的作用。少数基层党组织负责人把主责主业当"副业"，认为抓发展是硬的，抓党建是软的，看不见、摸不着，不容易出成绩。没有把主体责任记在心上、扛在肩上、落实在行动上，以党的建设统揽全局的能力不够，重发展"显绩"，轻党建"潜绩"，本来是有机整体，但在工作中往往割裂开来，出现基层党组织弱化、淡化、虚化、边缘化等问题。

（三）制度建设上递减不可忽视

有的支部对全面从严治党的制度建设薄弱，出现上重下轻、上严下宽、上实下虚的现象。一些基层党组织习惯于"上传下达"，满足于"照抄照搬"，过于依赖上级的布置和推动，要么照搬上级的文件，要么照抄他人的办法，不研究"实情"；一些基层党组织学习制度不认真，宣传制度不到位，对党章党规缺乏基本认知，不能入脑入心；一些基层党务干部对党的制度认识不深刻、理解不到位，执行有偏差，按照党章党规抓党建能力较弱，导致制度落实走样、党支部建设偏弱。

（四）围绕中心服务大局能力递减不可忽视

有些党支部党建与水利科研中心工作联系不紧密。党务干部围绕中心抓党建水平不高，许多工作没有创新，方法呆板，大都停留在就文件落实文件的层面上，不适应全面治党工作要求。抓中心议大事能力不强。对党建工作和中心工作怎么结合、党建工作怎样促进中心工作发展、怎样围绕中心工作培养党员干部认识不到位，促进无力，推动无方，大事议不透，小事议不完。片面认为，党支部就是研究表彰奖励、党员发展、经费开支等问题，未能将年度工作计划、贯彻上级重大决策、阶段性重大工作同经济工作齐抓共管，直接造成了党建工作和经济工作的分离脱节。

三、解决新问题，认准基层党建薄弱环节对症施策，促进水利科研单位基层党建工作和谐健康发展

找到问题是解决问题的前提，解决问题是找到问题的目的。全面从严治党，基层党支部作用无可替代。长科院健康快速发展，实现"十三五"和中长期发展规划，离不开基层党的建设工作的不断进步。长科院所属各单位完成科研工作、生产经营任务，离不开所有党支部的积极努力。党支部固强补弱，平衡发展，共同进步是院属各单位缩小差距，齐头并进的基础和保证，是长科院实现整体发展，和谐发展，平衡发展的基础和保证。要推广河流所党支部、水力学所党支部等先进党组织的经验，以先进带动一般，实现共同提高，要从理论武装、组织建设和发挥作用上加强所有党支部建设，压实党支部负责人主体责任，提高水利科研单位基层党建水平。

（一）党支部要注重强化理论武装，提高党员的思想政治理论水平

全面从严治党要把理论武装和思想建党放在首要位置。党要实现理论、路线、方针、政策对全体党员的政治引领作用，必须依靠党支部这个最前沿的课堂。党支部既是靠前实干的坚强战斗堡垒，也是理论学习和实践一线的基层党校。强化理论武装有助于提升党员的综合能力，是支部建设的一项基本任务，也是推进各项工作的根本保证，这需要在真学、真懂、真信、真用上下功夫、出实效。

1. 制定路线图，引导党员真学

在支部层面上，应结合长江委两学一做常态化制度化要求，以突出知识管理、完善知识结构为基本目标，在广泛征求意见的

基础上，制定中长期党员教育培训计划和方案，每年制定详细的具体措施，推动理论学习有努力方向和目标牵引；在党员个人层面上，应结合落实支部的顶层设计，制定个人学习的详细方案，具体细化为读什么书、读几本书、什么时间读、达到什么程度和效果、如何学以致用指导实践，推动理论学习有内容、有时间、有效果，以实实在在的计划方案推进党员真学。

2. 创新学习方式，引导党员真懂

在"两学一做"学习教育中学的部分，应在自学、集中学、培训、辅导讲座等基础上，不断创新载体、丰富内容，通过研学、讲学、考学等方式，激发学习主动性。如在学习习近平总书记系列重要讲话精神中，通过专题研讨、谈学习心得体会、测试知识点等形式，强化学习效果；在业务知识学习上，把授课、分享、带教等作为创新模式，通过轮流讲、大家辩、实战练等不同形式，以新颖有效的方式助推党员真懂。

3. 营造浓厚氛围，引导党员真信

在支部理论学习过程中，重点是力促党员树立终身学习的理念，这是学习型政党和学习型组织建设的要求。支部应积极创造生动活泼、主题鲜明的学习氛围，分层分类施教，通过教学相长、学思相益、互相启发等方式，激发学习的积极性。

4. 创造有利条件，引导党员真用

"两学一做"学习教育，基础在学，关键在做。实践是最终检验学习成果的标准。把真用作为学习的最终目标，积极创造条件转化学习成果。如通过业务思路谋划推进工作举措研究，围绕瓶颈问题开展头脑风暴、金点子征集等机会，让广大党员贡献智慧、充分展示才华、释放正能量，把学到的理论知识付诸实践、转化为工作动力。

（二）党支部要加强组织建设，增强党员的凝聚力和向心力

党支部是加强党员管理的具体载体。加强党员教育管理，要把思想建党和制度建党的要求贯彻落实到党员的日常学习、生活和工作中，把党员的内在自律和外部他律有机结合。严肃党内政治生活，组织党员对照党性党风党纪进行经常性思想交流，认真严肃开展批评和自我批评。严格党员教育管理，只有通过党支部这个平台，才能做到零距离、全覆盖、无死角。支部应主动关心关爱党员，广泛凝聚党员力量，使其心情舒畅地投入工作和学习，这是支部建设的重要方面，也是推进中心工作的力量所在，需要党支部做到诚心相待、公心相处、真心相帮。

1. 推进党员谈心谈话常态化

支部书记、委员带头开展谈心谈话，党员之间经常开展谈心交流，引导党员沟通思想、交流感情、增进友谊。让党员有话想说、有话能说、有话敢说，及时发现、分析和解决党员在思想、学习、工作、生活等方面存在的问题和不足，以真诚的态度主动关心每一位党员，了解难处、化解矛盾、解惑释疑。

2. 培养党员的大局意识和大局观念

党员要顾大局、看长远，克服小富即安的心态。营造大事讲原则、小事讲风格、难事讲担当的良好氛围，形成心往一处想、劲往一处使、话往一处说、事往一处做的团队优势和整体力量。

3. 主动真诚对待每一位党员

《中国共产党纪律处分条例》颁布实施，说明老百姓能说的话、能做的事，党员不一定能说、能做。加强支部建设，引导党员做到不嫉妒、不背后议论，积极鼓励加油点赞；对遇到急事、难事、烦事的党员，做到不看笑话、不无动于衷，主动伸出温暖之手，以真心换真心、向团结要战斗力。

（三）党支部要引导真抓实干，强化党员的历史使命和责任担当

习近平总书记多次强调，"空谈误国，实干兴邦"。共产党员的先进性最终要体现在生产实践中，长科院共产党员的先锋模范作用要体现在"不搞大开发、共抓大保护"实践中，体现在努力为国家水利事业，长江流域治理、开发与保护提供科技支撑，面向国民经济建设相关行业，以水利水电科学研究为主，提供技术服务，开展科技产品研发中。党支部要把引导全体党员真抓实干，把注意力和工作重心汇聚到干事创业上来，这是加强支部建设的落脚点。

1. 以说真话、鼓真劲、做实事增强党员的担当意识

把"三会一课""支部主题党日"活动、专题组织生活会作为党员鼓劲加油的重要载体和抓手，通过党员大会、支委会、党小组会，认真查找分析党员不敢担当、不能担当、不会担当的问题所在。采取党课形式，开展有针对性的党性教育和形势任务教育。党员领导干部以微党课形式轮流讲，通过参观学习省直机关党员干部教育基地、在职党员进社区活动，接受革命传统和群众路线教育，以严格的党内生活助推党员增强为党工作的责任感和使命感。

2. 以出真招、下真功、求实效增强党员的责任意识

发动和支持党员在推进科研中心工作上下真功、出真力，通过集体攻克重点难点问题、组建攻坚小组、邀请专家会商、学习先进典型，引导党员把智慧和力量全身心投入到干工作、攻难点、破瓶颈上，发挥支部在推动业务工作、服务服从中心和解决重难点问题上强有力的动员力和组织力，激发每一位党员干事创业的热情，在工作中充分发挥先锋模范作用。

3. 以建章立制、动真格、求长效增强党员的实干意识

建立健全导向激励机制、干部选拔任用考核机制、容错纠错机制等，通过工作项目招标、课题经费向重点难点问题倾斜、优秀人才向上举荐等形式，保证党员出力、出彩、出工作实效。结合三级联述联评联考，将考核组、单位领导与普通职工打分相结合，客观公正地对每位党员的工作实绩做出评价，并与每年的评

先评优相结合。提高支部在抓小事、抓细节上的公信力，不断健全制约机制，倒逼党员的执行力建设。

党的十九大作出了一系列新的重大政治论断，确立了习近平新时代中国特色社会主义思想的历史地位，对新时代推进中国特色社会主义伟大事业和党的建设新的伟大工程作出了全面部署。基层党组织要加强学思践悟，积极用习近平新时代中国特色社会主义思想武装头脑；要提高党建工作能力水平，努力达到党在新时代对基层党组织建设的新要求；要紧跟时代发展，在坚持优良传统与利用科技发展创新形式中加强基层党建工作。

加强基层水文职工人文关怀和
心理疏导的探讨

张翠红

江苏省水文局

党的十八大报告提出"加强和改进思想政治工作，注重人文关怀和心理疏导，培育自尊自信、理性平和、积极向上的社会心态"。党的十九大报告用一整段文字论述加强思想道德建设，提出"加强和改进思想政治工作，深化群众性精神文明创建活动"。思想政治工作越来越受到重视，在思想政治工作中注重人文关怀和心理疏导，体现了以人为本的理念和与时俱进的创新品质。在当今社会快速发展的今天，水文行业面临更大的发展机遇和挑战，做好新形势下的水文工作使命光荣、责任重大，水文职工要承受更大的压力和挑战，人文关怀和心理疏导在水文职工思想政治教育中就显得尤为重要。

所谓人文关怀，就是要尊重人的尊严和价值，体谅人的实际困难，关注人的发展目的、发展价值和发展意义，突出人的主体作用；所谓心理疏导，就是在尊重人的基础上，通过尊重人的个性特征和心里诉求，引导人认识自身的不足和存在问题，并进一步启发人找到解决问题的方法，达到自我教育、自我管理的目标。

一、人文关怀和心理疏导在职工教育和水文事业发展中的积极意义

（一）注重人文关怀和心理疏导，有利于处理好职工人际关系和利益诉求

受水文行业垂直管理、工作地点分散、地处偏远等现状的影

响，水文职工的思想教育存在较大困难，特别是一线职工、偏远测站职工，他们的利益诉求很难在第一时间得到解决，这就要求基层水文部门的领导干部高度重视，寻求有效途径加强人文关怀和心理疏导。

基层水文职工正确的利益诉求能够得到及时解决，其心情自然而然就会舒畅，内心就明朗很多，自然不会有太多的怨言和不满，工作中就会产生一种"马太效应"，即"越好越好，越坏越坏"，成倍地变化。这个效应会体现在工作中，他会将自己看做是大家庭的一员，有存在感和被认同感，会加倍努力地去干好本职工作，遇到一些问题也不会去斤斤计较。

（二）注重人文关怀和心理疏导，有利于营造健康、快乐、和谐的大环境

当前，随着社会的飞速发展，网络媒体的复杂多样，职工的利益诉求体现出多样性，思想观念体现出多元性，这些就要求我们要引导职工树立正确的世界观、人生观和价值观。要引导职工树立和谐理念、培育和谐精神，运用正确的态度看待问题、合法的手段解决矛盾、理性的方式表达诉求，营造和谐、健康、稳定的水文发展环境。有些职工对单位的管理制度、福利分配、职务晋升等规章制度不理解，这要源于单位思想政治工作人员、宣传人员宣传教育不到位，没有做到有效沟通，致使个别职工认为个人需求得不到关心，工作效率降低，甚至迷惘怠工。有些水文站一线职工，远离城市，与家人分居两地，对单位的政策、制度了解不及时，再加上繁重工作所带来的压力，心理容易产生落差，心理上就会越来越脆弱。这些群体更需要单位在工作和生活上给予关怀，也需要从心理上加以疏导。

（三）注重人文关怀和心理疏导，有利于形成推动水文快速发展的强大力量

近年来，江苏水文坚持"大水文"发展战略，以"大水文"

发展理念为指导，不断拓展服务范围，从单纯的为水利服务，向交通、电力、建筑多行业拓展；从服务工程水利向服务资源水利、生态水利、民生水利拓展；由原来主要为防汛抗旱提供水文信息，拓展到目前的为防汛抗旱、工程规划建设、水资源管理、水环境保护、水生态文明建设、涉水行政许可等提供全方位的服务。在自身监测能力方面，由原来的人工监测向现代化监测转变；水文监测系统不断完善，水情水质数据的实时采集、实时传送能力不断提高；突发状况下的应急响应和预警预报服务能力不断提升。在服务范围和领域不断拓展的同时，水文职工具有强烈的进取精神和竞争意识，关心水文事业发展难题，为水文事业发展献计献策。但水文职工所承受的压力也越来越大，在集体意识、合作精神方面有所欠缺。部分水文职工思想信念淡化，以个人为中心，浮躁、急功近利，观察和分析问题往往具有主观性和片面性，在人际关系、个人发展等诸多方面存在心理健康问题，往往会以比较极端的方式处理问题。加强对基层水文职工的人文关怀和心理疏导，能够有效地激发职工的积极性和创造性，为水文事业发展提供强大的精神力量。

二、实施人文关怀和心理疏导的有效途径和方法

（一）环境改善、制度保障法

实践表明，职工如果有一个舒适、健康、富有人性的工作环境，那么他的工作效率就会提高。单位要通过改善职工工作、生活条件，减轻或消除恶劣环境给职工带来的压力，提高工作、生活环境的安全感和舒适度，以提升职工的幸福指数。改善环境是人文关怀的物质手段，是思想政治工作的基础和前提。除了改善外在的工作环境外，单位还应加强制度建设，从方便职工、人性化的角度加强日常管理工作，营造争先创优的内部环境。在制定和完善日常管理制度时，要坚持以人为本的理念，对职工的实际

情况充分考虑、全盘摸清，制定科学合理和人性化的操作流程和规章制度，并建立一套科学合理的评价反馈体系，以确保职工工作的积极性。同时各项规章制度的出台，都应事先征求职工代表或者全体职工的意见和建议。近年来，江苏水文在激励机制上制定了很多切实可行、能够调动职工积极性的好政策，如《省水文局局属单位创收服务激励暂行办法》《江苏省水文水资源勘测局科研成果奖励办法》及《江苏省水文水资源勘测局获得表彰的集体和个人奖励办法》等。除了以上激励和奖励机制外，还应继续完善公平的薪酬体系和激励机制，要真正落实职工的福利医疗制度、休假制度，让职工特别是生活困难职工、患病职工感受到更多的集体温暖。

（二）轮岗交流、换位思考法

轮岗交流不仅应成为干部培养交流的有效方式，更应成为所有干部职工交流和锻炼的有效途径。轮岗交流按形式可以分为跨部门轮岗、跨区域轮岗、跨岗位轮岗。领导干部应为水文系统内部人员提供更多到其他部门和行业锻炼交流的机会，为各区域水文职工提供区域间的交流轮岗，为本单位职工提供到其他岗位锻炼的机会。通过不同形式的锻炼交流，开拓思想境界，很多心中的问题都可迎刃而解。在遇到问题时，可引导职工采用"角色换位法"，把自己摆在对方的角度来考虑问题，对事务或行为再认识、再把握，以便得到更准确的判断，使问题得到较合理的解决。换一个角度看问题，往往能够带来新鲜的感觉，带来另一种分析结果，甚至改变自己的思维和判断，通过换位思考，有助于更好地构筑良好的沟通平台，增强认知度与信任感，建立起更为友善与合作的关系。

（三）心理疏导、有效沟通法

随着社会的飞速发展，水文行业的任务也越来越重，职工的工作压力也随之增大，职工间交流谈心的机会少了。一是受网络和媒体的影响，很多工作在电脑上就可交流和完成，见面交流的机会少了；二是职工工作任务重、时间紧，没有更多的时间进行交流。水文领导干部要注重职工的心理帮扶和交心谈心。谈心交心主要包括工作与生活、家庭状况等方面，谈心交心也要一对一进行，并且要将谈心谈话制度做实做细。一对一帮扶则主要针对技能知识短缺和安全意识淡薄的职工，通过了解职工近期生产生活状态和工作中遇到的困难，通过对不同职工、不同情况，进行不同方式的心理疏导，用不同方式进行沟通，解决职工实际存在困难，提高职工满意度。沟通是获取信息的手段，思想和感情交流的共享工具，保持心理平衡的一个重要因素，是减少冲突、改善人际关系的重要途径。要畅通沟通渠道，搭设沟通平台，使职工的意见建议无障碍地得以反应，满足职工被尊重的心理需求，可从源头上消除心理隐患。全体干部职工都应掌握沟通技巧，并在实际工作中不断提高沟通技巧，通过有效沟通，很多问题和矛盾都可以化解。

（四）形势引导、先进引路法

在日常生活中，我们或多或少地会通过电视、网络等媒体获取国家在宣传大政方针政策、惠民为民方面的制度等方面的信息，都会备受鼓舞，内心满满的幸福感。因此加强宣传教育和形势引导在职工思想政治教育中具有重要意义。通过对形势的宣讲，对水文事业发展现状的宣讲，提振职工信心，帮助职工保持健康的心理状态，为有效接收正确的思想政治教育创造良好的心理条件，这是心理疏导的重要工作方法。江苏水文网站设立"精神文明"专题，旨在宣传先进典型事迹。全省水文系统各单位还设立道德讲堂，在构筑道德风尚建设高地中发挥了重要作用。通过"最美水利人""333 高层次人才""111 人才"和"511 人才"的评选和培养，优秀人才引路，用身边典型事例教育人，形成一个战斗力、执行力很强的集体。习近平总书记在党的十八大报告中指出"推动学雷锋活动、学习宣传道德模范常态化",可见先进典型引路的重要性。用先进激励人、鼓舞人、凝聚人,使全体职工人心思齐,保持昂扬状态,是人文关怀和心理疏导的综合方法,也被实践证明是最为有效的手段之一。

(五) 组织送暖、帮扶助困法

组织是职工依靠的港湾。近年来,各级党组织先后开展了创先争优活动、群众路线教育实践活动、"三严三实"专题教育、"两学一做"学习教育等,通过一系列活动的开展,基层服务型党组织建设不断健全,职工反映的问题和诉求逐一得以解决。水文系统开展的慰问老党员、慰问困难家庭、夏季送清凉、交流谈心、基层调研、"面对面、心连心"大走访大落实等工作,不断深化了党群、干群关系,让职工切实体会到党组织的关怀。细微之处体现真情,把职工的冷暖放在心上,施之以长效化的机制来保障,这是关心职工的重要举措。通过开展"献爱心、送温暖"活动,设立"帮困机制",实施"真困难真帮助",救助困难职工、患病职工、特殊群体职工。把解决思想问题同解决实际问题结合起来,针对职工群众最关心、最直接、最现实的切身利益问题,切实做好职工在福利、保障、看病、子女上学等方面的工作,尽可能地减少职工正常生存和发展的后顾之忧,最大限度地消除影响职工心理平衡、失调的外部诱因,为培育人的心理和谐提供良好的环境支持。组织送暖和助困帮扶工作应予以加强和重视,应建立包含退休职工在内的定期走访慰问制度,帮助他们解决实际困难和问题。

(六) 文化凝聚、缓解压力法

今年以来,江苏省水文系统更加注重党建工作和文化建设工作,配备专职党务干部,组织开展江苏省水文系统羽毛球比赛、党建知识竞赛、党建文化交流活动、党支部书记"讲党课述党建"主题演讲活动等,展现了江苏水文人满满的正能量,激发了职工对水文事业的热爱，提振了全省水文系统党员干部职工的精神和士气，凝聚了干事创业的热情与力量。健康丰富的精神文化是水文文化的重要表现形式，能够帮助职工舒缓心情、调整心态，是滋养心灵的"润滑剂"和"减压阀"。应充分发挥党工团组织的桥梁纽带作用，通过文化交流活动、技能比拼、体育竞技、文艺演出、摄影征文比赛等活动，不断增强职工的凝聚力和战斗力，培养职工的团队精神和协作精神，同时增强职工努力工作的热情和信念。此外，还应积极为本单位与兄弟单位或者其他单位搭建良好的沟通交流平台，丰富职工社会生活的同时也拓宽职工的视野，使得职工的心胸更加豁达，对自己的定位更加准确，很多问题也会迎刃而解。除了丰富的文化活动，还应充分利用各种渠道让职工释压，让他们能够全身心工作，同时引导职工自觉进行自我检讨和释放压力，从而使得职工能够自觉按照社会发展的需要，积极面对困难，并有效地做到自我调节、自我完善和自我控制。

思想政治工作是水文事业发展中的重要工作，就像省局党委副书记所说的"在当前形势下，开展水文行业思想政治工作课题研究很重要也很必要"。在这个充满竞争的时代，需要保持良好形态，把思想政治工作作为水文事业发展中的重要工作，紧密结合时代发展变化和职工思想新动态，认真研究总结经验做法，积极探索和采取科学有效的方式方法。用人文关怀、心理疏导等思想政治工作去引导水文事业各项工作的开展，能够预防在发展中存在的各种问题和矛盾，增强职工的自我修养，减少职工在工作中出现的困惑和不平，更好地为水文事业发展服务，促进水文事业健康持续发展。

山东黄河河务局基层党建工作调研报告

毕东升　武慕龙　薛　剑　代晓辉　李　倩　曹丽伟
山东黄河河务局

为全面掌握山东黄河河务局近年来基层党建工作开展情况，总结交流基层党建工作经验，山东黄河河务局直属机关党委组建党建调研课题组，从 2017 年 3 月中旬至 5 月上旬，利用两个多月的时间，对 8 个市局及局直属单位 30 余个基层党组织的党建工作进行了认真调研。本次调研主要采取召开座谈会、查阅党建工作资料等形式。通过调研，摸清了山东黄河河务局系统（以下简称山东黄河系统）基层党建工作的基本情况、主要做法和存在的问题，提出了改进机关党建工作的措施建议。

一、山东黄河系统基层党建基本情况

山东全局共有职工 12466 人，其中在职职工 6748 人，离退休职工 5718 人；党员 5137 人，其中在职党员 3785 人，离退休党员 1352 人，党员占全部职工总数的 41.2%。全局现有各级党组织 421 个，其中党组 39 个，党委 12 个，党总支 38 个，党支部 332 个。

党的十八大以来，局属各基层党组织把党建工作摆在突出位置，始终坚持"两手抓""两手都要硬"的方针，按照上级党委（党组）的统一安排部署，紧紧围绕"真学实做，以学促做，在推进治黄业务工作和党的建设中走在前列"主题，以"两学一做"学习教育常态化制度化为契机，狠抓党员思想建设、组织建设和作风建设，进一步激发了基层党员干部干事创业的内生动力，为全面完成各项治黄工作任务，推进治黄事业发展和党的建设走在前列，以优异成绩迎接党的十九大胜利召开奠定了坚实基础。

二、主要做法及成效

从调研情况看，各基层党组织的主要做法如下。

（一）强化领导责任，确保党建工作落实

各基层党组织把建立健全基层党建工作的责任制作为抓好基层党建工作重要抓手，真抓实做。一是市局都成立了党的建设工作领导小组，建立了党组（总支）书记负总责、分管领导具体抓、党务部门抓落实、各部门积极配合的工作机制，坚持实行党组定期听取党务工作汇报、专题研究党建工作的制度。通过一级抓一级、层层抓落实，切实把党建工作落到实处。二是主要负责人坚持"一岗双责"，将党建工作与业务工作同研究、同部署、同检查、同落实、同考核；纳入领导干部和年度目标考核、述职评议的重要内容，作为对干部奖励、惩罚和提拔任用的重要依据。三是建立健全了党建工作通报机制。市县局全面推行了党建工作月报、季报、半年督查，年终目标考核、诫勉谈话、党建工作末位淘汰调整激励约束机制，为做好基层党建工作奠定坚实基础。

（二）加强党的组织建设，激发党建工作活力

一是大部分基层组织从优化支部设置入手，按照"业务相近，分块设置、便于管理"的原则，单独设立支部；二是各基层党组织均按照规定，及时完成换届选举工作，配齐配强了基层党组织成员，成员间互相支持、团结协作、形成工作合力；三是遵循党员发展的"十六字"方针，认真做好党员发展工作，党员发展的公示制度得以落实，严把党员入口关。实现了对每个党员开

展的细培养、精管理，促进了支部之间同台竞技、比学赶超，激发了党建工作活力。

（三）找准活动切入点，丰富教育活动载体

局属各基层组织都能结合各自实际制定和完善了相关党内规章，把成功做法和经验，用制度的形式固定下来、坚持下去，夯实"做"这个基础。部分基层党组织以"每月一课""每月一试""每年一考"为载体，以支部、小组为阵地，扎实开展党建活动。梁山河务局开展"干部上讲堂"活动；聊城养护公司推行普通党员讲"微党课"活动，党员轮流谈心得、说体会，调动了党员积极性；东明河务局坚持每年冬天开展为期一个月的封闭式冬训，邀请专家为青年党员干部讲授政治理论和新的治水理念等方面的知识。不少单位利用QQ群、微信群、互联网打破时空界限，汇集各类音像资料及党建精品课件，为驻外党员提供自主式、菜单式的新型学习方式，有效地解决了施工企业和外出人员学习中普遍存在的"学习难坚持、时间难保证，人员难集中，内容难深化，效果难检验"的问题。滨州河务局在强化对党员进行时代精神、民族精神、主人翁精神教育的同时，开展了"三亮三树"主题活动（亮身份，树党员形象；亮职责，树党员标杆；亮承诺，树党员品牌），为党员过"政治生日"活动，既激发了党员学习思考的热情，也极大地促进了各项工作的开展。

（四）不断加强制度建设，逐步规范组织生活

基层各级党组织立足基层实际推进"两学一做"学习教育常态化制度化，积极探索建立长效机制。一是强化党建工作的运行机制和工作程序。多数基层支部绘制了"三会一课"、《中心组学习》《党风廉政建设责任制》等多项党建工作规范化管理的流程图，使基层组织的党建工作逐步走向科学化、规范化、制度化。二是注重"做"的常态化、制度化。梁山河务局小路口管理段党员在党支部的带领下，主动承担全段最艰巨的管理任务，所承担

的责任段都是工程量最大、工程质量相对较差的地段，把比较好管理的地段让给其他职工，把重担留给自己。刘春家管理段党员敢于困难面前冲在前，脏活累活抢着干，从不计较个人得失，经常早出晚归，上下班两头不见太阳，主动带头清理垃圾场，把清新留给群众。德州河务局养护公司党员朝气蓬勃、积极上进、勇于担当，定期评选"养护之星"，经常开展学雷锋和志愿服务活动，支部就是一面旗，党员就像一盏灯，把践行宗旨、服务群众的意识体现在党员的实际行动上，充分发挥了支部的战斗堡垒作用。

（五）注重服务工作大局，发挥党员的先锋作用

各级党组织坚持围绕治黄中心任务开展工作，把党建工作全过程融入到中心工作的各个阶段和各个环节，充分发挥党员的先锋作用，在平凡工作岗位和关键时刻彰显共产党员的先进性。梁山管理局马坊管理段开设一公里"党员示范段"，司核管理段、黑虎庙管理段等单位开设"党员模范示范岗"，通过树立党员的模范形象，增强了党组织的凝聚力、战斗力，切实把服务大局意识体现在践行宗旨、服务中心工作上。济南河务局东郊浮桥公司党员在急难险重任务面前冲锋在前，在更换承压舟的关键时刻成立了党员突击队，党员干部冲锋在前，顶烈日，战酷暑，昼夜奋战，提前圆满完成了工作任务。

三、存在的主要问题

尽管山东黄河系统基层党建工作取得了明显成效，但与中央全面从严治党的新要求相比还有许多不足，还存在一些不容忽视的问题。

（一）思想认识有偏差

个别基层党组织仍然存在党建工作与业务发展"两张皮"的现象。一是在思想认识方面存在偏差。在调研听取意见时，提出频率最高的问题是"工学矛盾",强调业务工作过于繁忙,腾不出时间进行理论学习。这种思想上的偏差完全背离了党建工作的核心任务。二是在工作态度上存在问题。目前基层党建工作标准较"软",刚性、硬性要求少,工作弹性大,导致一些党员干部任务做多做少、抓与不抓都不会影响大局,抓党建工作的积极性和抓业务工作的热情不相协调,以致党建工作大部分时间处于被动应付状态,难以创造性地开展活动。三是在作用发挥上存在一强一弱。在基层党建工作中存在重学轻做,由于缺乏积极主动的融入意识,不少党建工作者对业务工作变得不熟悉,对大局变得不了解,抓党建工作时找不到紧贴中心、服务大局的结合点、切入点和着力点,党组织的政治核心作用难以发挥。

(二)行业指导不足

一是区域发展不平衡。当前,基层党建工作由于受地域环境和单位业务工作影响,发展很不平衡,有的县区局对党建工作的重视程度不够,研究得不多,时间和精力投入较少;有的县区局在推进基层党组织建设过程中,热衷于抓"亮点",出"新意",最终导致基层党建工作的不平衡发展。二是党务干部交流培训机会少。省局对党务干部的培训局限于直属机关范围内,基层党务工作者缺少走出去的交流机会,导致部分党务干部理论思维水平低,对新形势下机关党建工作的目标任务不熟悉,工作中既找不准方向,也把握不住重点。三是党建工作与治黄实际结合不紧密,黄河特色不鲜明。部分单位党建工作开展没有凸显黄河特色,开展学习和活动没有结合治黄工作实际,行业特点不够鲜明,没有积极发挥主观能动性,没有结合本单位实际创新形式抓党建。

(三)主体责任落实形式较单一

一是工作模式单一。落实主体责任的主要模式是开开会、签签字、泛泛提要求,习惯等上级文件,上行下效、照搬照抄,以

"文件落实责任"，在抓落实方面存在缺位现象。二是缺乏有效的日常监督。落实责任制主要是靠年初分解、年中督查、年终考核三个时段，少有建立经常性的督导、检查、提醒制度。督查内容单一，致使一些单位和部门领导干部责任意识淡薄，只是上面布置的动手抓一下，检查的临时应付一次，考核的重视一会儿。三是部分党员对党建工作考核不够重视，存在走过场现象。由于党建工作具体量化的考核指标较少，多以学术成绩、工作业绩等来衡量党员先进性。部分党员认为党建考核评议是走形式，评不评都是合格。四是部分基层单位支部设置不科学。有的党支部党员人数多达八九十人，导致党员教育和组织开展活动比较困难，不利于党员作用的发挥。

（四）党员活动内容不够丰富

由于各种原因，党建经费目前还没有单独列入各单位的财政预算，现在预算管理非常严格，无预算不能开支，致使基层党建工作经费紧张，这在一定程度上影响了党建活动的开展。一是党员活动主要是常规性的活动。特色党员活动较少，教育内容主要是读文件、学材料、看电教片、传达上级讲话，内容比较单一、枯燥，缺乏生机和活力，党员感觉不爱听、不解渴，无法充分调动全体党员的积极性和参与性。二是党员教育管理工作的手段、方法欠缺。学习方式流于形式，经常为了学习而学习，缺乏实际效果。三是利用新媒体开展党建宣传不足。当前基层党组织工作人员年龄偏大，相当一部分人不会利用微博、微信、QQ等工具多渠道、多方式开展党建宣传工作。党务干部工作水平参差不齐，个别党务干部参加的党务培训极少，部分人缺乏必要的党务知识，因循守旧，对新形势下的党务工作不太适应。

（五）离退休和流动党员管理仍是难点

一是有的党员退休后迁居外地，因为各种原因，不愿意转党组织关系，也很少有机会回原单位参加组织生活，所在支部亦无力管理。二是有的党员年老体弱、行走不便，参加党组织生活十分困难，基层党组织在跟踪教育、掌握思想动态、帮助解决实际困难和做思想政治工作等方面无法顺利开展。三是一些流动党员有的远离所在党组织，无法参加原党支部的活动，又无法参加地方党组织生活，致使流动党员的正常组织生活及教育培训等难以落到实处，造成先锋模范的带动作用弱化。

四、下一步工作措施及建议

（一）进一步解决机关党建与业务工作"两张皮"问题

一是要纠正认识偏差，树立深度融合的党建工作意识。结合"两学一做"学习教育常态化制度化，持续深入学习领会习近平总书记系列重要讲话精神。提高政治站位，解决基层党组织存在的思想跟不上、知识不足、动员和组织职工群众的能力不够等不适应发展的问题，党员特别是党组织书记及委员一定要纠正对党建工作在认识上的偏差，牢固树立服务大局、服务中心的党建工作意识，把查找解决党建工作的问题，与查找解决治黄业务工作的问题紧密结合起来，达到以党建促发展的目的。二是加大培养基层党务工作者专职化队伍力度。目前，山东黄河系统正在积极探索党务工作者专职化的做法，希望专职人员能够聚精会神抓党务，克服管党治党专业性不强的问题。应认真总结实践探索中的经验，不断提高党务工作者专职化比例。

（二）努力形成行业党建工作新格局

一是继续加强行业系统主管部门党组（党委）结合业务工作指导。以党建领导小组为抓手，紧密贴合行业系统实际和党员需求，坚持条块结合，上下相通、左右联动，同时发挥好地方党委的统筹作用和行业系统的推进作用，促进各基层党组织与地方党委进行沟通交流和各项工作的落实。二是强化基层党务工作者专业化能力。着力加强党务干部队伍建设，创新培训机制，选拔党性强、能力强、创新意识强、服务意识强的党员担任支部书记和支委；制定党员培训制度，并通过有计划地组织开展培训、现场参观学习等活动，使党员开眼界、长见识、换脑子、拓思路，不断提高党员领导干部的个人素质和能力水平，引导基层党组织和广大党员履职尽责创先进、立足岗位争优秀，充分发挥战斗堡垒作用和先锋模范作用。

（三）进一步完善责任落实和督查考核机制

一是各级党组织充分发挥核心作用，切实履行管党治党主体责任。各级党组织要把党建工作纳入整体工作部署和党的建设总体安排，切实负起把握方向、统一领导等方面的责任，定期专题研究基层党建工作，及时解决工作推进中存在的问题；党组织主要负责人要经常过问党建工作，亲自部署重要任务、协调重要环节、解决难点问题，党组织书记切实履行第一责任人责任，班子成员落实"一岗双责"，党员干部积极支持、主动参与党建工作，形成抓党建工作的整体合力。二是建立健全党建督查考核制度。在开展党建督查试点的基础上，继续完善党建工作督查机制，加大对党建重点任务督促检查和跟踪落实力度。对检查出来的问题要面对面地指出，限期整改，并跟踪督查整改情况。三是科学设置党建考评指标，不断完善党建考核办法，并积极探索将信息化手段引入党建考核，增加日常考核占比，增强考核工作的科学化水平。强化考核结果运用，真正把党内评价纳入部门单位和党员干部个人的综合考评。四是从"建支部"到"建好支部"。以发挥党支部主体作用为前提，走出单一以"建多少组织"来评价"支部建设好坏"的怪圈。指导部分基层党组织积极与地方党工委沟通，尽快对党员人数过多的大支部进行整改，更好地发挥"小"支部的大作用。五是动态调整党组织设置，把党的基层组织建到施工现场、服务窗口，做到哪里有党员，哪里就有党组织，固本强基，防止"木桶效应"，实现基层党组织全覆盖。六是落实经费保障机制。争取把党建经费列入财政预算，确保组织生活制度真正落到实处，逐步解决组织生活不严肃、不正常、不规范等问题。

（四）积极探索基层党建工作的方式、方法和有效途径

通过创新党组织生活的方式方法，抓好"三会一课"的开展落实，用内容丰富、形式多样的组织生活保证党组织和党员作用的发挥。一是变被动教育为互动教育。切实转变传统组织生活模式中的灌输、说教方式，努力营造一种民主和谐的氛围，从"角色"上唤起党员的参与意识，可通过让党员积极参与党组织生活主题设计、党员轮流主持组织生活会等形式，让党员真正成为组织生活的主角，这样既能增强组织生活的吸引力，又能提高党员的组织能力、协调能力和创造能力。二是变单一式为多元化。开展形式多样的党建活动，不断满足党员干部多层次的学习需求。鼓励各基层党组织创建党建工作品牌，通过开展党员先锋岗、党员责任区、主题党日等活动形式，搭建党组织和党员服务群众、维护稳定的载体平台，也可通过观看电教片、电影，组织党员到红色教育基地参观学习、邀请专家学者开展讲座等形式进行党性教育，提升学习质量和效果，增强党组织的战斗力。三是选树典型示范。开展年度优秀党组织、优秀党务干部、最佳党课评选等活动，广泛宣传优秀共产党员爱党为党兴党护党的先进事迹，引导广大党员干部坚定理想信念、坚定政治方向，立足岗位做贡献、创新实践促发展。四是充分利用新媒体开展党建宣传工作。

（五）进一步加强离退休党员和流动党员的管理

一是高度重视离退休党支部建设，坚持把离退休党支部建设工作列入党建工作大局和总体规划，与在职人员党支部建设工作一同部署、规划、考核和表彰。根据离退休党员的身体状况、活动规律和特点，采取送学上门与征订学习资料让老同志们自学相结合的方式，加强离退休党员的思想政治引领。二是切实加强流动党员管理，提高对流动党员管理教育重要性的认识，不能使流动党员成为断线风筝，放任自流。充分利用 QQ 群、微信等先进信息手段建立流动党员管理工作例会制度，了解情况，解决实际问题，确保每个流动党员无论流动到哪里都能置身于党组织管理之中。三是凡党员 3 人以上集体外出、时间在 6 个月以上、地点相对固定的，必须建立党小组或临时党支部；党员较少的，建立联合支部，方便党员管理。

党支部标准化评价指标体系研究与实践

董福平　朱绍英　郭明图
浙江省水利厅

党的十九大报告指出"党的基层组织是确保党的路线方针政策和决策部署贯彻落实的基础""党支部要担负好直接教育党员、管理党员、监督党员和组织群众、宣传群众、凝聚群众、服务群众的职责，引导广大党员发挥先锋模范作用"。那么，"党的一切工作落实到支部"的抓手在哪里？打通全面从严治党"最后一公里"的措施有哪些？近几年来，浙江省水利厅积极开展党支部标准化建设，着重针对部分支部书记和党务干部缺少抓党务工作经验和办法等问题，逐步建立起了一套具有水利特色的党支部工作机制，为探索新时代机关党建工作模式，解决基层党组织弱化、虚化、边缘化等问题提供了有益尝试。

一、背景分析与初衷

浙江省水利厅是一个组织机构层级众多、人员结构较复杂的行业系统。截至 2017 年 11 月，全厅系统共有党组织 238 个，其中党支部 196 个，党员 3269 人，其中在职党员 2307 人、学生党员 417 人。党支部所在单位既有机关、事业和企业，也有独立法人和非独立法人，还可分在职支部、学生支部、离退休支部等多种类型，不同单位之间的特点、任务各不相同，基础、条件差异较大。如何有效抓好党员日常教育、管理和监督，如何增强党支部战斗堡垒作用和发挥党员先锋模范任用，是一项非常重要而艰巨的光荣任务。

习近平总书记在十九大报告中强调："要以提升组织力为重点，突出政治功能，把企业、农村、机关、学校、科研院所、街道社区、社会组织等基层党组织建设成为宣传党的主张、贯彻党的决定、领导基层治理、团结动员群众、推动改革发展的坚强战斗堡垒。党支部要担负好直接教育党员、管理党员、监督党员和组织群众、宣传群众、凝聚群众、服务群众的职责，引导广大党员发挥先锋模范作用。"近年来，以习近平同志为核心的党中央，高度重视和全面加强党的建设，树立了"党的一切工作落实到支部"的鲜明导向，逐步推动党的建设重心下移，为开展党支部标准化建设提供了基本遵循和内生动力。

当前，党支部存在主要"短板"：一是履行主体责任不到位，工作计划性、主动性不够，执行"三会一课"等制度不到位，党员日常教育管理"宽松软"；二是支部书记政治核心作用没有发挥好，大部分支部书记是由水利专业的技术干部兼任，抓水利业务工作是一把好手，但抓党务工作缺少经验和办法，有的书记缺乏自觉性，错误认为只要抓好水利业务就可以了；三是党务干部队伍业务水准有待提高，大部分基层党组织的党务干部长期从事水利业务，对党务工作不够熟悉，影响了基层党建工作整体质量。

党支部标准化建设是打通全面从严治党"最后一公里"的积极探索和有益尝试。一有利于强化基层党组织的权威性。过去由于党建工作没有硬性规定和统一标准，对干部职工来说，组织的存在感不强，眼里只有行政处长，没有支部书记，党员教育管理存在"宽松软"现象。加强党支部标准化建设，有助于从严管党治党要求落实实处。二有利于增强党组织生活的严肃性。过去认为机关党建工作是务虚的、随意性强，没有固定目标和评判标准。按照标准化的理念，对党员的学习、管理、活动提出明确的标准，可以更好规范工作流程、严格日常管理，保证各项工作相对稳定性、连续性，从而增强了党的组织生活的严肃性和有效性。三有利于推动党建责任制的落实。党建工作不像业务工作，有具体的量化指标，工作程序和要求没有相对固定的标准可以衡量，难以考核。党支部标准化建设强调规范性、条理性、原则性，有利于建立完善机关党建工作评价考核机制，更有效地推动责任制的落实。四有利于增强支部工作主动性，很多党务干部是兼职或临时、新手，对党建工作热情不高，精力投入不多，工作应付被动。标准化建设要求工作学习计划制定到季度、月度，严格执行制度规定，把考核与评优评先、选拔干部挂钩，倒逼党务干部自觉抓党建、学会抓党建。

二、总体设计与基本框架

党支部标准化是现代科学管理手段在党的建设中的运用与实践，通过制定标准、执行标准和严格考核来规范党的建设各项工作，达到党员教育政治化、工作流程规范化、管理操作程序化的目的。

（一）指导思想

坚持全面从严治党，围绕"服务中心、建设队伍"的核心任务，以问题为导向，以党支部标准化建设为抓手，全面加强政治思想、组织、作风、纪律和制度建设（简称"五项"标准化），努力建设有坚强团结的领导班子、有素质良好的党员队伍、有严格规范的工作机制、有健全完善的制度体系、有群众满意的作风形象（简称"五有"）党支部，把党的政治优势、组织优势、纪律优势和群众工作优势，转化为水利改革、创新、发展的新优势。

（二）基本原则

一是坚持以上率下、统筹推进，按照"抓一个成一个"要求，以上率下，由点及面扎实推进。二是坚持融入中心、两手发力，把党支部标准化建设纳入水利工作标准化工程来规划部署，成为落实完成水利中心任务、服务民生的过程。三是坚持系统联动、形成合力，按照"示范带动、争先发展、整改转化"的步骤，逐年完成阶段目标任务，最终达到标准化"全覆盖"。

（三）总体目标

党支部标准化建设的总体规划分两步走：第一步是实施"355"行动计划，用 3 年时间，分批建设"五有"党支部，实现所有党支部标准化；第二步是实施"党建示范点"提升工程，计划用两年时间，进而推进党委、总支标准化建设，培育形成一大批具有较高水平的基层党建工作示范点，实现所有党组织标准化"全覆盖"。

三、指标体系的基本内涵

党支部标准化评价考核指标体系主要包括 5 大任务、20 项项目、38 条要求、83 个评价指标。这些指标既有规定性的刚性指标，又有引导性的柔性指标，除了对政治思想、组织、作风、纪律和制度建设五大任务外，还设置了"加分项目"和"一票否决"条款，形成了一套比较完整的正反两面评价考核指标体系。

（一）政治思想建设标准化

重点抓三个方面：一是加强政治理论学习，包括制定年度、季度或月度计划、落实"三会一课"制度、学习传达上级精神，着重提升党员思想政治觉悟和政治理论水平；二是注重学习形式和内容，主要任务执行"三会一课"等制度，通过组织主题党日等多种形式，增强学习教育针对性和实效性；三是加强学习交流平台建设，重点建立学习交流 QQ 群、微信群，开设党建专栏，鼓励有条件的支部建设党员活动室。

（二）组织建设标准化

重点抓三个方面：一是组织建设和班子配备，坚持中心工作在哪里，党组织就延伸到哪里，党建工作就覆盖到哪里，规范设置基础组织体系；二是规范党员发展与管理，实行发展党员计划任务，规范党费收缴、组织关系接转等日常管理；三是重视支持群团工作，理顺群团基层网络建设，进一步发挥群团组织桥梁纽带作用。

（三）作风建设标准化

重点抓好思想作风、工作作风、生活作风建设，加强党性党纪党规教育，强化党员理想信念和党性宗旨意识，把中央八项规定精神和省委"28条办法""六项禁令"以及厅党组各项作风规定落到实处。大力推进服务型党支部建设，严格工作纪律。大力推进改进作风，健全党员联系群众机制。深入挖掘和宣传身边好人好事和闪光言行，大力开展"最美系列"评选活动。落实"三严三实"要求，严格坚守"干部不能倒下，不被抓负面典型"的"两条底线"。

（四）纪律建设标准化

重点抓三个方面：一是落实主体责任，细化廉政责任清单，落实"一岗双责"，严守"两条底线"，努力做到"四个亲自""五个同步"；二是加强廉情教育，深入学习贯彻党章、准则、条例等重要党内法规制度，将党规党纪教育融入到干部职工日常教育；三是健全风险防控体系，开展廉政风险点和失职渎职隐患排查，研究制定针对性防控措施，加快推进水利特色的风险防控体系建设。

（五）制度建设标准化

明确党支部基本制度"清单"，包括"三会一课"、民主（组织）生活会、请示报告、民主制度、党风廉政责任分工等十项常用制度。进一步细化制定政策规定的配套措施，形成比较完善的单位（部门）内控制度体系。加强对重要制度规定的学习和宣传，不断增强干部职工熟悉和运用现有制度的自觉性，严格执行各项制度、规定和要求，切实提高制度执行力。

同时，指标体系还设置了加分项目和一票否决内容。一是增设加分项目，主要立足支部的中心任务开展各项工作，鼓励特色、争取先进、支持创新做法、推进活动阵地建设，支持有条件的支部率先创建标准化党员活动室。二是实行一票否决制度，明确"一票否决"六种情形：未完成年度中心工作任务、违法违纪被查处的、安全事故、群体性事件、造成社会不良影响、党组织或党员被问责等；通过一票否决机制，最大限度地促进党建工作与中心工作融合，进一步增强标准化建设的可操作性和生命力。

四、主要措施与保障

为充分发挥评价指标体系"指挥棒"的作用，采取了一系列措施办法，保障标准化建设目标顺利实现。

（1）实施"355"行动计划，明确目标导向。"355"行动计划是标准化建设的"路线图"。计划用三年时间，全面加强"五项"标准化建设，努力建设"五有"党支部，争取第一年年底在职党支部达到标准化比例40％以上，到第二年年底达到70％以上，第三年年底达到90％以上，基本实现所有党支部标准化的目标。

（2）编辑一本工作手册，强化业务指导。专门编写了一本《党支部工作手册》，围绕党支部"五大"任务和"五有"目标作出了明确的表述，回答了党支部工作"该做什么？""要怎么做？""如何做好？"等问题，受到基层党务干部的欢迎。

（3）制定一册记实本，注重痕迹管理。专门设计制定了《党支部工作记实本》，突出工作日常化、痕迹化管理，推动党支部工作"融入日常、抓在平常、严在经常"。

（4）举办系列培训，提升业务能力。先后举办了党支部标准化建设业务培训、党支部工作台账专题辅导和党务干部培训班等一系列辅导培训，有针对性地组织系统内各单位党办主任面对面传授辅导，提升基层党务干部综合水平。

（5）严格督查考核，确保达标质量。按照年初定计划，年中抓督查，年底严考核的原则。每年结合年度考核工作，抓好标准化评价考核工作，推动考核结果评优评先和干部选拔等挂钩。

五、取得的初步成效及思考

开展党支部标准化建设取得的初步成效：一是促进支部工作制度化，进一步明确支部工作目标、任务和要求，健全完善支部工作基本制度，使支部工作有章可循、有标可对；二是实现教育管理规范化，经过支部标准化探索、推进、总结阶段，各级党组织和广大党员对机关党建工作有了深刻了解，工作主动性得到明显提升，党支部标准化建设，严格执行党支部工作制度，实行量化评价考核，有效促进党员日常教育管理规范化；三是推动党务工作科学化，评价指标体系为支部工作明确了目标和任务，对党务干部施加了压力，倒逼支部书记自觉抓党建、能抓好党建的过程。

需注意把握处理好几个关系：一是把握好支部书记和全体党员之间的关系，发挥支部书记第一责任人作用是前提，带动全体党员共同参与，为标准化建设提供氛围保障；二是把握好规定动作和自选动作之间的关系，只有按照"抓基础、抓日常"的要求，做实做细"规定动作"，才能做好"自选动作"，达到锦上添花的效果；三是把握好制订计划和执行制度之间的关系，制订计划、严格制度是关键，这是各项工作要求落到实处的基本保障；四是把握好实际工作和留下痕迹之间的关系，就现状而言，记录台账是薄弱点，既要坚持工作日常化，更要注意工作留痕迹，才能经得起检验。

党支部标准化建设是一个不断探索、不断实践、不断完善的长期过程，一般要经历从"简单"到"复杂"再到"简单"的三个阶段。在实践过程中，我们不断深化对新情况新问题的思考，比如以什么方式检验党员政治理论学习达到了入心入脑的效果，如何避免支部日常工作走过场、应付检查等问题，有待于我们在今后工作中不断实践和探索。

党的十九大对新时代基层党组织建设的部署与思考

王同昌

河海大学

组织发展是政党实现自己目标任务的重要条件。无产阶级政党建立后尤其重视扩展自己的基层组织，通过基层党组织影响和动员群众为实现自己的利益而奋斗。中国共产党从成立以后就非常重视基层党组织的建设和发展。1921 年党的一大召开时，党员只有 50 多人，到 1922 年党的二大召开时，党员发展到 195人。党的二大通过的中国共产党第一部党章就明确指出："各农村、各工厂、各铁路、各矿山、各兵营、各学校等机关及附近，凡有党员三人至五人均得成立一组，每组公推一人为组长，隶属地方支部（如各组所在地尚无地方支部时，则由区执行委员会指定隶属邻近之支部或直隶区执行委员会；没有区执行委员会之地方，则直接受中央执行委员会之指挥监督）。"[1] 以后历次党章都有关于基层党组织的详细规定。改革开放以来的历次党代会报告都对基层党组织建设重要部署，基层党组织建设取得了重要成就。[2] 截至 2016 年年底，基层党组织总数达到 451.8 万个，中央关于新形势下党员队伍建设和基层党组织建设的部署要求得到贯彻落实，党的生机与活力进一步增强。基层党组织带头人队伍素质进一步提升，各领域党组织建设得到加强，基层党组织政治功能不断强化，战斗堡垒作用不断显现。[3] 习近平在十九大报告中概括了十八大以来党的建设取得的新成就。同时，他也坦言：

"党的建设方面还存在不少薄弱环节"，这实际上就包括基层党组织建设的薄弱环节。2016 年 1 月的十八届中央纪委第六次全会上，他有针对性地分析了基层党组织建设存在的问题："一些地方、部门、单位，基层干部不正之风和腐败问题还易发多发、量大面广。有的搞雁过拔毛，挖空心思虚报冒领，克扣甚至侵占惠农专项资金、扶贫资金；有的在救济、补助上搞优亲厚友、吃拿卡要；有的高高在上，漠视群众疾苦，形式主义、官僚主义严重；有的执法不公，甚至成为家族势力、黑恶势力的代言人，横行乡里、欺压百姓。"[4] 基层党组织建设如果不扎实、不到位，不仅危害群众利益，而且会损害党执政的群众基础。正因为如此，十九大报告提出了新时代党的建设总要求，强调坚持问题导向，保持战略定力，推动全面从严治党向纵深发展，对新时代基层党组织建设作出了系统部署。

一、提升组织力建设是基层党组织建设的重要着力点

组织力是一个政党或者组织生命力和生机活力的重要体现，表现为政党的各方面能力。一个政党的组织力通常包括两个方面：一方面是外部组织力，也就是组织动员群众实现奋斗目标的能力；另一方面是内部组织力，也就是组织开展党内政治生活，教育、管理和监督党员的能力，引导党员努力贯彻党的路线、方针、政策，实现党组织任务的能力。具有超强的组织力，是我们党独特优势和最大的软实力，也是我们党取得革命、建设、改革胜利的重要法宝。自从中国共产党成立以后，旧中国一盘散沙的局面就有了主心骨。毛泽东在论述中国的红色政权为什么能够存在时，就指出了其中一个要紧的条件是"共产党组织的有力量"。[5] 他这里强调的"共产党组织的有力量"，实际上就是党组织的组织力。后来面对日本帝国主义全面侵略中国的形势，毛泽东提出了"为动员一切力量争取抗战胜利而斗争"[6] 的号召。面

对蒋介石发动内战的形势，毛泽东重新提出了组织人民的任务，只有组织人民才能打到中国的反动分子。[7]邓小平也曾经指出："我们党提出的各项重大任务，没有一项不是依靠广大人民的艰苦努力来完成的。"[8]这实际上就是体现了中国共产党超强的组织动员广大人民群众的能力。

改革开放以来，随着从计划经济体制向社会主义市场经济体制的转变以及社会经济结构的变化，人民群众就业方式的多元化，利益获取方式的多样化，基层党组织直接掌握的经济资源逐渐减少，失去了经济资源的分配权，人民群众的利益表面上与基层党组织失去了直接联系，这就在一定程度上疏远了群众与基层党组织的关系，使得基层党组织的组织力有所弱化。基层党组织的组织力弱化主要体现在：第一，一部分群众对基层党组织失去信任，信任是基层党组织组织力的前提，没有信任作基础，就很难组织群众，电视剧《人民的名义》有一句台词"以前人民群众不相信政府做坏事，现在人民群众不相信政府做好事了"，他这里虽然说的是人民群众对政府的信任问题，但是实际上，人民群众是把党和政府画等号的，政府的一些部署都是通过基层党组织来贯彻执行的，人民群众对政府不信任实际上就是对党不信任，这句话虽然比较极端，但是我们不能忽视问题的严重性；第二，一部分党员干部做群众工作的能力不强，组织力要通过党员干部做群众工作的能力来体现，总的来说，通过全面从严治党的实践，党群关系得到明显改善，党员干部做群众工作能力有一定提升，但是还有一部分党组织和党员干部做群众工作能力不强，不会用群众语言与群众打交道，不能及时了解群众的所思所想，解决群众的实际问题。

基层党组织组织力弱化还体现在基层党组织的内部治理方面。组织严密、行动一致曾经是我们党的独特优势。习近平指出："相信组织，这是党内很多老同志最可贵的品质，他们把相信组织、服从组织视为生命。"[9]但是，改革开放以来，由于外部环境的变化，以及一定时期管党治党存在宽松软的现象，导致一部分党员缺乏组织意识和组织观念，组织纪律松弛，已经成为党的一大隐患。基层党组织组织力的弱化主要表现在：第一，部分基层党组织的活动缺乏普通党员的认可，客观来说，基层党组织在贯彻落实上级党组织的工作部署方面，做了很多工作，付出了艰苦努力，但是，基层党组织的活动往往只是由支部书记等党务工作者独自来完成，缺乏普通党员的参与，党员对党内事务参与不足，不能正确对待党内活动；第二，部分基层党组织带头人年龄老化，知识匮乏，很难适应新时代党的建设发展要求，据山西省的调研数据，在 27105 名村党组织书记中，55 岁以上的 6390 人，占 23.6%，初中及以下文化程度的 12099 人，占 44.6%。[10]这样基层党组织带头人很难有效组织党内活动，使得党组织处于瘫痪半瘫痪状态。正因为如此，十九大报告强调"要以提升组织力为重点，突出政治功能，把企业、农村、机关、学校、科研院所、街道社区、社会组织等基层党组织建设成为宣传党的主张、贯彻党的决定、领导基层治理、团结动员群众、推动改革发展的坚强战斗堡垒"。这一部署实际上明确了基层党组织建设的五大方向，具有很强的问题导向，为基层党组织今后开展活动提出了明确指引。第一，基层党组织要把党的主张及时有效传播给党员和群众，使他们能够深刻领会党的主张，并内化为自己的行动自觉。第二，基层党组织要坚决贯彻执行党的决定，这既是党的政治纪律，也体现基层党组织的责任担当，更是实现党的奋斗目标的根本保证。第三，在基层治理现代化进行中，基层党组织要发挥领导作用，要提升基层党组织的领导力。第四，把群众团结动员在党组织周围，增强群众党的执政认同，提升党执政的群众基础。第五，改革发展是实现群众自身利益的重要途径。要满足群众对美好生活的需要，基层党组织必须推动改革发展取得实实在在的成效。

二、"教育、管理、监督党员"和"组织、宣传、凝聚、服务群众"是党支部建设的重要职责

十九大修改通过的党章明确规定了基层党组织的八项任务：一是宣传和执行党的路线、方针、政策以及上级组织的决议；二是组织党员学习；三是对党员教育管理监督服务；四是密切联系群众；五是发现培养人才；六是发展培养党员；七是进行党内监督；八是教育党员和群众抵制不良倾向并同违法犯罪行为作斗争。[11]长期以来基层党组织在认真完成上述各项任务方面，做了大量工作，取得了一定成效。但是，正如习近平所指出的："是不是各级党委、各部门党委（党组）都做到了聚精会神抓党建？是不是各级党委书记、各部门党委（党组）书记都成了从严治党的书记？是不是各级各部门党委（党组）成员都履行了分管领域从严治党责任？一些地方和部门还难以给出令人满意的答案。"[12]调研中我们也发现，在实践中对党建的重视程度呈现层层递减的现象，层级越高，对党建重视程度越高，而基层党支部对党的建设重视程度最低。有的基层党支部很少开党员大会，组织党员活动也不及时不经常，对党员的心理状态和行为状态不够了解，缺乏对党员有效的教育管理和监督。针对基层党支部建设存在的这些问，十九大报告总结十八大以来党的建设取得的实践经验，强调"党支部要担负好直接教育党员、管理党员、监督党员和组织群众、宣传群众、凝聚群众、服务群众的职责"。这可以说是新时代党支部的两大重要职责，基层党组织的活动要围绕这两大职责来进行。

教育、管理、监督党员是增强我们党自我净化能力的根本途径。随着全面从严治党向基层延伸，我们发现基层党组织建设尽管也取得了很大成效，从总体上能够适应基层治理现代化的要

求。但基层党组织在教育、管理、监督党员方面仍然存在不同程度的宽松软问题，主要表现在以下几个方面：

第一，部分基层党组织存在对党员教育不经常的问题。王岐山曾经指出："巡视中发现有的中央部委司局级干部连'四个全面'战略布局、'五大发展理念'都答不全，甚至忘记了自己的入党年份。"[13]他这里讲的是司局级领导干部的情况，实际上一部分基层党员的情况也不乐观。在一部分基层调研了解到，有的党员多年来没有学习过党章，不了解党章对党章的基本要求，不了解党的一些基本的规章制度，例如不了解普通党员要遵守《中国共产党廉洁自律准则》，不了解普通党员也要遵守《中国共产党纪律处分条例》。之所以存在这种现象，就是因为基层党组织缺乏对党员的经常性教育。

第二，部分基层党组织失去了对党员的基本管理。党员本应发挥先锋模范作用，在群众中起带头作用。但是，在调研中了解到，一部分党员不但没有发挥先锋模范作用，甚至落后于普通群众，使得党员在群众中的威信降低，进而影响到党组织在群众中的形象。党员先锋模范作用发挥不充分，除了党员自身的原因外，与党组织的管理效能是密切相关的。

第三，部分基层党组织对党员监督不力。主要体现在对普通党员监督不力和党支部自我监督不力两个方面。党支部没有监督普通党员履行党员应尽的义务，党员违反党的纪律行为经常发生，致使一部分党员缺乏义务感和党员意识。党支部自我监督不力，主要体现在部分基层党组织自我监督不完善，一部分党支部书记存在贪污腐败现象，尤其是部分农村基层党支部书记的腐败行为已经严重危害到党的执政基础。党支部在教育、管理、监督党员方面存在的问题，严重影响党支部的创造力、凝聚力和战斗力，严重影响党员先锋模范作用的发挥和党在群众中的形象。十九大强调党支部要担负好这些职责，具有鲜明的问题导向。

　　党支部除了教育管理监督党员之外，还有一个重要职责就是"组织群众、宣传群众、凝聚群众、服务群众"。组织群众就是组织动员群众跟党走，努力完成党所确立的奋斗目标。宣传群众就是把党的思想、理论和价值观传播到群众中去，使之成为群众自觉的行为规范。凝聚群众就是把群众团结起来，把分散的个体力量凝聚成集体的磅礴力量。服务群众就是要逐步满足群众对美好生活的需求。组织群众、宣传群众、凝聚群众最终要落脚到服务群众上来，服务群众是我们党宗旨的体现。正如十九大报告指出的，中国共产党的初心和使命就是为中国人民谋幸福。没有服务群众作为基础，组织群众、宣传群众、凝聚群众最终都不可能取得满意的效果。因此，当前最重要的是要做好服务型党组织建设。近年来，我们党提出建设服务型基层党组织，中央办公厅于2014 年 5 月印发了《关于加强基层服务型党组织建设的意见》。在这一意见指导下，各地基层服务型党组织建设取得了重要进展，进行了一系列实践创新。但是，基层服务型党组织建设仍然面临一些困境。[14]最主要的可以归纳为两点：其一，服务意识不强，一部分基层党支部缺乏服务意识，没有深刻领会党的宗旨，颠倒了党与人民群众的关系；其二，服务能力不够，一部分基层党支部具有服务群众的良好愿望，但是没有能力实现服务群众的目的。这两方面的因素阻碍着服务型党组织建设进展。对此，十九大强调党支部要担负好"服务群众"的职责，具有很强的现实指导意义。当前贯彻落实党的十九大精神，就要强化党支部的服务意识和服务能力上下功夫。首先，要强化理论武装，进行党的宗旨、以人民为中心思想、人民公仆思想教育，使党支部牢固树立为群众服务的理念。其次要全面提升党支部服务群众的能力，提升党支部的服务本领。要加强对基层领导干部的业务能力培训，使他们适应互联网发展要求，带领群众共同致富。

三、制度创新是解决一些基层党组织弱化、虚化和边缘化问题的关键

思想建党是基础，制度治党是关键。习近平指出："从严治党靠教育，也靠制度，二者一柔一刚，要同向发力、同时发力。"[15] 在革命战争年代和计划经济时代，基层党组织是党在基层社会的战斗堡垒，是党密切联系群众和组织动员群众的重要依托。改革开放以来，伴随着从计划经济向社会主义市场经济的过渡，一部分基层党组织没能很好适应环境变迁，存在弱化、虚化和边缘化问题，严重影响了党对基层社会的领导，危害到党执政的基层基础。针对这一问题，十九大强调要"坚持'三会一课'制度，推进党的基层组织设置和活动方式创新，加强基层党组织带头人队伍建设，扩大基层党组织覆盖面，着力解决一些基层党组织弱化、虚化、边缘化问题。"

改革开放以来，基层党组织建设进行了一系列制度创新，[16]取得了很多成绩。但是通过基层调研我们了解到，一部分基层党组织没有很好地贯彻执行"三会一课"制度，有的党组织不能按时高质量地召开党员大会，有的党支部召开会议没有明确的党建内涵，即只讨论行政问题，不讨论党建问题。有的党支部不能按时高质量地上党课，有的党支部很少上党课，有的党支部即使上党课也是搞形式主义，很难调动党员的积极性，甚至以游玩娱乐的方式上党课。有的党支部设置方式还沿用传统的"单位制"进行设置，面对大量流动党员的出现没有进行及时的改革创新，致使一些地方出现了有党支部而没有党员，或者有党员而没有党支部的现象，即党员和党支部分离的现象。有的党支部活动方式单一，仍然是计划经济时代的一些传统做法，念念报纸、读读文件，没有适应网络时代的环境进行创新。2014年中央办公厅印发的《2014—2018年全国党员教育培训工作规划》提出用五年

时间对广大基层党员进行培训，"使广大党员理想信念进一步坚定，党性观念进一步增强，优良作风进一步发扬，履职服务能力进一步提高，先锋模范作用进一步发挥，不断增强党的生机活力"。一部分基层党组织并没有认真落实这一规划，致使一部分基层党组织处于弱化、虚化和边缘化状态，这一状态如果不解决，就很难完成新时代基层党组织所应承担的历史使命。

贯彻落实十九大着力解决一些基层党组织弱化、虚化、边缘化问题的精神，推进制度创新，还应做到：第一，进一步完善落实"三会一课"制度，基层党组织要按时组织党员参加党员大会、党小组会和上党课，党支部要定期召开支部委员会会议，党组织的活动要突出政治性和学习性，建设学习型党组织，突出党性锻炼，防止党组织活动表面化、形式化、娱乐化和庸俗化；[17]第二，改进基层党组织设置方式和活动方式，在坚持传统"单位制"党组织设置方式的基础上，应适应工作方式和生活方式多样化、党员流动频繁化的特点，创新党组织设置方式，可以按居住场所的社区、工作场所的写字楼以及企业产业链设置党组织，针对党员流动性强的特点，设置临时的流动党支部，实现有党员就有党组织，有党组织就能发挥战斗堡垒作用的目标；第三，创新制度为基层党组织培养带头人提供保障，目前一些基层党组织缺乏合适的带头人，是由多方面的原因造成的，但是基层党组织带头人培养制度不合理是其中的重要原因。十九大明确要求"大力发现储备年轻干部，注重在基层一线培养锻炼年轻干部"，"各级党组织要关心爱护基层干部，主动为他们排忧解难"。这为培养基层党组织带头人提供了重要保障。基层党组织带头人是最基层的干部，处在党密切联系群众的最后一公里，为贯彻落实党的路线方针政策和决策部署发挥了重要作用。但是长期以来，基层党组织带头人待遇低，付出与回报不对等，晋升空间狭窄，尤其是农村基层党组织带头人很少有晋升空间，工作一辈子仍然是农民。这就使一部分优秀党员不愿意做基层党组织带头人而外出务工经商。因此，应该通过体制机制创新和观念创新，建立基层党组织带头人的激励机制，为他们提供一定的晋升空间，使基层党组织带头人劳有所得，为基层党组织聚集人才，调动优秀党员加入基层党组织带头人队伍。

四、推进党务公开和畅通党内渠道是扩大党内基层民主的重要路径

《关于新形势下党内政治生活的若干准则》强调："党内民主是党的生命，是党内政治生活积极健康的重要基础。"[18]党内基层民主是基层党组织的生命，是充分发挥党组织创造力、凝聚力、战斗力的重要途径。十九大强调，扩大党内基层民主，一是推进党务公开，二是畅通党内渠道。包括党员参与党内事务渠道，监督党的组织和干部渠道，向上级党组织提出意见和建议的渠道。这为扩大党内基层民主指明了努力方向。

在革命战争年代，由于所处险恶的社会环境，党内很多事务都处于秘密状态。中国共产党的第一个纲领就强调："在党处于秘密状态时，党的重要主张和党员身份应保守秘密。"[19]新中国成立后，中国共产党成为全国的执政党，为秘密建党转向公开建党提供了条件。因此，新中国成立后，我们党历来强调，党内事务尤其是基层党内事务，除有特别需要保密的外，一般情况下应该向党员和群众公开，这有利于密切联系群众，接受党员和群众的监督。改革开放以来，我们党积极探索党务公开制度。2010年中央办公厅印发了《关于党的基层组织实行党务公开的意见》，明确规定了基层党务公开的内容、程序、方式以及工作保障制度。[20]十八届三中全会又进一步强调："完善党务公开制度，推进决策公开、管理公开、服务公开、结果公开。"[21]在中央文件精神的指导下，各地基层党组织积极探索基层党务公开实践，使

党内事务及时与群众见面，甚至一些基层党组织的选举也要先通过民意这一关。但是，在看到基层党务公开取得成就的同时，也不能忽视基层党务公开仍然存在一些问题："党务公开除了需要保密者外，目前只公开了一部分，仍然存在着该公开而不公开的情况；党务公开的运行程序不规范，有的只做些表面文章，绕过了关键的环节。"[22]为此，十九大报告强调要"推进党务公开"。今后推进基层党务公开要力求做到：一是公开的及时性，要及时公开党内事务，除了需要保密之外的党内事务要第一时间与党员群众见面，使他们能够及时了解党内事务并参与党内事务；二是公开的真实性，要确保党内事务公开的真实性，只有真实才能获得群众的信任；三是公开的具体性，有的基层党组织也进行党务公开，可是公开的内容比较笼统、不具体，而且是群众不感兴趣的东西，存在形式主义的内容，这不但不利于群众了解党内事务，反而会使群众产生反感心理，失去对党务公开的信任。

畅通党内渠道是唯物主义认识论和党的群众路线的必然要求，也是发展基层党内民主的重要路径。十九大对畅通党内渠道强调了三点，即党员参与党内事务、监督党的组织和干部、向上级党组织提出意见和建议，这三个方面可以说是衡量基层党内民主质量的重要标准。改革开放以来，随着基层党内民主的发展，党员对党内事务的参与度极大提高。十八届六中全会通过的《中国共产党党内监督条例》明确了党员是党内监督的主体之一，监督权不再仅仅是党员的权利，而且是党员必须履行的义务。党员向上级党组织提出意见和建议是保障党的路线方针政策正确和及时反映民意的重要途径。总体上从基层党建实践上看，近年来党员参与党内事务、监督党的组织和干部、向上级党组织提出意见和建议的渠道尽管是畅通的，但都还有进一步提升的空间。今后扩大党内基层民主，首先，要进一步确立党员主体地位，调动党员参与的积极性主动性。十九大报告强调"坚持以人民为中心"，

"坚持人民主体地位"。这一思想体现到党内政治生活中，就是坚持党员主体地位。因此基层党组织要努力保障党员基本权利，充分发挥党员在党内政治生活中的作用。其次，要完善党员参与党内事务的体制机制。十八大以来党内巡视监督取得了重大成效，其中一个重要原因就是为党员监督党的组织和干部提供了畅通渠道。巡视监督是上级监督与党员监督相结合的最佳形式。因此，还要进一步完善党内基层民主制度，保障党员在党内日常生活中持续深入广泛地参与党内事务，保障党员能够有效监督党的组织和干部，保障党员能够及时向上级党组织提出意见和建议。

五、稳妥有序开展不合格党员组织处置工作是提升党的建设质量的重要保障

无产阶级政党十分重视党员质量建设，强调党员质量重于党员数量。习近平指出："对我们这样一个长期执政的党来说，数量应该没什么大问题，难的主要是提高质量。"[23]改革开放以来，党员数量增速很快。1982年党的十二大时，党员数量为3900万。2002年党的十六大时，党员数量达到6000多万。截至2016年年底，党员数量达到8944.7万。党员数量的剧增，客观上给党员教育管理带来一定难度。因此，当前党内存在一部分党员不合格的问题。一部分党员不合格主要表现在：一是经常不参加党组织生活，二是不按时缴纳党费，三是丧失党的理想信念宗旨，四是严重违反党的纪律，五是不能发挥先锋模范作用，甚至落后于普通群众。因此，对不合格党员应进行批评教育，对于仍然不改正的，应进行组织处理。对此，十九大报告强调"稳妥有序开展不合格党员组织处置工作"。这是提升党的建设质量的重要保障。

实际上，处置不合格党员是我们党的一贯做法。党章和党的纪律处分条例都明确规定了处置不合格党员的情形。改革开放以

来的历次党代会报告也都强调要及时处置不合格党员。[24]各地基层党组织在处置不合格党员方面也进行了实践探索。但总体来说，处置不合格党员工作进展缓慢。这主要有以下几个方面的原因：

一是没有正确看待党员数量问题。在国际共产主义运动史上，有一种传统观点，就是以党员数量来衡量一个政党及其共产主义运动的成就。把党员数量的增长等同于政党发展壮大或共运的成就。一般来说，在一个政党成立初期或者早期，尤其是在未执政的情况下，可以用这种方法来衡量。一旦一个政党取得执政地位就不能用党员数量来衡量政党势力。否则就难以解释苏联共产党在有20万党员时能够取得政权，在有200万党员时能够打败法西斯，而在有近2000万党员时却失去了政权。

二是没有树立政党自信。一部分基层党组织之所以在处置不合格党员时顾虑重重，是因为怕处置不合格党员会影响到党的形象，甚至认为如果处置不合格党员数量过多，会对党造成冲击。实际上，应该正确看待处置不合格党员。进行不合格党员处置工作，是我们党有力量和信心的表现，不但不会危害到党的形象，只会进一步提升党的形象。应该充满自信，不合格党员在党内毕竟只是少数。

三是没有正确看待组织处理的党员。我们党的党员数量目前已经达到近9000万人，尽管数量已经很庞大，但是在全体国民中，毕竟还是少数。我们党是先锋队政党。组织处置党员，只是意味着他们不适合再做先锋队的一分子。但是，他们仍然可以做一个好公民，仍然是我们党所依靠的群众，而不能把他们推到党组织的对立面去。

在正确对待以上三个方面的问题之后，今后稳妥有序开展不合格党员组织处置工作，可以从以下三个方面进行：

第一，认真学习十九大通过的新党章和相关党内法规。让党员明白应该履行的义务、应该遵守的纪律、应该承担的责任、应该发挥的先锋模范作用。

第二，在学习党章和党规的基础上，进行党员自愿重新登记。能够履行党员义务和责任的，或者通过学习教育能够履行党员义务和责任的，可以重新登记为党员。不想履行党员义务和责任的不再进行登记。

第三，对那些不能履行党员义务和责任，经过教育仍不改正而继续进行登记留在党内的，应该进行组织劝退直到党内除名和开除。

总之，十九大对新时代基层党组织建设的系统部署，既是中国共产党长期以来尤其是十八大以来基层党组织建设的实践经验总结，又是站在新时代的起点上，针对推进全面从严治党向基层延伸面临的挑战，对基层党组织建设做出了系统的战略安排。这些战略安排对提升基层党组织建设质量，发挥基层党组织整体功能具有重要意义。当前应该深入学习领会十九大对基层党组织建设的战略部署，从基层党组织建设的实际出发，把这些部署落到实处。

参 考 文 献

[1] 中央档案馆. 中国共产党第二次至第六次全国代表大会文件汇编 [M]. 北京：人民出版社，1981：29.

[2] 王同昌. 新时期农村基层党组织建设建设 [M]. 合肥：合肥工业大学出版社，2015.

[3] 盛若蔚. 中国共产党党员结构持续优化 基层党组织功能不断强化 [N]. 人民日报，2017－7－1.

[4] 中共中央文献研究室. 习近平总书记重要讲话文章选编 [M]. 北京：党建读物出版社，2016：236.

[5] 毛泽东.毛泽东选集（第1卷）[M].北京：人民出版社，1991：50.

[6] 毛泽东.毛泽东选集（第2卷）[M].北京：人民出版社，1991：352.

[7] 毛泽东.毛泽东选集（第4卷）[M].北京：人民出版社，1991：1131.

[8] 邓小平.邓小平文选（第3卷）[M].北京：人民出版社，1994：4.

[9] 中央文献研究室.十八大以来重要文献选编（上）[M].北京：中央文献出版社，2014：767.

[10] 山西省党建研究会课题组，孙大军，张晓峰.发挥农村基层党组织在精准扶贫中的作用研究 [J].中国延安干部学院学报，2017，10（1）：41-47，53.

[11] 本书编写组.中国共产党第十九次全国代表大会文件汇编 [M].北京：人民出版社，2017.

[12] 中共中央文献研究室.十八大以来重要文献选编（中）[M].北京：中央文献出版社，2016：93.

[13] 王岐山.全面从严治党 厚植党执政的政治基础——在全国政协十二届常委会第十八次会议上的讲话 [J].中国纪检监察，2016（23）：8-11.

[14] 刘红凛.基层服务型党组织建设的困境与进路 [J].探索，2015（3）：19-24.

[15] 中共中央文献研究室.十八大以来重要文献选编（中）[M].北京：中央文献出版社，2016：94.

[16] 王同昌，谈育明.创新农村基层党组织建设的实践与思考 [J].长白学刊，2014（6）：48-51.

[17] 本书编写组.《关于新形势下党内政治生活的若干准则》《中国共产党党内监督条例》辅导读本 [M].北京：人民

出版社，2016：43.

[18] 本书编写组．《关于新形势下党内政治生活的若干准则》《中国共产党党内监督条例》辅导读本 [M].北京：人民出版社，2016：37.

[19] 本书编委会．中国共产党历次党章汇编（1921—2002）[M].北京：中国方正出版社，2006：47.

[20] 中共中央文献研究室．十七大以来重要文献选编（中）[M].北京：中央文献出版社，2011：936.

[21] 人民出版社．中共中央关于全面深化改革若干重大问题的决定 [M].北京：人民出版社，2013：36.

[22] 许耀桐．党务公开八议 [J].同舟共进，2013（4）：25 -27.

[23] 中共中央文献研究室．十八大以来重要文献选编（上）[M].北京：中央文献出版社，2014：351.

[24] 王同昌，单博迪．当前党员退出机制存在的问题及对策 [J].学习论坛，2014，30（6）：24 -27.

浅论新媒体给思想政治工作带来的影响、挑战及对策

孙继伟

安徽省水利厅

不同于报刊、广播、电视等传统媒体，新媒体是依靠现代数字技术、网络技术和信息技术发展起来的媒体形态，其中的典型代表就是网络媒体和手机媒体。根据中国互联网络信息中心（CNNIC）2017年1月22日发布的第三十九次《中国互联网络发展状况统计报告》，截至2016年12月，我国网民规模已达7.31亿，互联网普及率达53.2%，其中手机网民规模达6.95亿。凭借其即时性、交互性、共享性、开放性、广泛性，以及个性化、多元化等优势特征，新媒体短时期内飞速崛起，不断影响和改变着人们的生产和生活方式，同时也给思想政治工作带来许多新变革。

一、新媒体给思想政治工作带来的积极影响

（一）克服时空局限

新媒体的发展与普及，推动了信息传递方式和人际交流方式的变革。诸如开会、听报告、学文件、读报纸、谈心谈话等思想政治工作传统教育手段，必须以特定时间、固定地点为依托才能顺利进行。而新媒体则可以最大限度摆脱时空局限，让随时随地、每时每刻开展思想政治工作成为可能。一是实现信息即时传播。不同于线性、单向传播为主的传统媒体，新媒体采取"金字

塔""核裂变"式的传播方式，每个人都可以通过电脑、手机等终端，第一时间快速发布信息、及时接收信息。二是实现信息远程传播。新媒体凭借四通八达的网络，做到了信息之间的自由交换、传递。如不受区域限制的现代远程教育、在线教育、空中课堂等，就是新媒体在思想教育工作中的具体运用。

（二）拓展教育平台

首先，教育资源更丰富。在数字技术的推动下，海量数字资源进一步聚合，形成了开放共享、内容丰富、种类齐全的资源库。思想政治工作者可以围绕特定的宣教主题，利用资源库一一展示该主题的历史回顾、现状分析、发展方向、意义梳理等全面信息，为广大干部职工提供更立体、更厚重、更有说服力的资料。其次，教育载体更丰富。新时期思想政治工作的载体主要包括文化载体、管理载体、活动载体和大众传媒载体等，而新媒体作为大众传媒载体的新生力量，从各方面大大延伸了人体感官，推动了传播方式、传播格局的深刻变化，在思想政治工作中发挥着越来越重要的作用。最后，教育手段更丰富。诸如博客、论坛、手机报、微信公众号、QQ 群、"微课堂"、门户网站、短信、网络意见箱等，都能作为行之有效的教育手段运用到思想政治工作具体实践中。

（三）实现良性互动

新媒体逐渐改变以往"你说我听"的单一工作模式和"从上到下"的单线信息传递模式，推动思想政治工作坚持"人本"原则，更加紧贴时代脉搏、紧贴干部职工。第一，促进思想政治工作者和干部职工之间的良性互动。新媒体提供了丰富的互动交流平台，如微信群、QQ 群、领导网络信箱、职工论坛等，在"上情下达"的同时实现"下情上传"，畅通诉求表达渠道。特别是在制定单位重大决策时，思想政治工作者通过新媒体第一时间收集汇总干部职工的意见建议，及时将职工诉求反馈至领导班子，并据此做好决策的调整与改进，从而能妥善化解潜在矛盾，维护单位的团结稳定。第二，促进了干部职工之间的良性互动。干部职工在接受信息的同时，又作为信息传播者进行评论、发表看法，与其他干部职工进行思想交流、观点碰撞，最终形成共识，增进了彼此感情。

（四）推动个性教育

新媒体从各个角度极大延伸了人体的感官，无论是文字、图片、符号、视频、音频、动画等多种形式，还是文学、历史、政治、经济、理化、技能等多种类型，都能极大满足不同个体的个性需求，提升了干部职工参与思想政治工作的积极性，有助于思想政治工作在坚持普遍性原则的基础上加强个性化教育。比如作为全省公务员在线学习、考试、交流的平台——"安徽干部教育在线"，就是兼顾共性教育和个性发展的成功案例。平台既有政策解读、政治理论、会议文件等必修课资料，又有综合素养、业务知识、技能训练、案例课程、经济讲堂等丰富的选修课资料，并提供三分屏、单视频、单音频、动画模拟、案例分析等多种课件格式，供学员自由选择、自主学习感兴趣的课件，收到良好效果。

二、新媒体给思想政治工作带来的巨大挑战

（一）放大负面情绪

由于新媒体具有开放性、匿名性、准入门槛低等特性，很多干部职工将其视为缓解现实压力、发泄负面情绪的平台。尤其在网络媒体中，低俗内容、极端言辞、负面论调、非理性谩骂随处可见，故意煽风点火、混淆视听、制造混乱的不乏人在。而"思想政治工作的本质属性就是用'一元化'的导向，使社会成员秉承主导价值观，进而形成符合社会发展要求的品德结构"[1]，在复杂的网络环境下，如何抢占主阵地、唱响主旋律、传递正能

量，积极引导广大干部职工理性分析、慎思明辨、去伪存真，则是思想政治工作者必须直面的问题。

（二）能力短板凸显

部分思想政治工作者认识不足，没有意识到新媒体对于开展思想政治工作的巨大推动作用，主观抗拒排斥，不愿意使用；部分思想政治工作者能力欠缺，对于如何运用新媒体开展思想政治工作心中没数、手里没招，既不懂得如何善用新媒体，也不熟悉新媒体的传播规律，更不了解如何使用网络语言进行沟通交流，媒体素养亟待提高。

（三）权威受到挑战

新媒体时代亦是"自媒体"时代，每个人都有话语权，每个人面前都有麦克风，它极大地推进了全民共同参与和权级平等。在这种"去中心化""扁平化"的宣传教育背景下，思想政治工作者长久以来的话语权、权威性、优势地位受到了挑战。如果无视这一变化，继续高高在上，沿用"老一套"，动辄板起脸来批评说教，势必影响工作效果。

三、运用新媒体开展思想政治工作的对策

（一）尽快提高认识

面对新生事物，思想政治工作者必须充分认识到新媒体在提升思想政治工作水平中的不可或缺性，积极转变观念，主动应对挑战。要变高高在上为平等对话，探索利用新媒体与干部职工真诚沟通交流的方式方法，以期实现统一思想、减少阻力、增进团结的目的；要变被动回答为主动服务，积极推进政务公开、厂务公开，及时发布服务信息，主动回应干部职工诉求，化解矛盾。

（二）提升媒体素养

思想政治工作者要紧跟时代步伐，加强学习，主动接触。一方面要尽快了解新媒体的传播特点，尊重传播规律，学会在各种

新媒体平台上，用更亲民、更"草根"的新媒体语言与广大干部职工打交道；另一方面要努力掌握现代信息技术和网络技术的基本知识，熟知程序操作、资料查询、信息检索、舆情分析等基础技能。

（三）坚持有序引导

加强舆论引导，一旦发现苗头性问题，就要在第一时间用理性分析回击偏激论断、用科学结论回击网络谣言、用权威声音回击臆断猜测。通过营造积极向上的网络文化氛围、畅通线下诉求表达渠道、加强正面教育、鼓励实名参与网上话题讨论等途径，引导广大干部职工树立法制意识、政治意识、大局意识和责任意识，从自身做起，身体力行净化网络空间。

（四）加强阵地建设

在借鉴成功经验的基础上，大胆尝试运用新媒体开展思想政治工作的方法，探索"互联网＋党建""互联网＋思想政治教育"等新工作模式。注重打造权威性的新媒体平台，做好信息"把关人"和"第一责任人"，确保平台发布内容的真实性和客观性。围绕加强中国梦、社会主义核心价值观等重大主题，开展丰富的新媒体宣教活动，精心设置议题，浓墨重彩做好正面宣传，用健康、积极、向上的思想占领网络阵地。

参 考 文 献

[1]　庄钰美. 浅谈新媒体时代思想政治工作机遇与挑战 [J]. 科技风，2013（13）：183，185.

思想政治教育在青年水利人才培养中的研究与实践

邓映之

水利部淮河水利委员会

人才是指具有一定的专业知识或专门技能，进行创造性劳动并对社会做出贡献的人，是人力资源中能力和素质较高的劳动者。[1]人才应该具备较高的综合素质，应该是德智体美等素质的综合，不仅要有过硬的专业素质，还要有较高的道德品质修养。《全国水利人才队伍建设"十三五"规划》明确提出要围绕四个全面战略布局，按照政治坚定、敢于担当、能力过硬、作风优良、纪律严明、清正廉洁的要求，培养造就一支具有献身、负责、求实的水利行业精神的水利人才队伍。[2]由此可见，新时期党和国家需要的水利人才，要求是德才兼备的人才，不仅要成才，更重要的是成人，二者相辅相成，缺一不可。

当前，社会转型升级加速、不断变革，青年水利职工的思想和行为呈现出多样化和多变化，容易出现追求迷茫、精神颓废、道德滑坡、价值观扭曲、心理不健康等问题，这种情况下迫切需要加强思想政治教育。思想政治教育在青年水利人才培养方面发挥着重要作用，能够帮助青年水利职工尽快地成才成人，是实现水利事业可持续发展和提高水利人才培养质量的必然选择。

一、思想政治教育在青年水利人才培养中的作用

思想政治教育是用马克思列宁主义的理论观点和马克思主义

中国化的理论成果教育引导人们自觉树立社会主义的意识形态，坚持社会主义方向，提高人们的道德修养水平，培养"四有"新人。通过对水利青年进行思想行为引导、道德法制教育以及政治理念宣传，及时宣贯中央关于水利工作的指导思想、方针、政策等，发扬"献身、负责、求实"的水利行业精神及爱岗敬业精神，从而使水利青年的思想品德素质符合水利事业的需要。思想政治教育在青年水利人才培养中发挥了不可替代的重要作用。

（一）导向作用

思想政治教育帮助青年确立正确的政治方向、正确的"三观"以及科学的思维方法，具有导向作用。通过及时准确地宣传党和国家各个时期的相关政策、方针和路线，使青年的政治觉悟得到不断提高，具备坚定的政治信念和政治立场。组织和引导青年系统地学习马克思主义哲学，始终以中国特色社会主义理论为指导，逐渐形成科学的世界观、人生观和价值观。培养青年运用辩证唯物主义和历史唯物主义的观点去分析问题和解决问题，从而形成科学的思维方法。

（二）塑造作用

思想政治教育可以促进青年文化素质、道德品质以及健康心理素质的形成，具有塑造作用。通过实践，加强对青年人文素养的陶冶，拓宽青年的视野，帮助青年树立崇高的社会理想。通过对青年进行道德思想、道德观念、道德规范的教育，使青年具备良好的社会公德、职业道德、家庭美德和个人品德，促进青年良好道德品质的形成。通过及时调整青年的心理状态，使青年能够适应社会的发展现状，协调人际关系，进而促进青年健康心理素质的形成。

（三）开发作用

思想政治教育有利于青年个体性的开发以及单位文化的建设，具有开发作用。不同的人有不同的性格、爱好、才能和需求。思想政治教育可以按照青年的个性发展特点，因材施教，使其能够充分发挥自己的特点和特长，增强他们的创造性和独立性，以更好地促进他们各方面才能的发展。思想政治教育有利于单位文化的建设，为青年的培养提供了良好的环境氛围。

二、思想政治教育在青年水利人才培养中的问题

当前，思想政治教育在青年水利人才培养中还存在诸如重视程度不足、教育形式单一、专业队伍及业务水平不够等问题，思想政治教育的导向、塑造、开发等作用有待进一步加强。

（一）对思想政治教育的重要性认识不足

受到社会多元思想和多元文化的影响，部分青年水利职工还存在一些消极思想，如重视专业技能而不重视思想政治学习，集体观念、责任观念不强，没有正确的世界观、人生观、价值观，甚至不能做到爱岗敬业。另外，在市场经济条件下和长期的应试教育下，青年水利职工的培养往往只重视青年对水利专业知识和水利专业技能的掌握情况，注重看得见的成绩，认为思想政治教育活动是务虚的，其作用于无形，在水利行业的教育实践中往往被不自觉地否定和弱化。一些水利单位对思想政治教育活动过程中的各项投入有限，思想政治类的专业书籍、文献资料收集方面的经费投入不足。

（二）思想政治教育形式单一

当前的思想政治教育方式单一、方法简单，通常采取一般的倾注式的教育方式，如采用开会批评、传达文件等方法，重视说教而缺乏关怀，方式方法过于枯燥乏味，已经不能适用于目前的多元化价值取向，不能满足新时期职工不断提高的精神追求，这也会使青年的思想政治学习热情逐渐降低。另外，微博、微信等网络新媒介的广泛应用，使青年职工对信息的选择变得十分困难，对那些失真、负面、不良信息的甄别能力有限。水利行业在

如何改善传统的教育方式、更好地应对网络冲击等问题上，还没找到行之有效的途径，这也是当前困扰水利思想政治教育工作的重要问题。

（三）思想政治教育专业队伍和业务水平不够

思想政治教育进行的成功与否很大程度上取决于施教者。不可否认的是，在实际的思想政治教育活动中，施教队伍以及业务能力还有待进一步加强。水利行业思想政治教育工作一般由单位的领导干部兼职开展，综合（人事）部门归口负责，配备专职政工干部的单位不多，思想政治专业科班出身的更是少之又少。另外，思想政治教育队伍的专业素质有待进一步提高，通常采取沟通交流、谈心谈话等方式关心青年职工的思想，有的思维方式和教育方式陈旧，有的沟通技巧和施教耐心不足，缺乏对思想政治教育内容的深入研究和理解，在把握新时期水利青年职工思想和需求上的研究不够透彻。

三、思想政治教育在水利人才培养中的实践

淮委水文局（信息中心）是水利部淮河水利委员会的直属事业单位，履行水文行业管理、水文技术服务、水利信息化3大类共12项主要职责，专业领域涉及水文水资源、气象、通信、信息化等，拥有一支业务素质过硬的专业技术队伍。伴随水利事业的蓬勃发展以及当前的新形势、新要求，淮委水文局（信息中心）的人才队伍出现年龄结构不合理、后备人才不足、复合型人才缺乏等新问题，部分青年职工在思想上还存在不同程度的追求迷茫、进取心不足、奉献意识弱化等问题，迫切需要加强对青年职工的培养。2014年6月，淮委水文局（信息中心）启动了青年人才培养"传帮带"工程，思想政治教育和业务知识教育"双管齐下"，以全面提升青年队伍的政治素质、业务素质和综合能力为目标，对思想政治教育在水利人才培养中的有效应用进行了

实践。

（一）高度重视思想政治教育工作

淮委水文局（信息中心）党支部、局领导高度重视思想政治教育工作，在"传帮带"培养中坚持党的领导，紧抓思想政治工作这个"生命线"武器，始终重视沟通协调、谈心谈话、交流汇报等方式，不断探索创新教育方法，统筹协调推进培养工作，成立了由支部书记任组长的青年职工培养领导小组。领导小组广泛倾听职工意见和建议，组织实施人才现状调研，出台了"青年职工培养管理办法"和"青年职工培养结对方案"，建立以老带新的"结对子"培养方式。经过充分讨论，领导小组研究确定了首批 11 名指导老师和 11 名培养对象。11 名指导老师中，教授级高级工程师 8 人，中共党员 10 人，平均年龄 49 岁；11 名培养对象中，研究生以上学历 5 人，中共党员 6 人，平均年龄 30 岁。指导老师业务本领过硬、工作经验丰富，培养对象理论功底扎实、可塑性好。在实施过程中，党支部和领导小组定期对培养效果进行评估，及时掌握培养对象的政治素质、业务能力和综合能力的提升情况，多次开展监督考核工作，并就相关工作进展情况及时向上级主管部门进行了汇报。

（二）多措并举丰富思想政治教育方式

坚持"德才兼备、以德为先"的培养原则，注重培养对象政治素质和思想品德的提升，帮助青年职工树立正确的世界观、人生观和价值观，确保事业上合格的人才首先要在政治上合格。结合日常开展的"群众路线"教育、"三严三实"教育、"两学一做"教育等党性教育活动，组织培养对象带头学习党章党规，带头学习习近平系列重要讲话，坚持集中学习和自选自学相结合，确保政治理论学习不走过场。为丰富教育形式，采购或订阅了一批思想政治类、水文化类专业书籍和报刊，推介"共产党员"等微信公众号供培养对象阅读。三年来，青年职工的政治素质、思想作风、业务能力、协作沟通能力等均得到显著提升，已成长为所在科室的业务骨干，其中9人作为科级干部主持本科室工作，其综合管理素质得到了进一步强化。11名培养对象中，有的政治素质和专业素质得到提升，业务工作能力和实践创新能力有了突破；有的工作扎实、作风过硬，业绩成果丰富；有的勤奋钻研、攻坚克难、表现突出，获得有关方面的表彰和奖项。无论是在科研攻关一线、防汛会商现场还是在对外科技交流以及完成各项重点业务工作中，他们都充当着重要的角色，逐渐发挥出越来越重要的作用。

（三）不断提升思想政治教育的业务水平

作为思想政治教育的施教者，领导小组成员以及指导老师不断强化业务素质，持续提高计划、决策、沟通、协调、监督、领导等综合管理水平，与青年培养对象亦师亦友，关心青年的思想动态，注重言传身教和潜移默化，将自身经历的那个艰苦卓绝的奋斗年代的优良品质和精神传承给青年，将历代工作者在长期水文和信息化实践中积累的业务成果和精神财富传承给青年。领导小组注重采用激励机制，根据工作需要和能力水平，把符合条件的培养对象推荐到一定的管理岗位上进一步培养和锻炼。2014年9月，根据《党政领导干部选拔任用工作条例》，通过动议、民主推荐、考察、讨论决定等程序，9名培养对象被选拔任用到科级干部职位，主持本科室工作。2015年11月，9名培养对象通过试用期满考核，领导和同事们对他们的工作作风、工作能力和实绩给予较高的评价。另外，根据青年职工管理办法的规定，对阶段培养目标考核为优秀的指导老师给予了物质和精神表彰。

四、结语

思想政治教育在青年水利人才培养工作中起到了重要作用，能够帮助青年一代尽快地成才成人，是实现水利事业可持续发展和提高水利人才培养质量的必然选择。淮委水文局（信息中心）"传帮带"人才工程的成功应用和实践，为将思想政治教育工作融入水利人才培养过程探索出一条切实可行的道路，体现了思想政治教育这个"生命线"的巨大作用和价值。

参 考 文 献

［1］《国家中长期人才发展规划纲要（2010—2020）》，2010，6.

［2］《全国水利人才队伍建设"十三五"规划》，2016，6.

注重人文关怀和心理疏导
创新与加强思想政治工作

樊永勇

安徽省机电排灌总站组织人事科

思想政治工作是我们党的优良传统和政治优势，是经济工作和其他一切工作的生命线。党的十八大报告指出："加强和改进思想政治工作，注重人文关怀和心理疏导，培育自尊自信、理性平和、积极向上的社会心态。"这一重要论断对当前水利行业践行"创新、协调、绿色、开放、共享"的发展理念，坚持"节水优先、空间均衡、系统治理、两手发力"的新时期水利工作方针，持续提升保障能力，开展思想政治工作创新指明了方向，具有重大指导意义。

一、当前职工的思想变化和特点

习近平指出，中国已经进入全面建成小康社会的决定性阶段，实现这个目标是实现中华民族伟大复兴中国梦的关键一步。这一重要的战略机遇期，同时也是社会矛盾凸显期，改革开放不断深化，市场经济和新技术的飞速发展，特别是互联网的大量普及，使得当前职工群体思想由静态、狭隘、封闭转向动态、系统、开放的状态，呈现出多元化、多样性、现实化、动态化和兼容并包的新特点。

（一）思想观念多元化，接受新鲜事物的开放性

社会生活的丰富多彩，各种政治经济文化思潮的影响，带来

思想观念的多元化，呈现出多样化和开放性的特点。以排灌总站为例，"80后""90后"群体约占职工总数的 27％，这部分群体是伴随着互联网成长的年轻一代，思维活跃、思想开放，接受新事物能力强，在认同主流价值观的同时，兼容多种观念，更强调自我实现。思想政治工作面临与职工思想变化同步和相适应的客观现实。

（二）思想观念现实化，现实取舍上的功利化

改革开放的不断深化和市场经济的飞速发展，使得社会阶层发生深刻分化，职工面临自身利益的现实问题日益突出，关注自身、趋利避害的人生态度表现明显。具体表现为工作讲利益，怕吃苦受累，挑肥拣瘦、拈轻怕重，热衷于参与各种项目评审、私自考证挂证。"肥了自家田，荒了公家地"等现象在不同单位都有不同程度的体现，思想政治工作面临力不从心的现实。

（三）思想观念动态化，思维意识不确定性

科技的迅猛发展，社会变革的加速，新事物层出不穷，不同职工群体适应社会发展进步的能力差异较大，相互影响及心理承受力呈现断层和不确定性。以排灌总站为例，拥有微信、微博账号的职工占职工总数的 90％以上，但不同群体运用"两微一端"呈现的内容和思维方式差异较大，思想观念动态变化明显。思想政治工作面临的不确定因素增多，职工思想猜不透、跟不上的现象明显。

（四）思想观念复杂化，带来思想非线性波动

市场经济带来的诱惑因素增多，各种负面影响，不同年龄跨度、不同教育背景、不同生活境况的职工群体，在面对工作压力、家庭问题、收入等现实差异时，心理失衡、情感脆弱、情绪偏激等思想波动日趋复杂，思想"亚健康"的现象明显。通过随机调查，以近期排灌总站组织的体检情况为例，心脏功能异常等生理异常群体呈扩大趋势,究其原因与工作、家庭、生活等带来的压力不能及时疏导大有关系。思想政治工作面临人文关怀和心理疏导的迫切需要。

二、人文关怀和心理疏导的内涵

所谓人文关怀,指的是人文精神的关怀或人道主义的关怀,就是强调以人为本,真心地关心一个人的生存和命运,它的核心是关心人、尊重人。从医学角度来讲,心理疏导是一种治疗心理疾病和精神障碍、促进身心健康的一种治疗方法,中医早有"心病还需心药治"的说法,疏导疗法也可称为"排泄法"。从思想政治工作角度来讲,心理疏导体现的是科学发展和以人为本的精神理念,即通过运用语言和非语言的交流,通过解释、说明、支持、同情、理解等来影响对方的心理状态,来改变对方的认知、信念、情感、态度和行为。从这个意义上讲,心理疏导的过程就是不断消除内心不和谐因素,最大限度创造心理和谐的过程。这两种工作方式中,人文关怀侧重于满足人们多层次多方面的感受和需求,心理疏导则侧重于解决人们的心理障碍问题。

三、注重人文关怀和心理疏导是创新与加强思想政治工作的现实选择

当前水利事业正处于大发展、大跨越的关键时期,重点项目多、重点工作多、大事难事多,水利行业又具有政策性强、专业分类杂、技术性高、作业战线长、站点分布散、室外作业多和安全责任重大等特点,这就更需要一支政治素质过硬、技术水平高、责任心强且具有敬业奉献精神的队伍。联系实际做好职工思想政治工作尤为迫切。

思想政治工作说到底是做人的工作,必须坚持以人为本。既要坚持教育人、引导人、鼓舞人、鞭策人,又要做到尊重人、理

解人、关心人、帮助人。注重人文关怀和心理疏导，成为新时期水利行业创新与加强思想政治工作的现实选择。

（一）行业之间以及个体之间收入分配的差距扩大导致职工心理失衡问题凸显

由于行业特点、发展程度以及个体条件的差异，在收入分配上差距扩大，由此带来职工对利益分配的不平等感逐渐增加，被剥夺感增强。引导职工正确对待收入差距扩大问题，正确认识利益分配格局，防止心理失衡发展为心理问题，成为当前思想政治工作面临的一个严峻课题。

（二）价值观嬗变导致信仰缺失的现实冲突骤显

改革开放以来经济快速发展，人们的价值取向发生了巨大变化，对物质利益的追求比重增大。拜金主义、利己主义、享乐主义逐渐抬头，一些职工对社会主义核心价值认知比较模糊，易受互联网等新媒体负面信息影响，信仰动摇进而缺失，冲击着对核心价值观的认同，甚至引发一系列社会问题。

（三）不同职工群体对行业文化的认同感差异扩大

近些年来，水利改革不断深入，行业从业人员更新速度加快，老职工与新职工、老观念与新规范，相互交替的过程中产生断层，相互适应的过程中产生摩擦与撕裂，在文化价值的认同上产生差异，造成职工心理上的困惑和迷茫。

（四）职工的学习、生活和工作压力逐渐增大

全面从严治党持续推进，事业单位改革不断深入，信息时代技术迭代加速，由此带来岗位竞争、知识更新、技术创新压力逐渐增强，职工在面对高强度的工作任务和日益增大的工作压力时，必然会产生紧张和焦虑情绪。同时，在社会整体生活水准不断提高的背景下，来自住房、医疗、家属就业、子女上学等现实压力加大，都需要及时对职工进行人文关怀和心理疏导。

四、注重人文关怀和心理疏导是创新思想政治工作的有效路径

人文关怀和心理疏导首先要在工作理念上创新，然后才是方式、方法和路径上创新，重点要在理解、接受、引导、协调上把握关键节点。

（一）贴近实际、贴近生活、贴近群众

人文关怀就是要把人的幸福、自由、尊严、终极价值联系起来，立体地对待每名职工的多层次需求，最大限度地释放个人潜能。贴近实际，就是从职工的现实处境和切身利益出发，关注他们的价值、权益和需求，关注他们的生活质量、发展潜能和幸福指数，有效缓解职工的思想矛盾、心理冲突和情感困惑；贴近生活，就是跟上生活变化的新节奏，传递生活变化的新信息，针对职工在学习、成才、婚恋、健康、生活等方面遇到的问题开展教育；贴近群众，就是要想职工之所想，急职工之所急，办职工之所盼，真诚倾听职工群众呼声，真实反映职工群众愿望，真情关心职工群众疾苦，努力满足职工群众需求。根据不同群体的具体情况，讲究教育的层次性，注意工作的渐进性，增强针对性、实效性和亲和力。

（二）建立心理预警机制，及时疏导，促进心理和谐

很多心理问题的出现，都会有一些前兆，建立心理预警机制，对处于困境或遭受挫折的人予以心理危机干预，加强沟通，畅通交流渠道，防止不良心态积累恶变。加强心理健康教育，引导职工学会心理调节，正确对待自己、他人和社会，正确对待困难、挫折和荣誉，营造良好的社会心理环境。积极倡导爱国、敬业、诚信、友善的责任意识，把社会主义核心价值体系建设引向深入。营造助人为乐、见义勇为、诚实守信、敬业奉献、孝老爱亲的道德风尚，培育自尊自信、理性平和、积极向上的心态，促

进家庭和美、邻里和睦、人际和谐，形成和衷共济、和谐相处的良好氛围。

（三）拓展活动载体，丰富文化生活

健康丰富的精神文化生活能够帮助人们舒缓心情、调整心态，起到滋养心灵的"润滑剂"和"减压阀"作用。面对职工多方面、多层次、多样化的精神文化需求，需要创新思维，积极拓展思想政治工作的活动载体，广泛开展主题教育活动、社会公益活动、创建共建活动、创先评优活动、文化体育活动等，为职工提供展示才华、交流情感、锻炼能力的机会和空间，使他们在各种活动中放松心情、发挥才能、陶冶情操，增强积极心态，积累正能量。

（四）创新和改进方式、方法，增强针对性和实效性

人文关怀和心理疏导，需要创新和改进方式、方法，增强针对性和实效性，提高吸引力和感染力。通过正面教育，对职工进行正确引导和正面激励，增强自尊心和自信心；通过换位思考、情感体验，从职工的生活实际出发，贴近实际设置富有意义的教育情境，引导自主思考、自我体验；通过搭建多种形式的沟通对话平台，在职工与领导、职工与思想政治工作者，以及职工之间建立和谐的交往关系，营造宽松的心理氛围，平等沟通、互动交流，达到潜移默化的效果；充分利用互联网、新媒体引导职工拓宽视野，更新知识结构，提高自身综合能力，通过自我激励、自我调节、自我管理和自我修养，逐步实现自我完善。

水行政主管部门廉政文化建设思路与实践

——以太湖流域管理局廉政文化建设为例

代子阳

水利部太湖流域管理局

廉政文化作为一种无形的、潜在的精神力量，为党风廉政建设和反腐败斗争的深入开展提供了思想保障和文化支撑。党的十九大站在新的历史起点上，对党的建设提出了更高要求。廉政文化建设作为党的先进性和纯洁性建设的基础性工程，对于推进党的建设新的伟大工程具有重要支撑作用。水行政主管部门负责水资源的统一管理和监督，是直接面向广大人民群众服务的民生保障机构，是贯彻党为人民谋幸福，响应人民对美好生活、对美丽家园需求的行动队。加强廉政文化建设对于形成秉公用权、廉洁从政、以人民为中心的价值理念，从源头上预防和减少腐败现象的发生，更好地履行职能，具有十分重要的意义。

近年来，水利部太湖流域管理局（以下简称太湖局）作为流域水行政主管部门，围绕建立健全惩治和预防腐败体系的整体要求，坚持教育为先、预防为主的方针，强化"防止小问题变成大问题，杜绝违纪问题演变成违法问题"的工作理念，加强廉政教育，积极开展廉政文化进单位、进家庭、进人心"三进"活动，特别是组织开展处级以上干部及干部家属、纪检委员"清风进家门"专题活动，为营造文明清廉的环境氛围，推进单位廉政文化建设，落实全面从严治党要求，发挥了积极的作用。

一、主要做法

（一）以流域水文化为载体，丰富廉政文化内涵

太湖流域水文化历史悠久，底蕴深厚。人们在与水的抗争中积累了丰富的治水理念，特别是在现代流域综合治理中，流域各级水行政主管部门注重在水利工程建设、水环境整治中凸显水文化，形成了丰富的流域水文化资源。太湖局把廉政文化建设根植于水利行业精神和太湖水文化的土壤，以精神文明创建活动为载体，开展形式多样的文化活动，形成了具有行业特点、流域特色的太湖局廉政文化。我们充分利用流域水文化的丰硕成果，组织开展"看改革开放，看经济发展，看社会进步"为主题的流域水文化考察活动，进一步提升干部职工的水文化素养。各部门、单位的党团组织结合业务工作和流域管理需求，在水利考察和工作调研中，组织干部职工到内涵丰富、廉政教育意义浓厚的人文景观，如大禹陵、杭州于谦祠、范仲淹纪念馆等参观学习，寓教于乐，弘扬传统文化。举办"太湖情、清风颂"书画比赛，精选廉政勤政的文化作品在单位展出。在创建文明单位、文明处室活动中，把廉政文化建设作为重要的考评指标，引导各部门、单位加强崇廉尚廉的文化建设。通过新颖丰富的文化活动和创建活动，在潜移默化、润物无声中，使廉洁成为一种自觉、一种追求、一种境界。

（二）以领导干部家庭为重点，开展品牌特色活动

家庭对于个人价值观、人生观的形成具有重要的影响，家庭成员的相互影响和帮助，对于领导干部预防和抵制腐败具有不可替代的作用。从 2006 年开始，太湖局组织开展了"清风进家门"专题活动。一是给每个领导干部家庭发放一套《创建廉洁家庭—家庭助廉教育读本》，编印了《学习和弘扬周恩来廉洁自律的风范》《"鲁迅故里杯"廉政杂文大赛获奖作品》等学习教育材料，

开展家庭读书思廉活动，举办"家庭助廉教育知识竞赛"。二是局党组印发了《致领导干部家属的一封信》，强调清正廉洁关系流域水利事业的健康发展，也关系到每一个家庭的幸福，希望每位领导干部家属在家庭生活中，当好"三员"：即宣传员、监督员、守门员。三是举办太湖局党风廉政教育报告会、处级干部理想信念专题培训班和太湖局首期"道德讲堂"等。组织新任处级干部集体廉政谈话会，加强党员领导干部廉洁从政教育。四是组织领导干部及家属参观上海市警示教育基地、上海市预防职务犯罪警示教育基地、南通市廉政教育中心、海宁市廉政文化教育基地——海宁家训文化主题公园景疏园等，观看警示教育片。考察绍兴水文化建设，参观周恩来纪念馆、鲁迅故居等。通过开展"清风进家门"系列活动，引导领导干部及家属树立正确的权力观，提高廉政意识、法律意识和自警意识，营造"以廉为荣、以贪为耻"的良好风尚，筑牢拒腐防变的家庭思想道德防线，树立文明、健康、清廉的家庭生活理念，为家庭幸福美满构筑"安全屏障"。

（三）以身边典型事例为内容，沁透干部心灵

文化育人，重在沁透心灵。为增强廉政文化的亲和力、渗透力和感染力，提高廉政教育的针对性，增强教育实效，太湖局始终在"内容丰富、形式多样、参与广泛、以情动人"上下功夫，常抓不懈。一是注重日常教育和典型引导相结合。举办杨善洲等先进事迹报告会，用先进典型感动和激励人。以上党课、办培训、开讲座等形式，开展社会主义核心价值观、党纪党性、职业道德等经常性教育。二是开展喜闻乐见的活动，提高广大干部职工的积极性和主动性。组织党员干部参观全国廉政文化大型绘画书法展和上海市"为民、务实、清廉"展览，举办红歌赛，组织红色之旅，开展党的优良传统教育。在"清风进家门"活动中，每次都精心选择教育主题和活动环境，并在周末举办，以方便更

多的家属参加。三是抓好警示教育，警钟长鸣。在局域网开辟
"廉政建设"专栏，由各党支部制定主题，推荐典型案例，轮流
举办"一月一案"廉政教育栏目，开展廉政互动教育。

二、几点工作体会

（一）领导重视，形成共识，是推进廉政文化建设的重要保障

太湖局党组高度重视廉政文化建设。弘扬"献身、负责、求
实"的水利精神和太湖流域水文化，营造积极向上、团结和谐、
清正廉洁的文化氛围，以文化促进流域水利工作、用流域水利工
作提升文化，已是太湖局上上下下的共识。局领导班子大力支持
廉政文化建设，不仅协调解决工作中的困难，还积极撰写讲稿作
报告，带头参加"读书思廉""党纪条规""清风进家门"等活
动，有力推动了太湖局廉政文化建设。领导重视，身体力行，起
到了很好的辐射、带动和示范作用，有力促进了文化建设和文明
创建工作，取得了丰硕成果。

（二）整合力量，齐抓共建，是推进廉政文化建设的重要途径

打造廉政文化需要社会的积极支持、热心参与和自觉行动，
形成以廉为荣、以贪为耻的良好社会氛围，才能有力地遏制腐
败。从单位廉政文化建设的实践来看，反腐倡廉宣教工作已由纪
检监察部门唱"独角戏"，转变为多个部门配合、积极参与的
"大合唱"。太湖局把廉政文化建设纳入流域水文化建设的整体布
局中，融入精神文明建设中，充分发挥党政工青妇的作用，形成
了党组统一领导、纪检监察部门协调、上下密切配合、全体职工
参与的反腐倡廉"大宣教"格局。在广泛深入地推进单位廉政文
化建设中，一方面把宣传廉洁勤政、遵纪守法等作为廉政文化建
设的核心内容，另一方面把具有水利特色、生活气息的健康文化
作为廉政文化建设的有益补充，将廉政文化建设与健康太湖建
设、健康生活倡导、健康团队塑造等工作有机结合，组织开展文

体活动、健康讲座等，在倡导健康生活、和谐生活、精彩生活中引导廉洁生活。

（三）以人为本，不断创新，是推进廉政文化建设的必然要求

廉政教育成效如何关键在人，因此必须坚持以人为本，站在关心干部、爱护干部的高度来开展，把握好教育对象所思、所想、所需等思想动态，区分不同的教育对象，采用生动活泼的形式，有针对性地开展教育工作，切实增强廉政教育的渗透力、感染力和吸引力。廉政文化富有生命力，必须在不断创新中发展，在发展中提升。随着党风廉政建设和反腐败斗争的不断深入，廉政文化必须不断赋予新的内容，从民族文化的优良传统中、从广阔世界的多彩生活中、从丰富的流域水文化中、从反腐倡廉的生动实践中吸收养料，使其更具时代特色，更能适应新情况、新形势，更能推动党风廉政建设。

三、思考和建议

廉政文化建设是在思想文化层面开展的党的建设。腐败问题的出现往往是因为一些领导干部理想信念缺失，在世界观、价值观、人生观上出现了问题。因此，全面加强廉政文化建设，充分发挥文化在人们解放思想、转变观念、维护信仰以及塑造人格等方面发挥的教化、引导作用，对领导干部落实党风廉政建设主体责任，自觉抵御腐朽价值观的侵蚀具有关键性的作用。但同时我们要意识到，廉政文化建设是一项系统性工程，需要下大功夫、花大力气去探索和研究，才能有效果、起作用。

（一）要建立长效机制

廉政文化建设不能"东一榔头，西一棒子"。要制定系统的实施规划，形成科学有效的运行模式，强化廉政文化督查和评价体系建设，保证廉政文化建设有序、有效开展。要构建廉政文化的经费保障机制，确保廉政文化建设的持续性和生命力。

（二）要整合资源，创新发展

要坚持以习近平新时代中国特色社会主义思想为引领，加强对中国优秀传统文化、我党廉政文化建设历史经验、十八大以来党风廉政建设的新思想新实践新成果、水文化建设中的廉政思想等资源的深入挖掘和整合，在继承现有文化形式的基础上，充分发挥新时代宣传媒介的多重形式，实现廉政文化建设的理论创新、实践创新、成果创新。

（三）要加强宣传，强化意识

廉政文化建设关键还是要发挥党员干部的主观能动性。要开展各种形式的宣传，提高党员干部对本单位廉政文化的重视程度、认可程度，形成人人参与、人人建设的廉政文化建设新局面。同时，要加强针对性，提高参与率，要积极鼓励、积极引导广大党员干部参与到廉政文化建设中去，通过自我认知、自我实践的形式，真正意识到廉政文化建设是每个人的应有之责，每个人都是廉政文化的"局内人"。

抓好基层组织建设
推进两学一做常态化制度化

——珠江委基层党建工作情况调研报告

楼沧潭

水利部珠江水利委员会

基层是党的执政之基、力量之源。只有基层党组织坚强有力，党员发挥应有作用，党的根基才能牢固，党才能有战斗力。为了全面了解水利部珠江水利委员会（以下简称珠委）基层党组织党建及党风廉政建设工作情况，认真贯彻落实中央全面从严治党要求，严格推进"两学一做"学习教育常态化制度化，上半年，珠委直属机关党委通过问卷答题、座谈交流、查阅手册、问题排查等方式对委机关及委属单位的 70 多个党支部的组织建设情况、支部活动开展情况、"两学一做"学习教育开展情况进行了调研。有关情况如下：

一、基层组织基本情况

目前，珠委共有职工 3321 人（含广西 3 个单位）。其中在职职工 2542 人，离退休职工 779 人。党员人数共 1334 人，其中在职党员人数 1046 人，占在职职工人数的 41.1%；离退休党员人数 288 人，占离退休职工人数的 37%。在职男、女党员人数分别为 754 人和 292 人，占比分别为 72.1% 和 27.9%。厅局级党员干部 27 人，占厅局级干部人数的 100%；处级党员干部 163 人，占处级干部人数的 75.1%；科级及以下干部党员 856 人，占 37.2%。全委共设有 104 个党支部，分布在委机关及委属各个单位。

二、基层组织党建工作现状

从调研情况来看，基层党建工作总体良好。多数支部能按照党章规定按时进行换届，不参加组织活动、不按时交纳党费，以及"口袋"党员等问题基本得到解决。"两学一做"学习教育开展以来，支部活动趋于正常，"三会一课"基本落实，党员的组织观念、党性观念得到增强。绝大多数党员能够在各自的岗位上发挥模范带头作用。在近几年评选出来的各种先进人物中，党员同样占大多数。尤其在厅局级和处级领导干部中，党员占了近四分之三的比例，起到了关键的领导带头作用，是我委各项事业发展的中流砥柱。机关的规计处支部和财务处（审计处）支部、水源局（水文局）的行政支部、珠科院的华南公司支部、珠江设计公司的规划院支部等支部的工作不仅落实规定动作，还创新自选动作，有自己的特色，同时也发挥了堡垒作用。

三、存在的主要问题

一是"两学一做"学习教育不够广泛深入，有层层弱化的现象。特别是通过问卷测试发现，各单位党员对一些新名词、新提法的了解掌握参差不齐，对一些应知应会的基本概念记忆比较模糊。测试得分普遍偏低，四五十分、五六十分的比例较高。仅有少数党员能够比较完整地给出正确答案，得分在 90 分以上。

二是支部组织生活创新不够。缺少结合自身实际的自选动作，多处于上级要求怎么做就怎么做的状态，有些甚至规定动作都变形走样，有些形式化。各支部普遍缺少年度工作计划，缺少具体的想法和主动性。

三是支部工作不够规范。党费没有按月收缴，一个季度一缴成为习惯。支部工作手册记录不全，没有全面记录支部活动情况。

四是有些党员同志对政治学习认识不足、兴趣不浓，有些甚至还有抵触情绪，认为学习太多，耽误正常工作，影响效益。组织学习时态度也不够认真，没有好好听、好好记，更没有好好想，到了就算是参加学习了。

五是个别党员在工作和生活中对自己要求不严，表现与一般群众无异，甚至不如普通群众。不仅没有发挥应有的模范带头作用，而且还给群众留下不良印象，影响党的形象。

六是支部书记对党务工作不够熟悉。支部书记在党务工作方面所花精力不多，学习支部工作实务不够，党的相关知识积累不足，党务工作只能按部就班。

四、问题成因分析

习近平总书记强调，开展"两学一做"学习教育，要把全面从严治党落实到每个支部、每名党员。"两学一做"学习教育，基础在学，关键在做。要突出问题导向，学要带着问题学，做要针对问题改，把合格的标尺立起来，把做人做事的底线划出来，把党员的先锋形象树起来，用行动体现信仰信念的力量。要整顿不合格基层党组织，坚持和落实行之有效的制度。要针对新情况、新问题严肃党内政治生活，以改革创新精神补齐制度短板，真正使党的组织生活和党员教育管理严起来、实起来。各级党组织书记要管好干部、带好班子，也要管好党员、带好队伍，掌握抓党员队伍建设的方法要求。要坚持区分层次、及时指导，一把钥匙开一把锁，防止走过场和形式主义。县处级以上党员领导干部要在学习教育中作出表率，紧密联系领导工作实际，学得更多一些、更深一些，要求更严一些、更高一些，努力提高思想政治素养和理论水平。

对照习总书记的讲话，分析委基层党建工作问题的成因主要有以下几个方面：

一是对基层党建工作重视程度不够。在过去的几年中抓党建和党风廉政建设工作的注意力主要集中在关键少数，忽视了广大党员这个普遍多数的组织教育，两个责任没有层层压紧压实。

二是党委（总支）对基层党支部缺少指导和监督检查。重业务轻党建思想比较普遍，对基层单位关心业务工作多，过问党建工作情况少，检查指导业务工作时，忽略了检查指导党建工作。

三是对支部书记培训不足。缺少支部书记培训计划，没有每年进行支部书记培训，尤其是新任的支部书记没有开展专门的任职培训。

四是对新形势新要求认识不足，思想意识还停留在以前。

五是同时落实不够，政治学习抓得不严不实。不够注重发挥基层堡垒作用，在立标杆树典型方面所下功夫不多。

五、抓好基层党建工作的意见和建议

推进"两学一做"学习教育常态化、制度化是今后党建工作的主要任务，也是加强基层组织建设的重要举措。委属各单位党委（总支）要担当起责任，要把抓党建与抓业务同时谋划、同时实施、同时检查。在新时期，更要适应以下几个方面的要求。

（一）要把握总体要求

1. 把全面从严治党落实要求到支部

认真学习习近平总书记系列讲话，领会治国理政新理念新思想新战略。维护以习近平为核心的党中央权威，牢固树立"四个意识"。以加强党性锻炼、改进工作作风为重点，聚焦主责主业，强化责任担当，着力落实全面从严治党的系统性、创造性、实效性。

2. 把融入中心服务大局的要求落实到支部

充分发挥党的政治优势、组织优势、群众工作优势，在服务中心工作上发挥支部堡垒作用。坚持融入中心抓党建，抓好党建促中心，把党支部的教育、监督、管理、服务等基本职责贯穿到业务工作各方面，实现有机融合、相互促进。避免业务归业务、党建归党建"两张皮"的现象。

3. 把走在前做表率的要求落实到每个党员

党员的先锋模范作用不突出，党员混迹在群众当中看不出，这是一个较为普遍的问题。要教育引导党员对照"四讲四有"标准，认真践行"三严三实"要求，做增强"四个意识"的表率，做创先争优的表率，充分发挥党员的先进性和带头作用。

（二）要坚持工作原则

1. 坚持目标导向

坚持把思想政治工作落实到党支部，坚持把从严教育管理党员落实到党支部，坚持把群众工作落实到党支部，使党支部成为教育党员的学校、团结群众的核心、攻坚克难的堡垒。

2. 坚持问题牵引

把业务工作的难点和薄弱环节作为支部工作的着力点，经常分析研究，盯紧短板补，瞄准难点改，着力解决党员在思想、作风、能力、纪律方面存在的问题和不足，提升支部政治功能。

3. 坚持以党员为主体

充分调动党员参与支部建设的主动性、积极性、创造性，在强化服务中找到归属感、获得感，在严格管理中凝聚正能量，让党员成为支部建设的参与者、推动者和受益者。

4. 坚持创新推动

积极探索创新党内教育和组织生活的有效方法，注重根据实践要求创新完善制度机制，注重支部实际，创新活动载体，注重运用新媒体和现代信息技术做好支部工作。

（三）要发挥主体作用

1. 加强政治引领

政治引领是党支部最核心、最本质的功能。要以"两学一做"学习教育为基本内容，以"三会一课"为基本制度，以党支部为基本单位，以解决问题、发挥作用为基本目标，严格按照要求开展党员思想政治教育。

2. 加强服务引领

宣传贯彻执行党的路线、方针、政策，落实上级党组织和本支部的决议、决定。以创建党员先锋模范岗等为工作品牌，着力强化党支部服务保证功能。建立健全党支部服务和联系群众长效机制，关心党员思想、学习、生活，了解党员需求，注重关怀、激励、帮扶，做好党员服务工作。

3. 加强制度引领

严格落实"三会一课"、民主生活会、组织生活会、谈心谈话、民主评议党员、党建和党风廉政建设考核等基本制度，创新方式、方法，提高党的组织生活质量。

（四）要抓好支部工作规范化建设

1. 规范支部基础工作

提出支部年度工作计划，按时进行支部换届改选，落实主题党日活动，精准培养发展党员，及时接转组织关系，严格党费收缴。

2. 规范支部台账管理

规范党员信息台账，如实记录党员基本信息和教育培训、奖惩、廉政纪律等情况。规范党组织生活台账，如实记录"三会一课"等组织生活情况，详细记录会议时间、地点、主题、参会人员、学习、讨论、表决等内容。

（五）要总结推广运用支部工作法

1. 着力落实基本要求

总结探索支部工作法，要有责任清单、有工作品牌、有支部手册、有先进典型。

2. 着力创建特色品牌

要结合工作实际，创建支部工作特色，制定自选动作。力争一个支部一个办法，一个支部一个品牌。机关党支部要以抓实党员教育，推动机关党建走在前列为重点开展创建。企业党支部要将企业党组织内嵌到公司治理结构之中，明确和落实党组织在公司治理结构中的地位和作用。水源局（水文局）行政支部、规计处支部等做得比较好，形成了自己的品牌。

3. 着力增强工作实效

着眼于工作实际的难点和薄弱环节中突显出来的党员队伍建设问题，总结提炼支部工作法，切实增强针对性、操作性、实效性。

（六）要抓好典型教育

1. 要按中央布置要求，组织开展学习全国先进典型人物工作

今年以来，中央已经连续提出要求学习廖俊波、黄大年等先进人物的号召，要认真组织好学习和推广工作。

2. 要树立身边的学习榜样

继续编辑印发《党徽在平凡岗位闪光》，进一步宣传委内优秀党员和先进支部事迹，从委科技英才、教授级高工、技术带头人中发现亮点，让大家知道他们还有另一个身份——中国共产党员，让大家看到作为共产党员的思想境界。

3. 要抓住负面典型，加强警示教育

之前委内一直以风清气正自居，以为手上没有权力，没机会犯错，犯不了大错。事实上，委内也并不是风平浪静、一点问题都没有，要总结教训，警示所有人。

（七）要抓好基层支部党建

1. 抓好支部书记培训教育

按照中组部关于进一步加强基层组织书记集中培训工作的通知要求，认真组织开展培训。培养会做党务、会讲党课、会做思想工作、会解决党员之间矛盾和问题的"四会"书记。

2. 总结推广支部书记工作法

结合工作实际，明确责任清单，制定自选动作，设计工作品

牌，树立先进典型，建立工作手册，创新支部工作方法，形成支部工作特色，力争一个支部、一个办法、一个品牌。

3. 抓好支部工作规范化建设

落实"三会一课"，落实主题党日活动，规范党员信息台账和组织生活台账、完善支部工作手册。

（八）要抓好督导检查

对支部的民主生活会、组织生活会、谈心谈话、民主评议党员、党建和党风廉政建设等要定期进行检查、督导、考核，确保支部组织生活质量，避免走过场、两张皮现象。推进"两学一做"学习教育常态化、制度化，补足共产党人理想信念之钙。

引水润德 以水育德

——水文化思想渗入高职德育工作实践探究

刘 欣

广东水利电力职业技术学院

习近平总书记在 2016 年 12 月 7 日的全国高校思想政治教育工作中指出，思想政治教育要更加注重"以文化人，以文育人"。刘云山强调了"道路自信、理论自信、制度自信、文化自信"的重要性。德育是思想政治教育工作的核心内容，水文化是传统文化的重要表现形式。用传统文化渗入德育是实践"以文化人，以文育人"和"文化自信"的重要体现。自古以来，"水"被赋予了"灵性"，而人却是"万物之灵"。水文化的精神内涵几乎涵盖和人性所有的特点，它似强似弱、时柔时刚、似曲亦直，让人难以琢磨。也正因为如此，水的人性化特征也给了我们将它和人的德育联系起来的理由，特别是跟强调实践技能的高职学生德育联系在一起，成为一个新的探究领域。

一、水文化与高职德育的内涵与关联

（一）水文化的思想内涵

关于水文化的思想内涵的论述，历来颇为丰富。概括来讲主要是对水的特点的描述并将其人性化。春秋老子《道德经》的"上善若水。水善利万物而不争，处众人之所恶，故几于道。"首先将水上升到了"道"的层面，也就是说老子是将水哲学化和思想化的先驱和集大成者。孔子也有对水较为全面的论述："夫水者，启子比德焉。遍予而无私，似德；所及者生，似仁；其流卑下，句倨皆循其理，似义；浅者流行，深者不测，似智；其赴百仞之谷不疑，似勇；绵弱而微达，似察；受恶不让，似包；蒙不清以入，鲜洁以出，似善化；至量必平，似正；盈不求概，似度；其万折必东，似意……"。在孔子看来，水中蕴涵了"仁德、义勇、包容、明察、公平"等人的精神内涵，是对水的内涵较为全面的论述。诸如此类的论述在诸子百家中就有很多，而后人以水为诗、以水为文、以水为信仰的文化行为更是不胜枚举。这些行为的有机整合，成就了今天我们感受到的水文化内涵及其魅力。

综合看来，先贤们用敏锐的观察力发现水滋养了生命，蕴含着哲理，象征着人的品格，同时也强调了水与人的品德的象征和关联。"仁者乐山，智者乐水"。面对山水形胜，古代圣贤亦难免动容，一个"智"字，既反映了先哲对"水"的认知，又破译出"水"所蕴藏的丰富文化内涵。

（二）高职学生德育的内涵

习近平总书记在 2016 年的全国高校思想政治教育工作中指出："思想政治工作从根本上就是做人的工作，必须围绕学生、关照学生、服务学生，不断提高学生思想水平、政治觉悟、道德品质、文化素养，让学生成为德才兼备、全面发展的人才。"高职院校德育既是高职院校人才培养的重要组成部分，也是培养合格人才的根本保证。

我国高职德育目标应凸显出高职德育的特殊属性和办学特色。包含了德育的体系、内容、过程、评价等各个方面。具体来说，指德育工作者按照既定要求，有目的、有计划、有系统地对高职学生施加思想政治和道德操守等方面的影响，并通过高职学生的积极认识和实践体验，使其形成一定社会与阶级所需要的品德教育活动。高职德育的内容主要包含思想政治、道德法律和心理健康等方面的教育。从本质上来说高职学生德育工作也是对高职学生高尚人性的培养。

（三）两者内涵的关联

从水文化的内涵中我们不难发现，经过几千年的文化沉淀，我们的确为水赋予了很多人性，而且表达得非常形象生动。正如先贤们所总结的：水有德，能普及一切生物；水循理，流必向下，不逆成形，水有道，浩大无尽。水有勇，流几百丈山间而不惧；水守法，安放没有高低之平；水正直，量见多少，不用削刮；水明察，无孔不入；水有志，发源必自西等。水有如此多好的德行，所以君子遇水必观。这是对水的人性化的精辟概括，体现出了深厚的哲学意味，同时也给了我们表达人性的现成题材。同样，通过对德育内涵的分析可知，德育本质上是对高尚人性的培养。两者一个是表达人性的极佳载体，一个以培养高尚人性为目标，它们存在着天然的关联。接下来的问题就是如何找到好的切入点进行渗入了。

二、引水润德，水文化对高职德育的渗入方式

习近平指出，德育要更加注重"以文化人，以文育人"，广泛开展各类文化活动。要运用新媒体技术使工作活起来，推动思想政治工作同信息技术高度融合，增强时代感和吸引力。

（一）以水文化的精神内涵来夯实德育内容

前文提到，高职德育内容主要包含了思想政治、道德法律和心理健康等方面的教育。具体到实践中就是对高职学生的爱国主义、理想信念、集体主义、人道主义、社会公德、自觉纪律、民主与法制、劳动观念、科学世界观和人生观教育等。这些内容看似繁多且有些抽象，但如果认真思考、细细理顺，也能从水文化的精神内涵中找到相应内容，且具有更加形象化的特点。

1. 水有思想

水刚毅，不仅时间久远，更是无坚不摧；水缥缈，环绕群

山，成就了一幅幅朦胧的山水画；水柔和，柔在成就千里江南好风景；水平静，呈现出一处处清澈和透明；水澎湃，南方长江滚滚，北方黄河涛涛。这些都是中华水文化思想形象的体现，也对应着对人的品德教育的具体内容。

2. 水能辅政

水利是我国任何时期农业立国之根本，水利建设兴起之时，人们同建设、共发展；一旦有水患发生时，人们又能愈发团结，共同进退，能激发爱国之心。大禹治水，其实治的不单是水，更是政治。而老子的"上善若水"实际上也能理解成政治之于民的至高境界。

3. 水亦有德

老子很早就把水推到了道德的至高点，将其哲学化和人性化。老子认为水有不争之德、谦下之德、润物之德，至善至仁。孔子对水仁德之精神赞赏有加，他和后人更是将义勇、明察、守法、励志、洁净等优良的品德赋予水。这样关于水的思想也给品德教育提供了直观的素材。

4. 水讲法则

"法"从"水"旁，意为平直如水。在传统文化中，水也是讲法则的：水避高趋下、水自西出，是循理的表现；水无孔不入，是明察秋毫，给人以震慑感；水安放没有高低之平，是公平守法；量见多少，不用削刮，在告诫人们要正直。这也是水文化内涵对法制教育的有益补充。

5. 水化心灵

水与心灵、心理联系密切。传统文化认为水能净化心灵，常处于山水中，心灵平和安静；历来关于水的文学描述也是安抚心灵的精神良药。水能润物于无声，润人于无形，相对于灌输式的德育方式，人们更能够接受感化无形的心理教育和抚慰。

（二）以水文化的丰富衍生来强化德育模式

一般认为德育的方法主要有主体性德育模式、活动式德育模式和情感化德育模式。具体来说包括：说服教育法，榜样示范法，实际锻炼法，品德修养指导法，陶冶教育法，品德评价法，角色扮演法，合作学习法等。水文化的丰富衍生则能在一定程度上强化德育的方法。水有三态：气态、液态和固态。如果说液态是水的常态，那么气态和固态就是水的衍生态了，而这三态也正好应对了德育模式的强化。

1. 主题德育模式似冰态模式

当前，在高职德育工作实践中，主题教育活动是必不可少的环节。一般学校在学年或者学期初由校级德育部门制定主题活动方案，结合当年国家的相关热点政策以及学校发展规划的重点，确定一个指引性的方向和主题，指导下属院系开展各项理论和实践活动，充实主题教育的内容。水的冰态模式是固化的，是坚硬的也是坚持的，主题教育系列活动需要每年坚持开展才能更加有效。作为指导性和方向性的主题教育模式是德育工作不可动摇的基础，是关系到思想政治教育大方向的问题，只能朝着有利于党和国家的固化方向来走，有时甚至会有些冷冰冰，因为事关大是大非。

2. 活动德育模式似液态模式

活动德育模式是丰富且活泼的德育实践模式，特别是对于注重实操的高职学生尤其如此。活动德育是主题德育模式的执行途径，其实践水平的高低直接影响主题德育的效果，因而需要丰富且富有创意的拓展活动来支持。水的液态模式是水的最常态，也是水发挥其价值时最常见的状态，人常饮用的是液态水，灌溉用的也是液态水，人认识水时最初最直接的就是液态。就好像活动德育模式通过各种活动的开展来夯实德育主题一样，活动德育模式能让学生最直接地体会到德育的存在。液态水蜿蜒流淌，时而平静、时而湍急、时而成湖、时而瀑布，时而清澈、时而碧绿，正对应着活动德育所需要的丰富多彩和形式多样。

3. 情感德育模式似气态模式

情感德育主要是对学生的心理教育和情感关注。总的来说，当前高职院校的学生心理是阳光的。在现实中，学生出现心理问题的情况不同，但出现心理问题的几率是一样的。因而对高职学生心理和情感的教育和关注仍是高职学生工作德育的重点，需要常抓不懈，但也要有针对性。对高职学生心理和情感的教育和关注更需要"润物无声、清新缭绕、蓝天白云"，因为相对于本科学生，他们有时更敏感和缺乏方向感。正如水的气态模式一样，情感德育能带来净化心灵，让情感世界充满阳光的效果。能做到类似水的这些特点，对之前的活动德育模式也是一种强化。

（三）以水文化的时代赋予来创新德育思维

习近平总书记在 2016 年的全国高校思想政治工作会上还提出，德育工作要"因事而化，因时而进，因势而新"。即根据时代的发展来创新德育的思维，而水文化的精神内涵也赋予了其因事而化、因时而进、因势而新的特点。

1. 因事而化

因事而化在高职德育工作中可以理解为根据所遇到事情的不同，而采用不同的方法去应对解决。换句话说做德育工作不是固守一种办法就能解决所有的问题，没有"一招通天下"的解决办法。在水文化中也有因事而化的精神内涵，水是千变万化的，遇到低温成冰，遇常温为水，遇高温为汽；水能遇直而泄，遇弯而蜒，遇高而泻。

2. 因时而进

因时而进是指德育工作根据时代的不同而不断改进工作思路和工作方法。这也正是一代代德育工作者存在的价值和孜孜不倦的追求。正如水在一年四季中展现出不同的情境：春水荡漾、夏水凉爽、秋水平静、冬水隆隆；水在春季盈满、在夏季多澎湃、在秋季多枯水、在冬季凝结安静。德育工作的因时而进可从水文化中借鉴的也颇多。比如网络语言中关于水也有了新的用法，每篇都一样的帖子都被称为"水帖"，发水帖的行为叫"灌水"，经常在线不说话叫"潜水"，网游技术差会被称为"水"等。水被赋予了新的含义，就要有新理解，我们就要与时俱进，德育工作也是如此。

3. 因势而新

因势而新是指德育工作应根据形势的不同而进行内容和形式的创新。这是德育工作永葆青春的秘方，也是德育工作的生存之本。水是最会因势而新的存在：水于高而泻为瀑布，让人震撼无比，此时遇到阳光还能出现彩虹，是出奇之美；水在山溪中涓涓而流，给人一种生命无限、清新蜿蜒、源远流长之美；水在冬日化成雪花，飘散洁白，晶莹剔透，是清新开阔之美。诸如此类的因势而新在水文化中不胜枚举。

三、以水育德，水文化在高职德育中的实践

如上文所言，高职德育的实践主要是指对学生进行思想政治、道德法律和心理健康等方面的教育实践。展开来说，就是爱国、理想、集体、劳动、人道、公德、自觉、纪律、民主与法制观念的教育等。将水文化所蕴涵的特点深入高职德育实践的方方面面，实现"以水育德"具有很强的现实意义。

（一）以"心静如水"的睿智来规划学生思想主题教育

学生思想主题教育是德育工作阶段性的主线，具有指导性和方向性，也是高职院校德育年度或阶段性规划的核心内容。在制定规划时应有足够的睿智，因为它影响整个德育的导向。只有做到"心静如水"地思考，统观全局，集思广益，思维迸发，才能够产生优秀的契合高职学生德育实际的主题，开展井井有条的德育实践活动，从而取得理想的德育效果。"心静如水"的睿智是德育和思想教育各级规划者需要具备的基本素养和能力。

（二）以"水润无声"的柔和来做好优秀传统和道德引导

优秀的传统文化和道德引导是高职德育工作中培养学生优秀人格品质的重要手段。当代高职学生思想活跃且定性不强，灌输式的传统教育和道德说教很难达到很好的效果。"水润无声"的柔和教育方式主要是通过激发学生主动参与的激情，通过耳濡目染，通过实例观察，通过长时间置身其中的感化来达到引导的效果。比如在校园文化软件和硬件建设中加入水文化中涉及优秀传统和道德的内容，建设视听文化长廊时加入现代科技因素，举办水的美德和水传统等方面的论坛和实践活动等都是很好的方法。

（三）以"细水长流"的细腻融入新媒体进行政治引导

当前，新媒体已经成为高职学生了解信息的主要媒介，甚至对于许多高职学生来说是主要手段之一。其对思想政治教育工作特别是对政治引导的意义勿用多疑。当然高职学生政治教育引导融入新媒体也不是什么新鲜事，但其介入能力效果往往各有差异。这与介入手段有直接关系，简单粗暴地介入，简单地把原先的电脑网页内容直接照搬到微信的做法就难以取得很好的效果。介入新媒体更需要"细水长流"的细腻，采用新媒体时要认真分析当前高职学生的需求、运用新媒体的习惯和政治关注热点，综合分析后找到切入点，且不应操之过急地表达自己的政治观点，而是循序渐进、换个角色、有礼有节、坚持不懈地做好政治和是非引导，其效果自然事半功倍。

（四）以"风生水起"的魄力开展丰富多彩的学生实践活动

丰富多彩的学生课外实践活动是德育工作的主要手段。引导学生自觉自主开展有内涵有活力的社团活动、科技活动、文体活动、心理健康教育活动，是培养学生团结进取等优秀品质的重要手段。学生活动要么不做，要做就一定要掷地有声、"风生水起"、丰富多彩，这样才能吸引青年学生的参与，使得活动的效果最大化，才能够使学生干部在举办活动中得到锻炼、提高自信。有思想的活动才能培养出有思想的学生，同样，有魄力的活动才能培养出有魄力的学生。

（五）以"水滴石穿"的坚守来加强制度化建设

学生的纪律和法制教育是与学生德育的制度化建设分不开的。坚守具有传统特色的德育活动也是德育工作出成效的主要原因。制度化建设虽说不能一成不变，但它仍具有很强的固定性和韧性。无规矩不成方圆，德育工作显然是很需要制度先行，人治随后的。当前，遇事浮躁和凡事求速度的社会风气影响了很多高职学生，这更需要高职学生具备一种坚守的精神。"水滴石穿"的坚守和坚持不但有利于培养学生纪律和法制观念，更重要的是有助于培养学生一种优秀的有韧性的品质和具备应有的担当精神。

（六）以"水流不息"的传承培养学生的责任感和使命感

德育的一项重要使命就是培养学生的责任感和赋予其时代使命，帮助学生树立正确的价值观，培养其健全的人格。当前以"95后"为主体的高职学生不能说完全没有责任感和使命感，但由于时代原因，造就了他们依赖性更强于责任和使命感的现实，社会和家庭责任感缺失已经是不争的事实。"水流不息"的传承是中华民族屹立于世界民族之林的根本保证。我们要通过孜孜不倦的历史教育、文化熏陶，建立其对国家的自豪之心、社会的担当之心、家庭的责任之心。帮助其树立生活的方向感，以此来激发高职青年学生的责任感和使命感，促使他们脚踏实地、励志勤学，树立与中国梦同心同向的理想信念。

水文化博大精深，而高职学生德育工作同样任重道远，将二者结合渗透，相得益彰。正如习近平总书记指出的：我们要教育引导学生正确认识时代责任和历史使命，用中国梦激扬青春梦，为学生点亮理想的灯、照亮前行的路，激励学生自觉把个人的理想追求融入国家和民族的事业中，勇做走在时代前列的奋进者、开拓者；正确认识远大抱负和脚踏实地的关系，珍惜韶华，把远大抱负落实到实际行动中，让勤奋学习成为青春飞扬的动力，让增长本领成为青春搏击的能量。

参 考 文 献

[1] 习近平. 全国高校思想政治教育工作的讲话 [EB/OL]. (2016 - 12 - 07) http：//China. cnr. cn/news/20161209/t20161209_523312806. shtml.

[2] 刘云山. 全国高校思想政治教育工作的讲话 [EB/OL]. (2016 - 12 - 07) http：//China. cnr. cn/news/20161209/t20161209_523312806. shtml.

[3] 李宗新. 建设水文化 弘扬水精神 构建水文化核心价值体系 [J]. 水利发展研究，2008 (2)：77 - 81.

[4] 潘杰. 以水为师：中国水文化的哲学启蒙 [J]. 江苏社会科学，2007 (6)：102 - 104.

[5] 邓和秋. 我国高校校园文化德育功能现状及对策分析 [J]. 内蒙古农业大学学报（社会科学版），2008 (3)：158 - 159，162.

[6] 高德胜. 人格教育在美国的回潮 [J]. 比较教育研究，2002 (6)：25 - 29.

[7] 刘锋.《管子》水文化刍议 [J]. 铜仁学院学报，2008 (1)：20 - 22，26.

[8] 雷春香，夏远永. 水利高校水文化断想之以水养德 [J]. 浙江水利水电专科学校学报，2010，22 (2)：92 - 94.

职工思想政治工作的骨肉血气

——以广东省北江流域管理局为例

谢　彪

广东省北江流域管理局

思想政治工作是党的工作的重要组成部分，是实现党的领导的重要途径和社会主义精神文明建设的重要内容，也是搞好经济工作和其他一切工作的有力保证。发挥思想政治工作优势，调动一切积极因素，不断提高干部队伍的向心力、凝聚力和战斗力，是我党长期以来共同探索的重要课题。

习近平总书记在党的十九大报告中强调要"加强和改进思想政治工作"。怎样加强和改进思想政治工作？个人以为，思想政治工作应在有骨、有肉、有血、有气上下功夫。

一、思想政治工作的"骨"

所谓"骨"，就是骨架。人、动物、自然界，都有骨架，山川绵绵不绝，江河曲曲折折，海洋一望无际，都有它们的骨架，有骨架才能支撑起它们的身躯。思想政治工作也不例外。思想政治工作的"骨"，指的是它的工作机制，主要包括组织机制、保障运行机制和考评机制三个方面。

（一）组织机制

一是建立党委统一领导的领导机构。以广东省北江流域管理局（以下简称我局）来说，成立以分管党政工作的局领导为组长、各部门负责人为成员的领导小组，在局设立专职政工人员，局妇联、工会、团委和局各处室、所设立兼职政工人员，形成横向到边、纵向到底的齐抓共管、全方位、多层次的思想政治组织机制，做到专、兼结合，投入足够时间和精力来做思想政治工作，确保思想政治工作到位不缺位。

二是作为局思想政治工作的有益补充，鼓励和支持退休干部、职工及其家属发挥特长，组建书画社、琴棋社等各类社团，开展丰富多彩的文娱活动，引导职工培育健康的文化兴趣、陶冶大家的高尚情操；此外，组建以局团委为骨干、热心职工参与的志愿者队伍，有计划地为单位和社会开展献爱心活动。

（二）运行机制

一是明确目标、准确定位。明确思想政治工作是局一切工作的生命线，思想政治工作必须紧密围绕局的中心工作，结合工作实际和职工思想实际，用马列主义、毛泽东思想、邓小平理论、习近平新时代中国特色社会主义思想武装全体干部职工，把解放思想、更新观念作为思想政治工作的着力点和主要任务，常抓不懈。

二是明确计划。一年之计在于春，新年伊始便制订全年计划并分解细化，使工作开展起来有条不紊。

三是创建适合新形势发展的各种载体，并加以引导，使之能成为传递正能量、关切职工热点难点、倾诉职工心声的平台。如建立职工微信群、QQ群，或者在局门户网站上建立职工论坛，以及出板报等。目前，局职工微信群有两个，分别是安全生产微信群和三江群英会，包括的职工范围不够广且管理比较松散。

四是落实保障措施。首先是制度保障，根据人、财、物等支撑思想政治工作各个要素，建章立制，明确责任主体与主要责任，从制度上予以保障；其次是经费保障，建议在年度部门预算中列专项，确保必要的经费投入；第三是队伍建设保障，采取走出去与请进来想结合的方式，组织对专兼职政工人员进行定期培训，培养高素质政工队伍，不断提高创新开展工作的业务水平。

（三）考评机制

坚持科学性、系统性、实用性、激励性的原则，根据组织领导、工作任务、投入保障、队伍建设等方面科学设置考评机制，并与单位、部门负责人及政工干部的利益挂钩。

二、思想政治工作的"肉"

骨架搭起来了，有肉才能使其丰满。看那山峰，宽厚的肩膀上披着雪白的披风，穿着绚丽的铠甲，像个战士守卫着大地；看那河流，盈盈一水，柔情依依，清波碧浪，婉转萦回。

思想政治工作的"肉"，就是其对象——人。思想政治工作是做人的工作，必须盯着人做工作，否则，见物不见人，岂不是皮之不存、毛将焉附？因此，思想政治工作因人而异，切不可千篇一律。

根据省编办文件批复，我局下设 5 个内设机构和 3 个分支机构，在编职工身份多样，另外还有临聘人员多名。面对复杂的机构及人员情况，画好"同心圆"、打好"北江结"，确保北江工程安全、防洪安全、政治安全，实现北江流域安澜，尤其是面对北江防洪体系尚未完善、流域管理体制不够协调等制约北江流域水利事业科学发展的短板和不足，如何引领职工以高度的责任感和饱满的热情，按照"创新、协调、绿色、开放、共享"的发展理念，抢抓机遇、锐意进取，推进北江流域事业改革发展，进一步凸显了思想政治工作的重要性。

（一）做好职工前进的指南针

及时向职工传达贯彻上级指示精神，让干部职工有方向感，知道怎么干、干什么、朝什么方向前进。今年是省一级承担行政职能事业单位的改革之年，事关我局行政职能的调整。此外，飞来峡水利枢纽管理处和乐昌峡水利枢纽管理处也面临体制改革，由于局各级党委及时做好了传达、解释工作，使大家被动了奶酪而惶惶的心态很快稳定下来。

（二）知人善任、人尽其才

《淮南子·兵略训》有云："若乃人尽其才，悉用其力。"为进一步深化干部人事制度改革，加强干部队伍建设，促进勤政廉洁，同时使职工在多个工作岗位经受锻炼，丰富经验，提高工作能力和管理水平，近年来，全国各地各部门都在推行干部轮岗制度，广东省水利厅也不例外。但通过对一些情况的观察和了解，就个人感觉而言，似乎离轮岗交流的目的有些距离。廉洁风险似乎小了，但也不能忽略以人为本、人尽其才的原则，如果把一个职工轮换到不是他业务专长的岗位上，让外行领导内行，谈何勤政？谈何提高工作能力和管理水平？而且岗位不同，对人的思想、性格等也有不同的要求。因此，这就要求我们将人的工作做到位，通过掌握的第一手资料，及时把干部职工的信息反馈到人事部门和决策层，才能达到交流轮岗的目的，使"轮岗"人员走得愉快、去得满意，心平气顺地实现身份转换。

三、思想政治工作的"血"

"血肉联系"一词来源于抗战时期，是对党群关系密切程度的一个比喻。思想政治工作中也有血肉联系。如果说人是思想政治工作的肉，那么要解决人的所思所想则是思想政治工作的血。这要求我们用到"望闻问切"。

（一）望——深入基层察民情

从干部职工普遍关心关切的热点问题、实际问题入手。面对新一轮事业单位体制改革大潮，飞来峡水利枢纽管理处和乐昌峡水利枢纽管理处何去何从？属于管理处编制的和属于发电中心编制的职工何去何从？是整体并入企业集团，还是管理处编制的维持不变，发电中心并入企业集团？局机关由于与北江大堤管理处合署办公，人员身份与工作存在交叉、混淆，怎么样彻底理清人事关系问题？局机关和北江大堤管理处存在相当一部分职工，退休后只能拿比其他退休职工低很多的退休金，也是不容忽视的问题。

（二）闻——深入群众听民意

通过广泛调查，认真聆听职工心声，准确把握他们的意见、建议和诉求，了解事业单位改革对大家带来的冲击，对局党委、对上级有何期待，对工会工作有何要求，让职工言其所想，并加以适度引导。

（三）问——心贴群众问民生

与职工零距离接触，和群众嘘寒问暖，同职工多聊天。领导放下架子积极参与，通过深入开展群众活动，真心融入群众，心贴心地进行交谈，了解大家所思所想，有的放矢、对症下药，把一些细小问题消灭在萌芽状态，掌握思想政治工作的主动权。

（四）切——带着真情解民困

对职工提出的问题，要以高度负责的态度加以解决，随时受理、及时承办、限时结办、按时答复，真正把思想政治工作做仔细、做到家。当然也不是所有问题都能得到解决，但大家心里有杆秤，你努力做了，他也明白是政策使然，心也就顺了。

四、思想政治工作的"气"

广泛性是我党思想政治工作的鲜明特征，体现在接地气、具有旺盛的生命力，等等，这就需要思想政治工作的气鼓起来。

然而，由于空对空、从原则对原则等原因而不接地气，由于采取生搬硬套的方法而缺乏时代精神、生命力，除非是直接涉及自己的利益，否则人们对身边发生的热点并不关切，最终导致我们的思想政治工作始终无法发挥应有的作用，这对当下全党全国人民学习贯彻十九大报告精神是非常不利的。

（一）真心诚意蓄气

职工是单位发展的根本保证和永不枯竭的源泉。对待职工的态度是一个根本的态度和立场问题，只有坚持与职工打成一片、融为一体，了解职工的冷暖疾苦、真情实感、正当合理的诉求，尊重人、理解人、关心人、爱护人，才能把握职工的思想脉搏，听得心声、求得诤谏，把思想政治工作做得主动、扎实、有效，职工才能把组织当做温暖的家，才能把政工人当成自己的亲人。只有这样，职工才能真正把聚精会神谋单位发展的心气蓄起来，从而为我局流域事业提供强有力的人力、智力和思想保证。

（二）想方设法聚气

一是发挥工会、团组织力量，通过黑板报、微信群和QQ群等载体宣传发生在单位内部的最温暖事迹，把组织对职工的知心、贴心和爱心实实在在反映出来。

二是发挥图书室的作用，充实书籍，向职工或家属开放，并定期举办读书活动，以此来培养读书氛围。

三是创新手段。当下网络时代，面对人们通过QQ、微信等工具实现快节奏、全覆盖、点对点交流，互联网时代呼唤思想政治工作的革新。为此，可依托管理信息化的基础，建设一支熟悉网络信息技术的宣传思想工作队伍，围绕社会和单位的热点问题，建立专门的QQ群、微信群和贴吧，与职工展开积极互动；与此同时，群主把握舆论导向，发挥主导作用，可视情况删除一些不良信息，对于净化群空间、维护网络秩序具有积极作用。

（三）聚精会神长气

在全局开展北江文化建设大讨论，使广大职工从自身找差距，克服满足现状、自我陶醉、自我满足的思想情绪，进一步增强信心、坚定决心、激励雄心，从而实现思想政治工作的"血气方刚"。

党的十九大是举旗定向、谋篇布局的大会，是全面建成小康社会决胜阶段、中国特色社会主义进入新时代的关键时期召开的大会，它描绘了全面建成小康社会、加快推进社会主义现代化国家建设、实现中华民族伟大复兴中国梦的宏伟蓝图。蓝图绘就，只争朝夕。我们将牢记习近平总书记指示，进一步加强和改进我局思想政治工作，以高度的政治责任感和历史使命感，把全局职工的思想和行动统一到十九大精神上来，牢固树立"四个意识"，坚定"四个自信"，坚决维护以习近平同志为核心的党中央权威和集中统一领导，不忘初心、牢记使命，以高度的政治责任感扎实做好十九大精神的学习贯彻工作，为北江流域事业发展、实现十九大提出的目标做出我们应有的贡献。

水利勘测设计单位运用新媒体
开展思想政治工作研究刍议

许克轩

中水北方勘测设计研究有限责任公司

习近平总书记曾指出："思想政治工作是我们党的最大特色、最大优势，是党的全部工作的生命线。既要坚持政治工作根本原则制度，又要积极推动政治工作思维理念、运行模式、指导方式和方法手段创新。加强和改进新形势下政治工作，必须紧紧围绕时代主题，把握信息网络时代政治工作特点规律，顺势而为、因势利导，努力开创政治工作新局面。"

习近平总书记的重要论述，是指导我们做好工作的强大思想武器。如何更好地把握信息网络时代工作特点规律，利用新兴媒体在水利勘测设计单位开展好思想政治工作，是当前迫切需要研究和探索的重要课题。

思想政治工作作为水利勘测设计单位企业文化环境及水文化的重要组成部分，对水利勘测设计单位的生产经营起着极为重要的作用。近些年，随着数字技术和宽带技术的逐渐成熟，出现了种类繁多的新媒体。新媒体革新了传统媒体的界限，将传播载体从广播、电视扩大到电脑、手机等移动终端，将传播渠道从无线、有线网扩大到卫星、互联网，呈现出与广播、电视极为不同的传播方式。新媒体的应用为水利勘测设计单位思想政治工作的开展构建了一个崭新的舞台，对构建和谐的企业环境、良好的企业文化非常有利，也将为水利勘测设计单位的跨越式发展奠定坚实的思想基础。

一、新媒体环境下水利勘测设计单位开展思想政治工作的优势

（一）用好移动终端，传播先进文化

网络信息对人们的思想有着巨大的潜移默化的影响，人们的世界观、价值观、人生观、道德观在很大程度上是社会教化的结果。网络媒体通过宣扬倡导先进、科学的思想文化，能够影响人的精神世界，提高人的思想道德素质和科学文化素质。

根据国内知名的大数据服务提供商 Quest Mobile（贵士移动）发布的《移动互联网 2017 春季报告》，截至 2017 年 3 月，国内移动互联网月度活跃用户数突破 10 亿，且同比增长率依旧维持在 10％左右。而一些移动终端 App 中的佼佼者，更成为人们生活中不可或缺的工具。根据 Curiosity China 统计，截至 2017 年第一季度末，微信每月活跃用户已达到 5.49 亿，用户覆盖 200 多个国家，使用语言超过 20 种。

对水利勘测设计单位而言，移动终端的作用则更加明显。一是水利勘测设计单位业务范围广阔，职工面临查勘、设代等工作，在单位的时间很少，且经常难以确定，对思想政治工作的开展提出了严峻的考验。二是随着水利勘测设计行业市场化程度日益提高，经营任务加重，时间比较紧凑，如果在时间有限的情况下，思想政治工作耗时较多，显然不科学、不合理。因此，利用诸如微信、QQ、微博等新媒体开展思想政治工作就显得尤为必要。这些工具可以使员工们迅速联系起来，便于员工利用零散的时间学习先进的思想政治文化知识，在潜移默化中完成对员工的思想政治教育。如中水北方公司利用微信公众平台先后宣传了"两学一做"学习教育活动、"十九大会议相关情况""关爱职工方案""公司家庭日"等涉及思想建设和精神文明建设的多项内

容，使思想政治工作的时间和空间得到了拓展，让远在国外的职工也能学习到先进的思想，体会到单位的人文关怀，在职工中取得了良好的反响。

（二）搭建网络平台，了解职工意愿

水利勘测设计单位要在市场竞争和人才竞争中占得先机，不仅仅要依靠领导层的正确决策，也要让职工们"拧成一股绳，劲往一处使"，真正让职工对单位具有家的归属感。为此，首先要了解广大职工所思所想。水利勘测设计单位汇集了不同专业、不同年龄结构、不同能力水平、不同生活经历的员工，相同的是，水利勘测设计单位职工普遍知识层次较高，有着表达意见、情绪的需求，他们对公司的企业文化、核心价值观、精神文明建设等都有自己的看法，当这些观点相互融合、碰撞时，往往能够激荡出不一样的火花。

因此，水利勘测设计单位应该注意构建信息收集、分析研判、信息反馈、交流互动的网络平台，主动收集、关注员工的思想动态，建言献策，逐步改进思想政治工作，通过反馈，把职工们的共同智慧转化为促进单位发展的强大动力。在这方面，中水北方公司借鉴现代化企业，摸索出了很好的经验和做法。公司聘请专业咨询公司制作调查问卷，采用美国 Survey Monkey 平台，对公司员工进行问卷调查。问卷除涵盖了职能管理、经营战略等内容，还涵盖了政治理论学习教育、职工愿景、公司核心价值观等涉及思想政治工作的内容。通过数据分析，有效地找到了思想政治工作的盲点和误区，为保证公司思想政治工作的指导性和可操作性提供了翔实有力的参考。

（三）加强互动交流，畅通沟通渠道

传统的思想政治工作以灌输和传递为主，缺少有效的交流和沟通，受众接收效果差，达不到预期效果。而新媒体由于交互性、开放性强，在很大程度上改善了这个问题。单位职工可以通

过网络表达自己的观点、情感，把自己满意、不满意的事情全部表达出来，让思想政治工作者能够第一时间掌握职工的思想动态和精神诉求，针对问题，给予相应的答复和回应，这种互动模式的形成可以使单位及时化解思想矛盾，凝聚职工人心。中电建西北院在这方面的经验值得水利勘测设计单位借鉴。他们在宣传十九大会议精神期间，以微信公众号为平台，做了题为"'1＋32'＞1800，十九大开幕会，我们在一起!"的宣传报道，整个宣传版面内容翔实、生动活泼，文字、照片、动画融为一体，与传统说教式的思想政治教育工作形成了鲜明的对比。文章最后的留言板上获得了很多留言，表达了职工喜迎十九大的激动心情和对祖国的美好祝愿。通过编辑的回复，更能实现互动交流，让思想政治工作者不再脱离基层，而是变成职工身边的朋友，不断提高单位的向心力和凝聚力。

二、新媒体环境下水利勘测设计单位开展思想政治工作面临的新问题

（一）海量信息"淹没"理想信念

当今社会，新媒体的发展日新月异，各种观念相互激荡，各种思潮纷繁复杂，而新媒体的互动性、便捷性、匿名性，以及便于储存、易于复制、"多对多"的特点决定了它的发展初期很容易出现一个无序的阶段，这些原因都导致了人们思想活动的独立性、选择性、差异性、多变性明显增强。比如有的人在身份上入了党，但思想并没有入党，缺乏对共产主义的信仰，善做"两面人"，容易被错误的思想牵着鼻子走，更有甚者，对思想政治工作不屑一顾，不认真参加甚至缺席思想政治教育活动。如何在碎片化的复杂信息中坚定主心骨，有效防范和抵制错误思想观念的影响，任务艰巨而繁重。

（二）泛娱乐化愚弄公信力

新媒体是一把"双刃剑"，作为思想政治工作的有效工具，

其积极作用显而易见，但目前在水利勘测设计单位中，负责新媒体的政工干部很多都没有经过专业的培训，且年纪较轻，极易受到社会媒介泛娱乐化倾向的影响。作为一种公众舆论的载体、一种"社会公器"，表达社会主流道德信息是其主要功能之一，对于水利勘测设计单位而言就更是如此。"千里之堤，溃于蚁穴"，一次糟糕的选择可能就会丧失单位的公信力，如何在生动活泼与泛娱乐化之间找到平衡点，需要政工干部谨慎选择。

（三）碎片化信息缺乏系统性、长效性建设

长久以来，因为水利勘测设计单位体制改革不彻底、不完善及激烈的市场竞争等原因，思想政治工作对于水利勘测设计单位职工而言只是一个空泛、抽象的概念，很多时候并没有将中央精神、先进思想和单位核心价值观融入日常工作中。职工的整体工作风貌又反作用于单位思想政治工作，导致在很多单位思想政治工作可有可无，处于长期瘫痪的状态。十八大后，思想政治工作愈发得到重视，但积习已久，一朝一夕很难改变，利用新媒体虽然可以潜移默化地影响职工的思想和行动，但碎片化的处理方式很难对职工产生长期、深刻的影响。如何整合碎片化，构建长效的思想政治工作新媒体平台，还需要水利勘测设计单位思想政治工作者从完善思想政治工作制度的方向努力探索、积极实践。

三、新媒体环境下水利勘测设计单位开展好思想政治工作的有效策略

（一）把握"红线"，坚定主流

水利勘测设计单位开展思想政治工作，应该注意符合党中央精神和国家大政方针，以习近平总书记新时期治水思想为抓手，发挥方向盘和稳定器的作用。从实际出发，坚持原则，坚定理想信念，调动职工干事创业的积极性、创造性，不断提高单位的经济效益，为水利事业改革发展激发人才智慧、构建思想平台创造

有利条件。无论社会如何发展，媒介如何创新，这条主线就是底线。作为思想政治工作者，要充分认识到这一点。

（二）培养创新意识，掌握新媒体技能

水利勘测设计单位思想政治工作者要具备创新精神，树立创新意识，不断学习新媒体知识，跟上新媒体发展的步伐，突破原有刻板的工作形式，充分发挥新媒体传播迅速、范围大、接收效果好等特点，以微博、微信、社区平台、论坛等为载体，融合文字、视频等多种形式，以生动活泼直观的宣传手法吸引职工主动接触思想政治信息，帮助他们消除思想包袱，努力营造畅所欲言、和谐融洽的氛围，进而学习并转化为推动单位改革发展的内生动力。

（三）从线上到线下，将思想政治工作落到实处

新媒体的应用的确大大丰富和创新了传统的思想政治工作，但并不意味着我们就要完全放弃固有的思想政治工作模式。水利勘测设计单位作为科研技术单位，其思想政治工作具有特殊性，不是每天坐在电脑前或拿出手机就能完成任务。对于以往的思想政治工作模式，我们应该取其精华、去其糟粕，努力将以往经过实践总结出来的优点与新媒体相结合，在新媒体打"前站"的基础上，深入一线，亲自"攻坚"开展宣传教育，帮助职工解决实际困难，让职工切实感受到单位的温暖，了解单位文化建设的重要性，增强参与感，踏踏实实把"以人为本"落到基层，扎实扎牢。

四、结语

新媒体的快速发展，既给思想政治工作带来了极大的机遇和便利条件，同时也面临职工思想多元化等挑战。水利勘测设计单位思想政治工作者应该紧跟时代、解放思想，认真探索利用网络等新媒体开展思想政治工作的路径、方式和方法，真正让思想政治工作不流于形式、不浮在空中，为水利事业改革发展奠定坚实的思想基础。

新时期大中型水利勘察设计企业激励机制探析

麻王斌

中水珠江规划勘测设计有限公司

新时期大中型水利勘察设计企业进一步发展问题突出，遇到发展瓶颈，如同落入中等收入陷阱。进一步发展首先是经济目标突破瓶颈，产值效益、收入水平上台阶。除经营、生产方面的因素外，各层级员工积极性也需要进一步激发调动。运用马克思主义哲学观分析新时期大中型水利勘察设计企业员工及需求特点，特别是作为主要群体的青年员工，从人的需求层次理论出发分析各类员工的需求，思考探索大中型水利勘察设计企业激励机制的深化与完善。

一、建立激励机制要清楚员工需求

（一）坚定"以人为本"的理念

中国特色社会主义市场经济的基本路线，决定了大中型水利勘察设计企业发展的中心任务首先是发展经济，有质量的经济发展就是不断提高劳动生产率。劳动生产率的提高直接影响着员工薪酬福利的增长，这可以说是硬性激励。其次要让员工有获得感、满足感、幸福感，还要借助包含精神激励、荣誉激励、事业激励等企业文化建设的一系列工作来实现，这可以看做软性激励。无论硬性激励还是软性激励，主体都是员工，只有建立良好的激励机制，调动广大员工的积极性，才能解除困境。构建企业员工激励机制，首先要坚定"以人为本"的理念，树立每一位员工都是人才的观念，创造各种条件，促使人才的全面发展。

（二）员工的需求是进行激励的重要前提

了解员工的需求是应用需求层次理论对员工进行激励的一个重要前提。在不同组织中、不同时期的员工以及组织中不同的员工的需要充满差异性，而且经常变化。因此，管理者应该经常用各种方式进行调研，全面了解员工的需求，并对其进行整理、归类，搜集与激励有关的信息，根据情况的改变制定相应的措施，实施分类管理，有针对性地进行激励。

（三）应用马克思主义哲学观分析员工需求的复杂问题

大中型水利勘察设计企业激励机制的建立必须以员工的分类及其需求为基础。企业员工分类有很多种方法，各类员工有不同需求，每个员工有各类需求，各类需求有主次之分，每个员工的需求还会随着时间、条件不断变化，可见员工的需求是非常复杂的。面对如此复杂的问题，需要按照马克思主义哲学思想分析和处理。首先要实事求是，从实际出发，遵循客观规律；还要坚持两点论和重点论，既要全面统筹兼顾，又要抓住重点和主流；坚持普遍联系，就是发展而不静止、全面而不片面、系统而不零散、普遍联系而不单一孤立的观点；坚持对立统一规律，不能非此即彼，要运用矛盾相辅相成的特性，在解决矛盾的过程中推动发展。因此建立激励机制一定要考虑到个体差异，区别对待，顶层设计要建立好内部全方位的激励沟通机制。树立与员工合作共赢的意识，变控制式管理为参与式管理，精确了解员工诉求，有的放矢，从员工角度出发制定相应的奖励措施，提高激励效应。只有深入员工内心，为其在情感和理想上找到依托，才能增强他们的组织归属感与集体荣誉感，员工才会有效地激励自己，不用扬鞭自奋蹄。企业还要重视反馈的激励作用，构建多层次交流对话机制，增强管理者和员工之间的相互理解、尊重和感情交流。

（四）大中型水利勘察设计企业员工的主要需求

对于"80后""90后"等不满40岁的青年员工来说，最迫切希望得到各类专业知识及技术培训，尽快提高工作能力。他们自主意识比较强，对工作条件等方面要求比较高，"跳槽"现象较为严重。超过40岁的中年员工，绝大多数更希望保留稳定的工作和薪酬，也会希望工作能力继续提升，有更高的施展平台。年龄更大的员工则希望把自己的经验进行总结、分享、传承，来实现自己的价值。管理层比非管理层员工对企业的忠诚度更高，自我价值的实现占据主要地位，高层领导尤其如此，但各人实现的方式和内容也会有所不同。管理人员和一般员工相比，职业发展自我实现的方向也不同。高学历者一般更注重自我价值的实现，低学历者则首要注重基本需求的满足。

（五）大中型水利勘察设计企业主要员工群体的需求

青年员工是大中型水利勘察设计企业的主要群体，必须认真对待研究。青年在人力资源的所有群体中，越来越成为一个组织、国家、民族提升其核心竞争优势和实现可持续发展的核心竞争力。越来越多的青年人追求个人奋斗和自我价值的实现，并将这一思想贯穿于自己的职业发展规划。当代中国青年对自主权利和精神需求更加注重，彰显个性、渴望平等、独立判断的主体意识和自我诉求也更为强烈。现代青年员工有较强的创先争优意识，想通过迎接挑战来检验和拓展自己的能力，这种来自目标的驱动力可能要超过金钱给予的吸引力。

二、从员工需求出发建立激励机制

（一）激励的理想效果

按照马斯洛理论，针对不同层次需求的激励措施很多，很多企业都在不自觉中采用，比较常用的是奖励、提拔晋升，大多是不分情况的统一动作，针对性不强，成本并不低，但员工感知度低，特别是各种经济福利通过信息化手段给予，不经手、不见面，因而也不在意，甚至不知道，激励效果难以实现。要达到理想的激励效果，首先要创新和丰富企业福利内容及形式，完善有效的奖励措施。企业员工激励形式有物质和精神、硬性和软性、长期和短期之分，一般来说，物质激励属于短期，而文化激励、事业激励、股权激励属于长期，各类激励都要和谐统一。其次要针对不同类型、性格和人生追求的员工，分析其需求和实现途径，有针对性地奖励，因人而异地安排岗位和任务。根据员工的各种需求，采用多种激励措施相结合，建立多维交叉的员工激励体系，改善员工的工作和生活质量，让员工在开放平等的环境下展示自己的才能。总之，企业激励机制的建立和完善关键是要以人为本，体现公平、合理、透明，被大多数人认可。充分发挥员工潜能，最大限度地激发员工积极性，真正建立起适应企业特色、时代特点和员工需求的开放激励体系，推动企业不断前进。

（二）做好调查研究

目前，我国正处于经济社会双转型时期，诸多问题关系着每一个人的切身利益。金钱不再是企业员工的唯一或者首要需求，也不再是组织一以贯之的激励手段。激励模式对激励效果的产生至关重要，不科学的方式很容易从激励因素沦为保健因素，甚至会产生适得其反的效果。因此，企业的工作要做细做实，对员工需求摸清楚，可以建档立卡，就如同我国正在大力推进的精准扶贫工作。所有福利、奖励等措施，除法定要求外，其他可以形成一个激励措施的菜篮子，要针对不同人群的不同需求，实施精准的激励，各取所需。经过前期调查研究后，分类归纳合并所有需求，共性的可以采用共同的激励措施，个性的需求个别处理，制定相应的规则。

（三）注意在相对公平中实现差异化

如果员工感受到组织的不公平待遇，有可能会产生离职甚至是反生产行为。因此程序上制定政策时可以邀请员工参与，内容可以通过积分奖励办法实现，将员工积分与其中长期福利挂钩，持续激发员工工作积极性。积分激励，是为体现公平公正，根据员工工作表现，给予积分奖励，员工领取并累积积分，进行兑换，员工的积分逐年积累到一定程度时，可兑现奖励。主要的奖励项目可包括荣誉称号、转岗、晋升、加薪、弹性福利等。积分可用于兑换包括带薪假、学历进修、子女教育补贴、助游、购物券、车补等，员工可从中选择适合自己需要的项目。以此激励员工完成工作目标，并在此过程中实现企业和员工的共同价值。因此在建立激励机制时一定要考虑企业的特点，将企业目标和职工自我价值的实现有机衔接起来。

（四）通过科学合理的绩效考核机制解决公平公正问题

激励机制的建立必须与科学合理的绩效机制相配套，才能相得益彰。科学合理的绩效考核办法，就是要在考核指标、权重、操作上科学设计，根据岗位职责合理对应。指标设计尽可能量化，权重充分体现各自职责，操作设计要能体现评价人的意志。构成上下关联、左右平衡的有机统一的考核体系，充分体现公平公正。

（五）体现新时期工程勘察设计企业价值激励体系特征

新时期，工程勘察设计企业的人才激励应向以价值导向、定制设计、动态变化为特征的价值激励体系转变。如对职能部门管理者和一般员工，可引入岗位评估，科学评估工作价值，体现企业职能管理的重要性。对生产部门管理者，要考虑市场竞争环境激烈变化程度，不可一味强调关键绩效考核指标，可将对企业转型的贡献为核心考量依据。对勘察设计人员，考虑项目运作标准化程度，引入能更准确衡量工作价值的工时制。对经营人员，强调客户导向，推行与经营业绩强挂钩、与生产业绩弱挂钩。引导项目经理（或设总）对项目承担更多的管理协调工作，摒弃单一的产值分配办法，综合考量项目经理的贡献。对研发人员，产出不可预估的工作价值，要考虑固定薪酬加当期奖金，还要有中长期激励的薪酬。对总包项目管理者，注重预算管理，尝试以项目为单位进行结余奖励。对核心骨干，与企业经营效益捆绑，注重长期激励。可以赋予中层管理者新的职责，或采用轮岗、管理干部绩效考核优化、创设分享和学习平台等方式。

（六）通过职业发展通道解决自我价值实现的共性和普遍问题

自我价值的实现以及超越自我的实现，是激励需求共性的普遍问题。要把企业业务、发展目标与员工的职业发展规划紧密结合起来，设计好员工的职业发展通道。发展通道要满足员工各种能力展现的需求，而且各条通道可以互通互联。不仅企业要做好员工职业发展通道的设计，员工也要在此平台上找准自己的定位，切不可不切实际地空想。每个人用对了都是人才，而且每个人都有一定的潜能，连自己都不一定清楚，所以应在实际工作中通过不同岗位进行锻炼和激发。发展通道表现为企业的组织机构及岗位设置。

（七）重视青年员工作为主要群体的问题

面对员工的个性化，企业应兼顾物质与精神层面，让激励奖励内容多样化；企业应从制度、文化等角度出发，为激励举措营造良好环境，引导员工去挑战自我，而不是横向比较。鼓励青年员工不断学习，发掘自身价值，将目光聚焦于自我提升，从而实现组织的长远目标，要创造每一位员工都有可能成为精英的渠道。

（八）解决好领导干部关键少数的问题

领导干部是一个企业的关键少数，当经济利益驱动达到一定水平后，激励的切入点就是用人（包括经营者及各层次干部的择优录用）的改革与完善。现代企业管理要求建立体现人才市场价值的选拔任用机制，把"对党忠诚、勇于创新、治企有方、兴企有为、清正廉洁"的干部选出用好，在实际工作中坚持党管干部原则和发挥市场机制的有机结合。高层领导自我价值的实现占据主要，但各人实现的方式和内容会有所不同，或参与企业管理和重大问题的决策，或参与公司负责重大项目工作。大多数国有企业，领导干部职数受限，容易产生天花板效应，可以探索在内部创新性地设立通道、岗位，真正发挥其优势。同时，也要完善各类人才的选拔任用制度，竞争择优，实现干部能上能下、员工能进能出、收入能升能降的综合管理机制。在干部使用方面适度放权，让其大胆闯大胆干，完善容错纠错机制，也是改进当前懒政庸政不作为形势的需要，也是一种精神激励。

（九）从离职异动人员中找问题

调查发现，大中型水利勘察设计企业离职人员中青年员工占绝对多数，绝大多数不是因为收入或工作压力，或是加班多自由时间少。比较一致的建议是希望对青年员工加强指导、培养，提高工作效率和成果质量。问题的另一面，是有经验的中年以上技术人员忙于具体的制图、报告编写、设计计算工作，带培指导和经验发挥不足。还有不少离职员工反映，离职是选择了宁愿收入少点而加班少点休假多点，幸福感强点。少部分人因为收入原因离职，主要是个人生活需求或家庭等特殊问题。离职还有一个明显特点，高层次的博士人才和低层次的劳务派遣用工流动性同样大，低层次流动性大是临时性、辅助性、可替代性的正常表现，但博士流动性大主要是因为高水平科研人才事业发展平台不足。实质都是对各类员工的个性需求没有弄清，这都是建立激励机制要特别注意的。

（十）处理好激励可能存在的负面问题

俗话说"小功不奖则大功不立，小过不戒则大过必生"，只有做到奖优罚劣、奖勤罚懒，才能使先进受到奖励、后进受到鞭策，真正调动工作热情。要想法让更多人得到激励，尽量避免叠加，防止个体激励与整体激励的偏离，造成激励个别打击一片的恶果，降低整体激励的效果。但激励多数绝不是无原则的和谐。有人一谈到和谐，就强调平均主义，忽视个人工作能力的差异，提拔要求同步，分配要求平均，把不努力工作的人说成弱势群体要求照顾。谈到以人为本，就忽视工作任务目标，只提倡享乐，不能提加班。这都是歪理邪说，绝不是激励的本质要求。这样的员工、企业最后一定是被市场、社会淘汰。企业也可以增加奖励频次，来化解奖励强度过高的弊端。针对青年人的特点，正面的要发挥利用，负面的要引导和规避，避免其特有的勇气、激情与冲动被网络戾气、极端主义所裹挟，而不是一味迁就，就像父母娇惯宠溺子女一样。引导教育要充满人文关怀，拉近关系，增强青年员工对主流思想的认同度。系统的学习特别有助于树立主流价值观，一知半解易受外界蛊惑冲击，甚至加入逆流。

（十一）解决好特殊时期资质"双轨制"问题

要主动适应国家资质改革，以淡化工程建设企业资质、强化个人执业资格为改革方向，精简企业资质，完善个人执业资格制度体系。企业要加大力度激励员工考取各类执业资格。根据企业各业务板块发展需要，通过科学规划、专业分解、制度导向、职业规划引导等措施，促使和鼓励员工积极考取各类执业资格证书，以满足公司各业务发展的人员资质需要。

（十二）利用好各类平台资源开展员工学习和培训

学习和培训其实不单是青年人的需求，也是所有追求进步员工的共同要求，已被现代企业当做给员工的福利。根据企业的发展目标，将短期培训和长期培训相结合，让员工不断调整自己的知识结构，以适应企业的发展。要为员工提供继续深造的机会，激发他们热爱企业的精神。通过全方位的培训，使员工的知识技能得到更新，创新能力显著提高。任何一个企业自身资源都是有限的，要学会利用好各类平台资源开展人才培训，根据需要开展各类专题讲座，选取具有历史和现实意义的现场教学。

（十三）物质经济仍是主要的、基础的激励

经济发展是企业首要目标，物质经济利益激励仍是主要的、基础的。企业发展到一定程度后，物质经济不再是激励员工首要的唯一的手段，但仍是主要的、基础的，仍需进一步改革完善内部分配机制，使企业薪酬制度更加科学、队伍更具活力。经济和物质激励不能落后，决定了大中型水利勘察设计企业经营工作仍要常抓不懈，生产效率的提高也是长期问题。人均产值的提高，还要通过提高经营成果质量、完善生产组织方式、改进技术手段等想出路。还要加强企业知识管理，鼓励工程项目技术的总结分享，形成经验传承的良好习惯。

（十四）企业文化的精神激励和党建工作优势发挥

为了确保企业目标的顺利实现和持续发展，为了更好地激励员工，企业要努力建立公正公平、自由和谐、肯定个人价值、鼓励创新、知识分享的企业文化氛围。员工要成长、发展和自我实现，也需要一个健康和谐的工作环境和积极向上的企业文化氛围。要尊重员工队伍多样化的特点和人际差异的客观规律，鼓励为主是基础。要创造优越的工作环境、人文环境，激情的企业文化，宽松、人性化的管理氛围。创建企业员工建言献策、敢于讲真话、讲实话的氛围。解决员工的实际问题，对反映的问题应及时处理，保护和鼓励参与民主管理的积极性。任何时候，认可、信任都是一种动力，都会成为有效的激励。有了民主的气氛，就会有和谐、团结的氛围，就会产生平等、公正的效果。创建企业良好的学习风气，提高全体员工的知识素养，开阔员工的精神境界。新时期还要重视加强企业党建工作，发挥党组织的传统优势，发挥员工主人翁作用，切实汇聚起推动发展的正能量。企业系统的激励机制，其制度体系指向要明确。通过建立良好的激励机制，调动广大员工的积极性，达到思

想上重视，行动上落实，结果上见效，大家和谐贡献、共建共享。

三、结语

对企业内部激励机制进行有针对性的深化和完善，必定会对大中型水利勘察设计企业各类员工起到有力的激发效用。由上文分析可知，不仅是水利勘察设计单位，水利行业的科研院所、水文水资源、水土保持等单位，也具有市场环境、人力资源结构上的共同点，特别是有发展和对员工激励的共同需要，只是对人才的素质要求不同，人才成长的途径不同，成型人才的特点不同，但在员工激励方面均可相互借鉴。